Elie Wiesel

Chassidische Feier

Elie Wiesel

Chassidische Feier

Geschichten und Legenden

Herder
Freiburg · Basel · Wien

Titel des französischen Originals:
Célébration hassidique, ©Edition du Seuil, 1972

ÜBERSETZT VON MARGARETE VENJAKOB

Herstellung: Freiburger Graphische Betriebe 1988
ISBN 3-451-21019-3

Inhalt

Mein Vater, ein Aufgeklärter, glaubte an den Menschen. Mein Großvater, ein begeisterter Chassid, glaubte an Gott.

Der eine lehrte mich sprechen, der andere singen.

Beide liebten sie Geschichten. Oft, wenn ich selbst erzähle, höre ich ihre Stimmen.

Ihr Flüstern ist nichts anderes als der Versuch, den Überlebenden zu bewegen, an ihre Erinnerung anzuknüpfen, über die Zeit der Qualen hinweg.

Vorwort

Bevor er seine erste Pilgerfahrt zu den Quellen des Chassidismus unternimmt, hält der Erzähler es für notwendig, diese seine Absicht kurz zu erläutern, Sinn und Motiv seines Vorhabens genauer darzulegen.

Daß dieses Buch kein gelehrtes, wissenschaftliches, analytisch-kritisches Werk sein soll, liegt auf der Hand. Der Verfasser fühlt sich weder als Historiker noch als Philosoph – er möchte nur die bescheidenere und begrenzte Aufgabe eines Erzählers erfüllen, der so getreu wie möglich weitergibt, was er empfangen hat. Aber er wird mit seiner Stimme und in seinem Tonfall erzählen, und aus beiden wird manchmal sein Staunen herauszuhören sein, oder vielmehr seine Begeisterung.

Es handelt sich um ein Werk, das gewiß anders aufgebaut, anders gegliedert hätte werden können – vielleicht wäre der eine oder andere chassidische Meister noch zu erwähnen, die eine oder andere Legende noch hinzuzufügen gewesen.

Aber der Autor hat seine Themen ein wenig aufs Geratewohl gewählt, im Lauf einiger Vorträge und Vorlesungen in Frankreich und in den Vereinigten Staaten. Er wollte weniger den theoretischen Aspekt oder die soziologisch-theologischen Implikationen des Chassidismus darstellen, als vielmehr gewisse Persönlichkeiten zu neuem Leben zu erwecken, die seine Welt bevölkern, die Welt seiner Kindheit. Sie faszinieren ihn immer noch, ja sie nehmen immer mehr von ihm Besitz, und zwar deshalb, weil die chassidische Bewegung, die Brüderlichkeit und Versöhnung predigte, zu einem Altar wurde, auf dem man ein ganzes Volk geopfert hat. Manchmal sagt das Kind in mir, daß die Welt dieses Gesetz, diese Liebe, diese Botschaft des Geistes, diesen Gesang nicht verdient hat, die den Menschen auf seiner einsamen Straße begleiten; die Welt verdiente nicht die Geschichten und Gleichnisse, welche die Chassidim ihr erzählten, und deshalb waren auch die Chassidim die ersten, die in den Strudel gerieten.

Ich habe sie gekannt, diese Chassidim, deren Schicksal mein Großvater im Leben und im Tode teilte. Rührend in ihrer Einfalt, schönheitstrunken, wußten sie, was anbetende Liebe war. Und Vertrauen. Heiter gaben sie und empfingen sie. Sie verstanden es, zu teilen und teilzunehmen. In ihrer Gemeinde litt kein Bettler am Schabbat Hunger. Trotz ihres Elends, trotz der ständigen Bedrohung, die über den Häuptern ihrer Kinder und ihrer Alten schwebte, forderten sie nichts, verlangten sie nichts, von niemandem, auch nicht von ihrem Nächsten; sie glaubten nicht, daß ihnen alles zustünde. Stets überrascht vom geringsten Zeichen der Güte, des Mitgefühls, antworteten sie mit Dankbarkeit. Sie konnten daher nicht überleben in einer Gesellschaft, in der kalte, organisierte und unpersönliche Roheit herrschte.

Warum interessiert man sich heute für sie? Weil der moderne Mensch sich ihnen gegenüber schuldig fühlt? Weil ihr Tod sein Gewissen belastet? Möglich. Aber da ist noch etwas anderes: Er ist berührt, betroffen von ihrer Botschaft, deren Verlust unwiderruflich verbunden ist mit seiner Unfähigkeit, zu glauben und zu überzeugen. Gott ist Gebet, sagt Rabbi Pinchas von Korez. Und niemals verschloß sich der Mensch dem Gebet mehr als heute. Dazu kommt noch, daß alle Bedingungen, die zur Zeit der Entstehung des Chassidismus im achtzehnten Jahrhundert existierten, auch heute gegeben sind: endlose Kriege, entgötterte Idole, die Geißel der Gewalt, das Chaos. Wohin sich flüchten, wo sich verbergen? Die Hölle gibt es, und sie ist auf dieser Welt, sagte Rabbi Nachman, aber niemand wagt es, dies laut auszusprechen. Falsch. Heute wagt man es. Werfen wir einen Blick in die Tageszeitungen – nie zuvor erlebte unsere Jugend so viele Enttäuschungen, so viele Niederlagen. Nie zuvor kannte die Menschheit solche Angst, solche Häßlichkeit. Nie zuvor ekelte ihr so sehr vor dem Lärm, nie zuvor empfand sie so großen Abscheu vor heuchlerischen Versprechungen. Der Körper des Menschen spaziert auf dem Mond, aber seine Seele kriecht weiterhin auf dem Erdboden. Früher war es umgekehrt. Weil er an der Wirklichkeit verzweifelt, sucht der Mensch – und besonders der junge Mensch – die Schönheit in der Legende, in der Freundschaft, ganz wie einst der Chassid.

In seiner Welt sind die Bettler Fürsten und die Stummen Weise. Ausgestattet mit geheimen Kräften, durchstreifen die Vagabunden die Erde, erwärmen und verändern sie. Das ist der Chassidismus: Der Akzent liegt auf der Gegenwart, aber auch auf dem Wandel. Im Chassidismus ist alles möglich, wird alles möglich, einzig durch das Vorhandensein eines Wesens, das es versteht, zuzuhören, zu lieben und sich hinzugeben. Eine chassidische Legende ist der Versuch, das Schicksal zu vermenschlichen.

Im übrigen wurde die Geschichte, die ich zu erzählen versuche, schon mehr als einmal erzählt, von mehr als einem Erzähler; es ist immer noch dieselbe Geschichte, und ich tue nichts anderes als sie weitergeben.

Eine unnütze Wiederholung? Vielleicht. Aber im Judentum kann die Wiederholung zu einem schöpferischen Akt werden. Von Rabbi Elieser ben Hyrkenos sagte man, er habe niemals ein Wort gesprochen, das er nicht von seinem Lehrer gehört hätte. Ein seltsames Kompliment. Rabbi Elieser hat also nichts erfunden? Doch, viel sogar. Durch die Wiederholung der Lehre, die ihn mit der Tradition Israels verband, trug er zum jüdischen Denken, zu dessen Entwicklung bei. Überliefern ist wichtiger als erneuern. Alle Fragen, die ein Schüler seinem Lehrer nur stellen kann – und das gilt bis zum Ende der Zeiten –, waren Moses bereits bekannt. Dennoch müssen wir sie neuerlich stellen, um sie uns zu eigen zu machen. Im Hebräischen kommt *Massora* – Überlieferung – vom Verbum *limsor* – überliefern. Jude sein heißt: sich in die Überlieferung, in die Tradition einreihen, um sie weiterzugeben. Dieses Bedürfnis, mitzuteilen, zu teilen, wird in unserer Geschichte zur Besessenheit.

Gewiß, nicht alle Erfahrungen eignen sich dazu, in Worte gefaßt zu werden. Manche werden von Mensch zu Mensch weitergegeben, raunend oder stumm, durch Blicke oder – warum nicht? – durch Lachen. Rabbi Chanoch von Alexander wußte, daß sein Lehrer, Rabbi Mendel von Kozk, über die Zerstörung des Tempels von Jerusalem klagte, wenn er ihm lustige Geschichten erzählte. Wenn ich in der Dämmerung des endenden Schabbats den Alten zuhörte, wie sie über ihre Rabbis sprachen, schloß ich die Augen, um zu sehen, was sie sahen.

Der Bescht, der Maggid, Levi-Jizchak, der Rižiner – jetzt ist es an mir, sie zu zeigen, wie das Kind in mir sie erblickte, sie heute immer noch sieht. Subjektive, parteiische Porträts, mit ihrem Teil an unvermeidlichen Wiederholungen, Irrtümern und Lücken; vielleicht geben sie mehr Aufschluß über den Erzähler als über die Personen, von denen er berichtet. Vielleicht habe ich Rabbi Nachman von Brazlaw oder Rabbi Mendel von Kozk nur deshalb heraufbeschworen, weil ich ihren Einfluß auf meine Einstellung zur Sprache und zu ihren geheimen Fallen, zum Menschen, zum Wesen seiner Wahrheit und seiner Einsamkeit, zu seiner Wahrheit in der Einsamkeit zeigen wollte.

Vielleicht habe ich Levi-Jizchak von Berditschew nur deshalb skizziert, um mich unter seine Nachfolger einzureihen; und vielleicht habe ich Rabbi Elimelech von Lisensk oder den Seher von Lublin nur erwähnt, um mit lauter Stimme zu verkünden, wie sehr ich ihre Art, Zweifel und Kummer in Begeisterung, in Lobpreisung des Lebens umzuwandeln, bewundere. Und vielleicht spreche ich von Rabbi Sussja nur, um hervorzuheben, was ich als Erzähler ihm und all den Rabbis einer anderen Zeit, die seine Lehrer waren, zu verdanken habe.

Es ist Zufall, reiner Zufall, wenn ich einige illustre Gestalten nicht erwähne. Schnëur-Salman von Ljady, Chaim von Zans, Jizchak-Meir von Ger, Meir von Przemyslany, Naftali-Hersch von Ropschitz, Schalom von Belz, Mendel von Kosow, Mosche von Ujhely – jeder von ihnen hat Schule gemacht, war eine Quelle der Bereicherung, und der Erzähler hofft, dies zu einem späteren Zeitpunkt zu beweisen; seine Pilgerfahrt hat ja erst begonnen. Wenn seine Auswahl willkürlich erscheint, dann deswegen, weil sie ihm von der Erinnerung diktiert wurde. In seiner Stadt sprach man mehr von Rižin als von Ger, man fühlte sich dem Bescht näher als dessen Kommentatoren. Seine Auswahl richtete sich also nach Kriterien, die für niemand anderen bindend sind. Er nimmt, was er braucht, und hebt den Rest für ein anderes Mal auf; wenn er einen bestimmten Bericht über einen Rabbi einem anderen vorzieht, so heißt das nicht, daß dieser Bericht wahrer ist als jener, sondern daß er eben diesen und nicht jenen gehört hat. Wenn dieselbe Geschichte zwei, drei oder fünf Meistern zugeschrieben wird – was häufig vorkommt –, dann gibt er jenem den Vorzug, dem er sich am engsten verwandt fühlt. Er ist nicht der erste, der so handelt. Alle Chassidim machen es so, seit den Lebzeiten des Bescht; warum sollte er es also nicht tun? In seiner Eigenschaft als Erzähler, und das ist wesentlich, gehorcht er nur einer Motivation: im Erzählen von *sich* zu erzählen. Er will weder belehren noch überzeugen, sondern annähern, neue Bande schaffen. Er versucht keineswegs, zu enthüllen, zu erklären, was war, ja nicht einmal, was ist, sondern er möchte gewisse Gebete, gewisse Gestalten dem Tod entreißen, indem er an die Phantasie und die Sehnsucht appelliert, die bewirken, daß der Mensch zuhört, wenn man ihm seine Geschichte erzählt.

Rabbi Israel Baal Schem-Tow

Eines Tages versuchte der große Rabbi Israel Baal Schem-Tow, berühmt für seine Macht über Himmel und Erde, wieder einmal, den Schöpfer zu zwingen.

Brennend vor Ungeduld, hatte er schon zu wiederholten Malen versucht, den Prüfungen des Exils ein Ende zu machen; diesmal würde es ihm gelingen: Durch die halb geöffnete Tür sollte der Messias eintreten und die Kinder und Greise trösten, die Ihn erwarteten, nur Ihn erwarteten. Das Exil hatte schon allzu lange gedauert, die Menschen sollten nun endlich frohlocken können.

Entrüstet lief Satan zu Gott und protestierte, sich auf die unabänderlichen Gesetze der Geschichte, der Vernunft und vor allem der Gerechtigkeit berufend. Was mischt der Mensch sich ein? Verdient denn die Welt schon die Erlösung? Der Messias darf doch erst kommen, wenn bestimmte Bedingungen erfüllt sind – sind sie erfüllt?

Und Gott – der doch gleichfalls Gerechtigkeit will – mußte anerkennen, daß diese Argumente wohl begründet waren: *Lo ikschar dara,* die Menschheit war noch nicht reif, den Erlöser zu empfangen. Und weil er gewagt hatte, die Ordnung der Schöpfung umzustoßen, wurde Israel Baal Schem-Tow bestraft: Er wurde auf eine ferne, unbekannte Insel verschlagen, als Gefangener von Räubern und Dämonen. Ihm zur Seite stand nur sein treuer Gefährte und Schreiber, Reb Zwi-Hersch Soifer. Noch nie hatte dieser seinen Meister so niedergeschlagen, so bedrückt gesehen.

„Rabbi, tut etwas, sagt etwas!"

„Ich kann nicht. Man gehorcht mir nicht mehr."

„Aber Euer geheimes Wissen, Eure göttlichen Gaben? Was ist damit, Rabbi?"

„Vergessen", sagte der Meister. „Verschwunden, zerronnen. All mein Wissen wurde mir genommen. Ich erinnere mich an nichts mehr."

Er sah, wie sein Gefährte in Verzweiflung versank, und dieser herzzerreißende Anblick spornte ihn zur Tat an.

„Nur Mut", sagte er. „Noch ist nicht alles verloren. Du bist hier, das ist gut. Du kannst uns retten. Du brauchst nur zu wiederholen, was ich dich gelehrt habe. Ein Gleichnis, ein Gebet. Ein kleiner Brocken meiner Lehre wird genügen."

Unglücklicherweise hatte auch Reb Zwi-Hersch alles vergessen; gleich seinem Meister hatte er sein Gedächtnis verloren.

„Du erinnerst dich an nichts?" schrie der Baal-Schem. „Wahrhaftig an nichts?"

„Nichts, Rabbi, außer ..."

„... außer was?"

„Das Aleph-Beth."

„Also, worauf wartest du noch? Fang an! Schnell!"

Gehorsam wie immer, begann Reb Zwi-Hersch Soifer langsam, schmerzlich, die ersten geheiligten Buchstaben herzusagen, die alle Mysterien des Alls enthalten:

„Aleph, Beth, Gimmel, Daleth ..."

Dann fingen sie beide noch einmal von vorne an. Und der Baal-Schem sprach das Alphabet mit solchem Feuer, daß er schließlich in Ekstase verfiel. Und wenn der Baal-Schem in Ekstase war, konnte ihm nichts widerstehen, das ist ja bekannt. Ohne sich dessen überhaupt bewußt zu werden, gelang es ihm, Aufenthaltsort und Umgebung zu wechseln; er zerriß die Ketten, löste den Bann: Meister und Schreiber fanden sich zu Hause wieder, sicher und geborgen, reicher und von noch größerer Sehnsucht verzehrt als zuvor.

Der Messias war nicht gekommen.

Eine charakteristische Anekdote, denn sie enthält einige Grundelemente des Chassidismus: die Erwartung und die Erlösung, das Umherirren auf gefahrvollen, dunklen Wegen, das Band zwischen dem Menschen und seinem Schöpfer, zwischen der Handlung des einzelnen und den Auswirkungen dieser Handlung auf die himmlischen Sphären; die Bedeutung gewöhnlicher Worte, die Wichtigkeit der Konzentration, der Begeisterung, ja, besonders der Begeisterung, die Vorstellung eines Wunders, das nur vom Menschen und für den Menschen vollbracht werden kann. Und dann – man muß es sagen – ist diese Geschichte auch typisch, weil niemand für ihre Wahrhaftigkeit einstehen könnte. Nein, ich weiß nicht, ob sie wahr ist, ob sie sich so zugetragen hat; und es kommt auch nicht sonderlich darauf an. Dasselbe gilt für die meisten anderen Geschichten über den Baal-Schem – kurz Bescht genannt – und über seine unmittelbaren Nachfolger; von außen unauslotbar, läßt sich ihre Wahrhaftigkeit nur von innen her messen. Sie wurden von bewundernden Zeitgenossen erfunden oder wiedergegeben, und es ist Aufgabe des Erzählers, sie so mitzuteilen, wie er sie in seiner Kindheit gehört hat; um selbst wieder ein bißchen zum Kind zu werden, erzählt er sie.

Ich hörte diese Geschichten, wenn es dämmerte, zwischen dem *Mincha-* und dem *Maariv*-Gebet im Bethaus; Kerzen flackerten im Dunkel. Die Alten sprachen von den großen Meistern, als hätten sie sie persönlich gekannt. Jeder hatte einen Mann, eine Legende, die er besonders bewunderte. Manchmal schien es mir, als hörte ich dieselbe Geschichte über denselben Rabbi, nur Namen und Orte waren verschieden. Motive, Handlung, Lösung: Variationen über ein Thema. Immer gab es da jemanden, der Hilfe brauchte, und einen anderen, der sie brachte. Ich wandte mich an meinen Großvater. „Ich verstehe nicht. Wäre es möglich, daß es nur einen einzigen Rabbi gegeben hat?" – „Es ist möglich, sogar wahrscheinlich. Für einen Chassid existiert nur ein einziger Meister, für den Rabbi nur ein einziger Chassid. Und der könnte ohne den anderen nicht leben." – „Ist das ein Zeichen von Schwäche?" – „Aber nein", antwortete mein Großvater, „gerade darin liegt ihre Stärke."

Er kam aus seinem Dorf herüber, um den Schabbat und die Feste mit uns zu feiern. Ich wich ihm nicht von der Seite, solange er da war, und begleitete ihn ins Tauchbad, zum Gottesdienst und zum Rabbi. Er sang, und ich sang mit ihm, er sprach, und ich bebte bei jedem seiner Worte. Er sagte: „Ein Chassid muß zuhören können. Zuhören heißt anwesend sein, heißt empfangen. Der Jude, der nicht empfangen kann oder will, ist kein Jude. Unser Volk ist, was es ist, weil es verstanden hat, das Gesetz zu empfangen, sich der Verheißung zu öffnen. Die Thora ist nur ein einziges Mal gegeben worden, aber jeder von uns muß sie täglich von neuem empfangen."

Wenn der Großvater da war, schwiegen die täglichen Besucher des Lehrhauses. Er war ein faszinierender Erzähler und zog die Aufmerksamkeit aller auf sich. Von ihm hörte ich zum ersten Mal chassidische Geschichten. Er war es, der mich in die Welt des Baal-Schem und seiner Schüler einführte. Und in dieser Welt kam es nicht auf Tatsachen an. Ob Daten und Ereignisse stimmten oder nicht, war mir gleichgültig. Mich interessierte nicht, daß zwei und zwei vier sind, sondern daß Gott *einer* ist. Besser: daß Gott und der Mensch eins sind. Und das gilt auch für die Gegenwart. Das Geheimnis liegt im *Aleph*, im eins.

Ich höre noch die Stimme meines Großvaters: „Man wird dir sagen, daß diese oder jene Geschichte objektiv nicht wahr sein kann; na und? Ein objektiver Chassid ist kein Chassid."

Er hatte recht. Der Aufruf des Baal-Schem war ein Aufruf zur Subjektivität, zum leidenschaftlichen Engagement; die Geschichten, die er erzählte, oder die mein Großvater über ihn erzählte, appellierten mehr an die Phantasie als an die Vernunft. Sie wollen zeigen, daß der Mensch mehr ist, als er zu sein scheint, und daß er mehr zu geben vermag, als er zu besitzen scheint. Zergliedert man diese Legenden, verstümmelt man sie. Sie beurteilen heißt: sich von ihnen distanzieren und sie verfälschen: Man verliert dabei mehr, als man gewinnt.

Es ist nicht erstaunlich – wie ich später entdeckte –, daß der Baal-Schem bei den weltlichen Historikern „von auswärts" so wenig Beachtung fand: Er entzieht sich ihnen. Streng historisch gesehen, bleibt seine Gestalt unbestimmt, schattenhaft. Nichts über ihn läßt sich mit Sicherheit sagen. Diejenigen, die behaupten, ihn gekannt zu haben, ihm nahegestanden zu sein oder ihn geliebt zu haben, können nur als Dichter von ihm sprechen. Der Bescht brachte sie so sehr zum Träumen, daß sie ihn wie im Traum beschreiben. Hier liegt auch zum Teil der Grund, warum so viele Rationalisten ihn mit unverhohlener Feindseligkeit betrachten; sein Leben, Legende geworden, zerrinnt ihnen zwischen den Fingern.

Wenn jüdische Historiker – wie Graetz, Kahana oder Dubnow – dem Baal-Schem gegenüber eine Animosität an den Tag legen, die über das Ideologische hinausgeht, dann auch deshalb, weil er sie in ihrer Rolle als Geschichtswissenschaftler stört. Wenn sie ihn verleumden, als Scharlatan abtun, als schmutzigen Trunkenbold, als boshaft, als unwissenden und gierigen Quacksalber, wenn sie ihn so sehr verabscheuen, daß sie aus ihm eine Gestalt von bösartiger Niedertracht machen, dann deswegen, weil sie ihm etwas übelnehmen; denn trotz aller Anstrengungen ist es ihnen nicht gelungen, ihn zu erfassen, ihren Gesetzen zu unterwerfen.

Hier war es der Phantasie geglückt, über das Wissen zu triumphieren oder es wenigstens zu beeinflussen. In diesem Spiel von Licht und Schatten ist die reale Seite des Helden in Dunkel getaucht. Wer sein Schicksal zu verstehen sucht, indem er es analysiert, wird alsogleich durch die Reflexe eines phantastischen Zerrspiegels verwirrt. Im Licht der Legenden aber erscheint und entwickelt sich die Gestalt des Baal-Schem inmitten einer Welt, die nicht die unsere ist. Will man den Bescht begreifen, dann vermengt man Licht und Dunkel, die beide wetteifern, ihn zu verherrlichen.

Für einen Historiker gibt es nichts Verwirrenderes, Erniedrigenderes. Keinen Trennungsstrich ziehen zu können – keinen einzigen, ganz gleich welchen – zwischen Mythos und Realität, zwischen Fiktion, Phantasterei und Erlebtem, das ist für einen Geschichtswissenschaftler der Gipfel der Verlegenheit. Noch dazu, wenn es sich um einen Mann handelt, der erst vor relativ kurzer Zeit das Judentum in seinen Grundfesten erschütterte, sein Denken, sein Empfinden, seine Lebensweise revolutionierte – um einen Mann, der fast ganz allein der Seele seines Volkes neue, faszinierende Bereiche eröffnete und in ihm Schöpferkräfte erweckte; die vom einzelnen in seinem Kampf gegen alles, was ihm überlegen ist, ihn erdrückt oder ihn ins Unendliche zieht, bis dahin nicht genutzt worden waren.

Diesem Mann, der so viele den Massakern Mittel- und Osteuropas Entronnene geprägt hat, dem Führer, der das Überleben zum Imperativ erhob und es möglich machte, dem Meister, der so viele bedrängte Gemeinden wieder zum Singen brachte, gelang es – niemals wird man wissen, wie – zu entschwinden, als wäre er auf Zehenspitzen gegangen; er hinterließ den professionellen Forschern auch nicht das geringste brauchbare biographische Material. Besessen von der Ewigkeit, vernachlässigte er die Geschichte und ließ sich von der Legende tragen.

Die Werke, die ihm zugeschrieben werden – *Schiwche ha-Bescht, Keter Schem-Tov, Zewaat ha-RiBaSch* – stammen nicht von ihm. Die apokryphen Briefe (an seine Kinder, an seine Schüler) sind nur von sekundärem Interesse, liefern bloß etwas Lokalkolorit. Es gibt kein Bild von Bescht, kein Dokument, keine Unterschrift, die als Beweis dafür dienen könnten, daß hinter der Legende ein Mensch stand, ein Gesicht, ein Schicksal. Vielleicht wollte er damit seine Verachtung für alles Geschriebene betonen. Einem Schüler, der seine Lehren auf dem Papier festhielt, sagte er: „Es ist nichts von mir auf diesen Blättern; du hast geglaubt, etwas zu hören, das ich gar nicht gesagt habe." Oder: „Ich habe etwas gesagt, du hast etwas anderes gehört und ein Drittes aufgeschrieben." Im Geist des Baal-Schem erlangt nämlich die Phantasie mit der Zeit die gleiche Beweiskraft, wenn nicht den gleichen Wert wie ein Dokument, manchmal sogar mehr als ein Dokument. Dieses Phänomen leugnen hieße Kunst in allen ihren Formen ablehnen. Das Reale und das Imaginäre gehören beide zur Geschichte: Das eine ist die Schale, das andere der Kern.

Aber gerade auf die Phantasie wirkte der Baal-Schem ein, zu Lebzeiten und auch nach seinem Tod. Jeder seiner Schüler sah ihn anders; für jeden bedeutete er etwas anderes; ihre Art, ihn zu sehen, selbst in der Erinnerung, war eher für sie charakteristisch als für ihn. Er hatte ihre Phantasie befreit, die schließlich, als sie sich ihr freudig hingaben, alles umfaßte, auch ihn selbst. Daher die vielen verschiedenen, widersprüchlichen Erzählungen über ihn.

Die Historiker ärgerten sich darüber, die Chassidim

nicht. Der Chassidismus fürchtet keine Widersprüche; das Leben ist voll davon, nur der Tod hebt sie auf. Außerdem lehrt der Chassidismus Demut und Heiterkeit, Gottesfurcht und Gottesliebe, die kindliche Heiligkeit des Daseins, die Rolle des Rabbis als Mittler zwischen Mensch und Gott – eine Rolle, auf die jedoch beide in ihrem Ich-Du-Verhältnis auch verzichten können und müssen. Was beweist das? Ganz einfach, daß der Widerspruch eine Eigenschaft des Menschen ist, welche die Historiker nicht verstehen. Da sie die Gestalt des Baal-Schem nicht erfassen können, bekämpfen sie ihn. Manche so sehr, daß sie seine Existenz leugnen: Er sei, so sagen sie, von seinen Schülern erfunden worden, deren Existenz allerdings – glücklicherweise – nicht bezweifelt wird. Andere wiederum behaupten, es habe zwei Beschts gegeben, und die chassidische Bewegung sei – von dem anderen gegründet worden.

Mehrdeutigkeit, Verwechslung von Orten und Daten, Paradoxa, Streitigkeiten – die Legende vom Baal-Schem ist überreich daran. Auf ideellem Gebiet nach größtmöglicher Einfachheit strebend, scheint er selbst alles unternommen zu haben, um die Spuren zu verwischen, die zu seiner Person führen.

Sein Geburtsdatum steht immer noch nicht fest. 1698 sagen die einen, 1700 die anderen – als wäre das wichtig. Man glaubt dagegen zu wissen, daß er in einem Weiler – oder war es eine Festung? – namens Okop zur Welt gekommen ist; wo aber dieses Okop lag, darüber sind sich die Fachleute wiederum nicht einig. Dubnow glaubt, es sei in der Nähe von Kamenez, Balaban verlegt es ans Ufer des Dnjepr, während Schächter es gerne irgendwo in der Bukowina hätte. Mahler wieder zählt es zu Galizien. Man sieht: Im Zusammenhang mit dem Bescht wird sogar die Geographie zum Rätsel.

Rätselhaft bleibt auch alles, was seine Kindheit, seine Erziehung, sein Familienleben, seine Pläne betrifft, seine Wanderungen über Berg und Tal, die er unternahm, um jedem zu helfen, der Hilfe oder Liebe brauchte.

Seine Eltern – Elieser und Sarah – seien, so sagen die einen, reich und freigebig gewesen; arm, aber freigebig, meinen andere. Ihr Sohn – Israel – sei ihnen als Belohnung geschenkt worden, als sie schon fast hundert Jahre alt waren. Nach einer Version sollen sie den Propheten Elias gastfreundlich und verständnisvoll aufgenommen haben; einer anderen Version zufolge sei es nicht der Prophet, sondern Satan gewesen. Jedenfalls sollte ihr Sohn zum Symbol der Verheißung und des Trostes für jeden werden, der im dunkeln tappte.

Elieser, der Vater, berichtet die Legende, war ein so durch und durch guter Mann, daß man im Himmel beschloß, ihn auf die Probe zu stellen. Ein als Vagabund gekleideter Unbekannter, den Stock in der Hand und den Brotsack über der Schulter, klopfte an einem Freitagabend an Eliesers Tür, als die alten Eheleute bereits bei Tisch saßen und das erste Schabbatmahl feierten. Ohne ein Wort zu sagen, ohne vorwurfsvolle Geste dem Fremdling gegenüber, der ja gegen das Gesetz verstieß, nahmen sie ihn herzlich auf. Und da sie den verkleideten Propheten weder beleidigt noch in Verlegenheit gebracht hatten, verkündete er ihnen die Neuigkeit: Im nächsten Jahr würden sie nicht mehr allein sein.

Eine andere Sage beschreibt Elieser als ein Opfer, das zum Helden wurde. Von Barbaren geraubt, habe er an einem Königshof Karriere gemacht, indem er dem Herrscher half, seine Kriege zu gewinnen. Trotz der Ehren, mit denen er überhäuft wurde, lebte er heimlich so, wie es einem guten Juden geziemt, und befolgte die Gebote der Thora. Der König liebte ihn so sehr, daß er ihm eine Prinzessin zur Frau gab. Die Ehe wurde geschlossen, aber nicht vollzogen, zum lebhaften Bedauern der Prinzessin. Zu seiner Entschuldigung gestand ihr Elieser, daß er nicht nur bereits verheiratet, sondern auch – Jude sei. Großherzig half sie ihm nun, das Königreich zu verlassen und heimzukehren. Und weil er seinem Volk und seiner Ehefrau treu geblieben war, bekam er einen Sohn, der alle nur erdenklichen Gaben und Kräfte besaß.

Bevor Elieser starb, sagte er zu seinem Sohn: „Ich scheide, bevor ich aus dir einen gottesfürchtigen Menschen machen konnte, der jene liebt, welche Ihn fürchten. Denke stets an eines: Gott begleitet dich, und Er allein ist es, den du fürchten mußt." Und der Bescht fügte später hinzu: „Gott sieht, Gott blickt herab. Er ist in jedem Leben, in jedem Ding. Und alles zeugt von Seinem Willen. Er ist es, der entscheidet, wie oft das Blatt durch den Staub wirbelt, bevor der Wind es verweht."

Als mittellose Waise war er gezwungen, alle möglichen Berufe auszuüben. Er war Hauslehrer, Hilfskantor, Schächter. Ein bißchen unbeholfen, zerstreut, wunderlich, fristete er sein Leben auf Kosten der Gemeinde. Man verheiratete ihn früh. Er verlor seine Frau, lebte wieder am Rande der Gesellschaft, in sich selbst zurückgezogen, und wartete auf seine Berufung.

Zahlreich sind die Legenden über das Leben, das der Baal-Schem vor seiner Offenbarung führte. So soll er fahrende Schüler vor einem Werwolf und einem Zauberer geschützt, einsame Wanderer, die sich in den von Räubern wimmelnden Wäldern fürchteten, sicher geleitet haben. Er selbst wanderte furchtlos über die Berge, Träume spinnend, in denen das Ende zum Anfang zurückkehrte und der Gesang der Welt dem des Schöpfers antwortete.

Manche Quellen stellen ihn als einen bescheidenen, sanften Heiligen, wenn nicht gar als Einfältigen dar; andere schreiben ihm genügend Gewandtheit und *halachische* Kenntnisse zu, um aus ihm einen *Dajan,* einen Richter in der Gemeinde zu machen. In dieser Funktion soll er einem gewissen Reb Abraham – oder Reb Ephraim – Kitiwer begegnet sein, der seine Tochter verheiraten wollte. Sie hieß Hannah. Wie alt war sie damals? Einige Monate, sagen die einen, viel älter – da sie ja schon geschieden gewesen sei –, meinen die anderen. Wie auch immer: Der Verlobungskontrakt wurde unterzeichnet; auf Verlangen des Bräutigams wurde sein Name – Israel, Sohn des Elieser – ohne irgendwelche Titel angeführt. Dann starb Hannahs Vater.

Jahre verstrichen, und der Bräutigam, als Bauer verkleidet, begab sich zu Rabbi Gerschon Kitiwer, seinem zukünftigen Schwager. Dieser hielt ihn für einen Bettler und wollte ihm ein Almosen geben. „Nein", sagte der Besucher. „Nicht deshalb bin ich gekommen. Ich muß mit Euch sprechen. Allein." Dann fügte er in rauhem, beinahe grobem Ton hinzu: „Ich will meine Frau. Gebt mir meine Frau."

Rabbi Gerschon, einer der angesehensten Honoratioren der Stadt Brody, fand den Scherz nicht nach seinem Geschmack. Selbst nachdem er den von seinem Vater unterzeichneten Kontrakt gesehen hatte, riet er seiner Schwester, ihr Leben nicht mit dem jenes Bauernlümmels zu verbinden; es wäre eine Mesalliance. Hannah zog es vor, dem Willen ihres verstorbenen Vaters zu gehorchen. Man setzte den Tag der Hochzeit fest. Vor der Zeremonie hatte der Fremde mit Hannah ein Gespräch unter vier Augen. Er sagte zu ihr: „Ich bin nicht der, für den du mich hältst, aber das soll niemand wissen." Er erzählte ihr von dem Weg, den er eingeschlagen hatte, und sagte ihr die Schwierigkeiten voraus, die sie bewältigen, die Hindernisse, die sie überwinden müßten. Hannah erklärte sich bereit, dieses Leben mit ihm zu teilen.

Harte, magere Jahre folgten. Rabbi Gerschon schämte sich seines Schwagers und drängte ihn, weit weg zu ziehen, so weit weg wie möglich. Er kaufte dem Paar ein Gasthaus, ein Pferd und einen Karren. Einsam, fernab in den Karpaten, lernten Israel und Hannah das Elend kennen. Sie stellten Tontöpfe her, verkauften sie an die Dorfbewohner und lebten kärglich von dem Erlös.

Als der Baal-Schem eines Tages vor den Rabbiner des Ortes gerufen wurde, der ihm die Grundlehren des Judentums beibringen wollte, ließ er die Maske des Einfältigen fallen, verstellte sich dann wieder, und das mehrmals hintereinander. Der Rabbiner, perplex, verstand überhaupt nichts mehr. Wie kann das Licht auf einem Antlitz so rasch wechseln, der Ausdruck sich so schnell ändern? Der Rabbiner befahl dem Besucher, die Wahrheit über sich zu sagen.

„Gut", sagte der Baal-Schem. „Aber sie wird geheim bleiben. Vorläufig."

Nun gab es in Brody eine Irre. Sie sah die Menschen ohne Masken. Man stellte sie dem Baal-Schem gegenüber, und sie sprach:

„Ich weiß, wer du bist; du machst mir keine Angst. Ich weiß, daß du Kräfte besitzt, ich weiß aber auch, daß du sie nicht gebrauchen darfst, bevor du sechsunddreißig Jahre alt bist."

„Schweig", antwortete er. „Sonst versammle ich auf der Stelle ein Gericht, daß es dir den Dybuk austreibe."

Und die Frau, voll Schrecken, schwieg; sie wußte, woran sie war. Die anderen erfuhren es erst später.

Nach sieben Jahren Einsamkeit und Askese erhielt der Bescht den Befehl, sich zu offenbaren und seine Bestimmung zu erfüllen.

An diesem Schabbat befand sich ein Gast – ein Schüler Rabbi Gerschons – bei Israel und Hannah. Um Mitternacht erwachte er und sprang auf: Eine riesige Flamme kreiste über dem Herd. Da er zunächst an einen Brand dachte, stürzte er auf das Feuer zu, um es zu löschen. Da aber erblickte er seinen Wirt, von Licht umstrahlt; er verlor das Bewußtsein. Als er wieder zu sich kam, vernahm er eine Stimme, die ihn ermahnte: „Man sieht nicht dorthin, wo man nicht hinsehen soll." Als der Schabbat vorüber war, begab sich der Schüler eilig in die Bethäuser und Synagogen von Brody und erzählte von seinem Erlebnis. „Ein Lichtstrahl befindet sich ganz in der Nähe von hier!" Die Männer liefen zum Waldrand, bauten einen Thron aus Ästen und Blätterwerk, und der Bescht nahm darauf Platz. „Ich werde einen neuen Weg bahnen", erklärte er.

Er war sechsunddreißig Jahre alt.

Die Irre hatte richtig vorhergesehen. Es ist seltsam, aber von allen Frommen und Weisen in Brody sprach nur sie die Sprache des jungen Heiligen im Wald.

Seltsam war auch die Pilgerfahrt des Baal-Schem ins Heilige Land: Handelte es sich um einen Wunsch oder um einen festen Plan? Eine Legende besagt, daß Räuber ihm irgendwo in den Karpaten einen unterirdischen Tunnel gezeigt hätten, der zwischen Safed und Jerusalem münden sollte. In einer anderen Erzählung heißt es, der Baal-Schem sei über Stambul dorthin gelangt, in Begleitung eines Schreibers, des bereits erwähnten Zwi-Hersch Soifer, oder seiner Tochter Hodel. Um die Sache zu vereinfachen, berichtet eine dritte Version, er habe sie beide mitgenommen – oder aber die

Reise zweimal gemacht. Einer vierten Fassung zufolge habe er seinen Plan niemals ausgeführt.

Andere Rätsel: Hat er an einem öffentlichen Streitgespräch mit Anhängern Jakob Franks in Lemberg teilgenommen oder nicht? Hat er den Beruf eines Wunderheilers ausgeübt, Amulette verteilt, um das Schicksal zu bannen oder den Dämon auszutreiben, oder hat er das nicht getan? Die Meinungen bleiben geteilt. Selbst das Datum seines Todes ist umstritten. Die einen sagen, er sei am ersten Tag des Schawuot-Festes gestorben; die anderen sagen, am zweiten.

Und, wiederholen wir es, die ganze Verwirrung betrifft einen Mann, der nicht im Mittelalter, sondern im achtzehnten Jahrhundert gelebt hat. Dieser Zeitgenosse Voltaires und Kants, Lessings und Diderots errichtete sein Reich nicht im fernen, abergläubischen Afrika, sondern in Europa, wo der Mensch, indem er sich emanzipierte, die Geschichte auf sein Maß zu reduzieren begann. Man informierte sich, man reiste, forschte, wollte alles kennenlernen, alles erklären. Man zertrümmerte Idole, riß Altäre nieder und rühmte sich auch dieser Taten. Staatsmänner und Mäzene, Abenteurer und Revolutionäre, exaltierte Tribunen und verschlagene Diplomaten – alle fanden einen Weg, in die Chronik, ja in die Geschichte ihrer Zeit einzugehen; alle, außer dem Baal-Schem.

Nichts ist von ihm erhalten als seine Legende, aber es ist eine Legende mit tiefem und dauerhaftem Nachhall. Paradoxerweise wurde sie mit den Jahren greifbarer, realer. Mehr als jede andere historische Persönlichkeit, den Propheten Elias ausgenommen, war der Bescht in der Freude wie in der Trauer zur Stelle; er erfüllte jedes *Schtibel*, jede Hütte mit seiner Wärme, seinem Licht.

Jeder Chassid hatte zwei Meister, den seinen und den Baal-Schem, und jener bezog seine Kraft von diesem. Der eine half im Leben, der andere im Glauben. Wer sich nicht auf den Bescht berief, konnte nur außerhalb der sich ausbreitenden chassidischen Gemeinde bestehen; die schönsten Erzählungen haben den Baal-Schem zum Helden oder wenigstens zum Bezugspunkt.

Vielleicht sollten wir sagen, daß er die Summe der Geschichten war, die man von ihm und seinem Werk erzählte und immer noch erzählt. Besser: er *ist* seine Legende.

Der Sohn der Sarah und des Elieser war allerdings nicht der erste, der den Titel eines Baal-Schem trug. Andere *Meister des Namens* waren ihm vorangegangen. Die Chronik hat einige Namen bewahrt. Joel Baal-Schem, Eliahu Baal-Schem, Benjamin Baal-Schem: Wundertäter, wandernde Magier, die das Land durchstreiften, durch Städte und Dörfer zogen und manchmal bis Worms, Lublin und London gelangten. Und dann war da der geheimnisvolle Adam Baal-Schem, der als Vorläufer gilt: Er soll seinem Sohn esoterische Schriften anvertraut haben, die für den künftigen „Meister des *guten* Namens" bestimmt waren. Pittoreske Heilige und Wunderheiler, mehr oder minder erfolgreich; der Aberglaube führte die Menschen zu ihnen. Sie rühmten sich, das Böse austreiben, den Dämon und den bösen Blick bannen, sterbende Kinder dem Leben zurückgeben zu können. Um Israel Baal-Schem von diesen Leuten zu unterscheiden, fügte man seinem Titel das Wort *Tow* (gut) hinzu. Er war der Meister des *guten* Namens. Sein Erscheinen drängte die anderen in den Schatten, wenn nicht in die Vergessenheit. Er allein blieb im Rampenlicht.

Er war auch nicht der erste *Chassid* (siehe Anhang). Ganz abgesehen von den *Chassidim* des Talmuds oder des zwölften Jahrhunderts, erinnern wir uns, daß es chassidische Brüderschaften – wenn auch anderer Art – in Brody, Bar, Kitew und Miedžybož gab. Sie vereinigten Kabbalisten und berühmte Gelehrte, wie Rabbi Gerschon Kitiwer, Rabbi Nachman von Chorodenka, Rabbi Nachman von Kosow, Rabbi Wolf Kizes, Rabbi Jizchak von Drohóbycz, Rabbi Schabbatai Raschkower ... Sie bildeten geschlossene Zirkel, legten Wert darauf, eine Elite zu bleiben, und machten es Beitrittswilligen schwer. Jeder Kandidat mußte nicht nur genaue Kenntnis des Talmuds und der Kabbala nachweisen, sondern sich auch verpflichten, in strenger Askese zu leben und „darauf zu verzichten, den Propheten zu spielen". Es heißt, der Bescht selbst habe sich um Aufnahme beworben.

Ohne Erfolg; sein Wissen wurde als ungenügend beurteilt. Mit anderen Worten: *Chassidim* gab es schon vor dem Baal-Schem. Aber den Chassidismus, so wie wir ihn kennen, hat er erfunden – oder neu gefaßt –, indem er dem alten Begriff einen neuen Inhalt gab.

Er stieß dabei auf erhebliche Schwierigkeiten. Manche Chassidim alter Schule waren seine heftigsten Widersacher, bevor sie sich ihm als Freunde, Gefährten und Schüler anschlossen. Sie warfen ihm anfangs vor, die Tore zu weit zu öffnen; sie mißtrauten den Massen. Bis auf einige Ausnahmen beugten sie sich schließlich seiner Macht, liebten ihn und erkannten ihn öffentlich an.

Rabbi Nachman von Kosow war eine dieser Ausnahmen; er weigerte sich sogar, mit dem Bescht zusammenzutreffen. Seine Freunde mußten ihm lange zureden, bis er endlich zustimmte, mit dem Baal-Schem unter vier Augen zu sprechen: „Man sagt, daß Ihr die Gedanken Eures Gesprächspartners lesen könnt, stimmt das?" – „Ja", antwortete der Meister ohne falsche Bescheidenheit. – „Beweist es. Sagt mir, woran ich in diesem Augenblick denke." – „An Gott, selbstverständlich", sagte der Bescht, der damit nichts riskierte: Einem frommen Juden muß Gott in jedem seiner Gedanken gegenwärtig sein. – „Zu billig", stellte prompt der Besucher fest. – „Gewiß", erwiderte der Baal-Schem, „es ist billig, da ja wirklich alle Menschen an Gott denken. Aber jeder denkt an Ihn auf seine Weise. Wenn Ihr Wert darauf legt, werde ich Euch sagen, wie Ihr an Gott denkt." Hat er Wort gehalten? Niemand weiß es. Rabbi Nachman wurde kein Chassid, aber nach dieser Begegnung duldete er es nicht mehr, daß man in seiner Gegenwart den Baal-Schem kritisierte. Er sagte: „Dieser Streit geht nur ihn und mich an; er hat vor unserer Zeit begonnen. Er entzweite bereits David und Saul, Hillel und Schammai. Mischt euch nicht ein, ich verbiete es euch." Die beiden Männer wurden Gefährten und Freunde.

Mit anderen geistigen Führern der Gegend hatte der Baal-Schem mehr Erfolg, so etwa mit Rabbi Pinchas von Korez, mit Rabbi Jaakob-Jossef von Polnoje und mit Rabbi Dow-Bär von Mesritsch. Den ersten gewann er durch seinen

Blick, den zweiten durch seine Geschichten, den dritten durch seine Begeisterung.

Um seine Lehre zu verbreiten, sparte der Baal-Schem weder Zeit noch Kraft. Ständig war er unterwegs, erschien bald in den Wäldern, bald auf den Jahrmärkten, sprach Unbekannte an, Reiche und Arme, Gebildete und Ungebildete, um sie zu seinen Anhängern zu machen. Wenn einer ihn besonders interessierte, setzte er alles in Bewegung, um ihn zu treffen und wenn möglich in den Kreis seiner Vertrauten zu ziehen. Um Rabbi Nachman von Kosow eine Freude zu bereiten, machte er einen weiten Umweg – ein Beweis, daß ihm Entfernungen nichts ausmachten, wenn es darum ging, einen Freund zu erfreuen. Er reiste einmal länger als einen Tag und eine Nacht, nur um den Schabbat mit Rabbi Jaakob-Jossef von Polnoje zu feiern. Zu denen, die er liebte, war er die Großherzigkeit in Person; zuvorkommend, aufmerksam, liebenswürdig. Als er erfuhr, daß einer seiner Schüler sich besonders streng kasteite, nahm er sich die Mühe, ihm einen langen Brief zu schreiben, in dem er ihn beschwor, auf seine Gesundheit zu achten, und ihm sogar praktische Ratschläge erteilte: was und wann er essen oder trinken sollte. Nur die offiziellen Rabbiner fanden keine Gnade vor seinen Augen („Eines Tages wird es so viele von ihnen geben, daß sie den Messias am Kommen hindern werden!"), ebensowenig die Ärzte („Sie glauben, alles erklären zu können, und sehen doch nur die Oberfläche des Übels!"). Seine Schüler liebte er wie ein Vater oder ein älterer Bruder und interessierte sich für die kleinsten Einzelheiten ihrer Tätigkeit; es lag ihm viel daran, alles, was seine Anhänger betraf, zu wissen und zu verstehen. Jeder Schüler war dann überzeugt, daß der Meister sich nur für ihn interessierte, nur ihn sah. Eines Tages, berichtet die Legende, bemerkten die Gefährten und Schüler, daß sie in seinen Augen alle gleich waren, und da „schwiegen sie lange".

Obwohl der Bescht sich auf die Auserwählten seiner Schar konzentrierte, hütete er sich dennoch, die übrigen zu vernachlässigen.

Gewiß versuchte er im Verlauf seiner zahlreichen Reisen

durch die fünfzig Dörfer und Ortschaften (deren Namen in den ersten der ihm gewidmeten *Lobliedern* aufscheinen) von den Karpaten bis zum Dnjepr, die besten Geister zu gewinnen und zu seinen Aposteln zu machen; doch tat er dies nicht auf Kosten der gewöhnlichen Dorfbewohner oder Durchschnittsbürger; er setzte sich auf jeden Fall ein, ohne sich vorher zu fragen, ob der Betreffende der Mühe wert sei oder nicht. Jedes menschliche Wesen verdiente seiner Ansicht nach Aufmerksamkeit. Es war ganz einfach: Er erschien dort, wo man ihn – oder jemanden wie ihn – brauchte, wo Männer und Frauen, vom Himmel verlassen, eines Zeichens, eines Boten bedurften, um nicht in Resignation und Verzweiflung zu verfallen.

Der Bescht war eine Persönlichkeit mit so intensiver Ausstrahlung, daß er jeden veränderte, der in seine Nähe kam. Selbst die Mittelmäßigsten gerieten durch den Kontakt mit ihm in Schwingung, eine Begegnung mit ihm bedeutete für jeden ein Lebensereignis.

Der Baal-Schem brauchte nur den Blick auf seinen Gesprächspartner zu richten, und dieser fing Feuer. Ein alter Bauer bietet ihm Schutz vor der Kälte; er wird reich und stirbt erst mit hundert Jahren; ein Schüler rührt ihn, als er ihm seine Lektion hersagt: Der Schüler erntet Ruhm und Seelenruhe. Ein Dieb hat das Pech, ihm über den Weg zu laufen. Der Bescht entlarvt ihn; da wendet der Dieb sich zu ihm und sagt: „Da Ihr sehen könnt, warum versucht Ihr nicht, eher das Gute zu sehen?" Und der Dieb betritt den Zaubergarten der chassidischen Legende.

Ich höre noch meinen Großvater zu mir sagen: „Niemand fühlte sich fremd in der Welt des Bescht."

Das traf auch auf seine Schüler zu. Der Chassidismus betrachtet keinen Menschen als Fremden: Kein Chassid ist überflüssig in den Augen des Rabbi. Ein Chassid, der den Chassidismus nicht mehr ausübt, bleibt nichtsdestoweniger Chassid; er wird gerettet – durch seine Gefährten, die sich für sein Los verantwortlich fühlen. Chassid sein, sagt der Bescht, heißt solidarisch sein.

Im Gegensatz zu den Rabbis der folgenden Generationen hatte der Baal-Schem keinen festen Wohnsitz, hielt nicht

Hof; er beschäftigte weder einen Diener noch einen Sekretär, der die Besucher auszusieben und ihn vor den Bettlern abzuschirmen hatte. Er wollte für jeden zu sprechen sein, der kam, um ihm seine Sorgen und Leiden anzuvertrauen. Mehr noch: Er begnügte sich nicht damit, die Leute zu empfangen, sondern ging zu ihnen hin, kam ihnen entgegen. Stets unterwegs, ohne Rast, manchmal mit seinem Kutscher Alexej oder mit dem Schreiber Zwi-Hersch Soifer, wollte er überall gleichzeitig sein, alle Erwartungen erfüllen, alle Hoffnungen verkörpern – und es gelang ihm, wenn man der Legende glaubt. Jeder hatte ein Anrecht auf seine Gegenwart.

Er wandte sich an Männer und Frauen, oft mehr an die Frauen als an die Männer, in der Synagoge und auf der Straße, auf den Märkten und in den Schenken, zu jeder Tages- und Nachtzeit. Es war ihm ein Bedürfnis, soviele Menschen, soviele Herzen wie möglich anzusprechen. Kein Ort war zu weit weg, kein Mensch zu gering; solange der Zweig nicht vom Baum abgetrennt ist, berechtigt er zur Hoffnung, sagt er. Und: Um den Menschen aus dem Schmutz zu ziehen, muß man selbst hineinsteigen. Auch dieser schöne Ausspruch wird ihm zugeschrieben: „Ein kleiner Zaddik liebt die kleinen Sünder, ein großer Zaddik liebt die großen Sünder." Es erstaunt nicht, daß er, der Überlieferung zufolge, versucht haben soll, die verdammten Seelen des Schabbatai-Zwi und des Jakob Frank zu retten. Der Baal-Schem gab aus Prinzip keine Urteile ab; er war da, um zu helfen, nicht um zu verdammen.

Auch schämte er sich keineswegs, in relativ anrüchigen oder verrufenen Kreisen zu verkehren; er glaubte, dort nützlicher zu sein als unter den Gerechten. Räuber riefen ihn als Schiedsrichter an; Übeltäter verlangten seinen Segen, Trunkenbolde machten ihm Geständnisse. Er verstand es, zuzuhören, ein Zwiegespräch zu beginnen, Hemmungen zu überwinden; niemals zeigte er sich ungeduldig oder unduldsam. Man konnte sich ihm rückhaltlos anvertrauen, ohne fürchten zu müssen, Tadel oder Verachtung zu ernten. Eines Tages bemerkte er einen Dorfbewohner, der im Rausch vom Jammer gepackt war und zusammenhanglos vor sich hinlallte. Aufmerksam stellte der Meister fest: „Wenn ein Mensch beichtet, kommt es nicht auf die Form an; niemand hat das Recht, sich von ihm abzuwenden."

Er liebte es, die Bauern und Dorfburschen in den Gasthäusern zu beobachten, wie sie tranken und grölten. Eines Tages kam er mit einem jungen jüdischen Studenten in eine Schenke. „Er singt besser als ihr", sagte er zu den Zechern, „und er wird es euch beweisen." Einen Augenblick später tanzten die Säufer nach einer neuen Melodie. Jahre später, als eine Bande sich anschickte, einen Juden umzubringen, kam dessen Gesicht dem Anführer bekannt vor: „Kannst du singen?" – „Ja!" – „Sing!" Und der seinerzeitige Student erinnerte sich ebenfalls. Er sang und war gerettet.

Selbstverständlich machte der Baal-Schem von sich reden. Man schwor nur auf seine Kräfte, man berief sich nur auf seine Maximen. Die jüdische Welt verfolgte gebannt seinen kometenhaften Aufstieg, mit Schrecken oder Hoffnung, oder mit beidem zugleich. Man nahm für oder gegen die außergewöhnliche Persönlichkeit Stellung, die überall gleichzeitig zu sein schien, wie ein Wirbelwind, Staunen oder Zorn zurücklassend. Die traditionalistischen Rabbiner wie auch die emanzipierten Rationalisten waren empört und suchten nach wirksamen Mitteln, den Bescht zu bekämpfen, bevor es zu spät wäre – doch es war schon zu spät. Die Legende vom Baal-Schem hatte die Phantasie der Juden zu heftig und an zu vielen Orten gleichzeitig entflammt, als daß sie noch ausgemerzt oder wenigstens durch einen Bannfluch gehemmt hätte werden können; sie entsprach einem Bedürfnis.

Für die Juden nämlich, die den am meisten heimgesuchten Teil Mittel- und Osteuropas bewohnten, zeigt sich das achtzehnte Jahrhundert nicht gerade sehr friedlich. Sie werden von den großen Befreiungsbewegungen nicht berührt. Der Kampf gegen Despotismus und soziale Ungerechtigkeit zielt nicht darauf ab, auch ihre Nöte zu lindern. Für Voltaire sind sie ein „unwissendes und barbarisches Volk, das seit langer Zeit schmutzigste Habgier mit verabscheuungswürdigstem Aberglauben und unausrottbarem Haß gegen alle jene Völker vereint, die sie tolerieren und reich werden lassen". Er schämt sich nicht zu gestehen: „Man betrachtete die Juden genauso, wie wir die Schwarzen ansehen, nämlich als eine minderwertige Menschenart." Diderot liebt sie nicht; Goethe hat nichts für sie übrig und wirft ihnen zahllose Laster vor: Feigheit, Raffsucht, Gaunerei. Fichte, auf der Suche nach einer Endlösung, verkündet, die Juden seien unverbesserlich, „da man ihnen nicht die Köpfe abschneiden und neue aufsetzen kann". Moses Mendelssohn wagt es nicht, seine Kinder aus dem Haus zu lassen: Man bewirft sie auf der Straße mit Steinen. Dabei wird er als Philosoph in den höchsten Gesellschaftskreisen geachtet, geehrt, gefeiert. Aber was hat das schon zu sagen? Man kann ohne weiteres *einen* Juden bewundern und *die* Juden verachten; diese Einstellung war damals in Europa weit verbreitet. Die Kultur blüht, aber der Geist hat, ohne daß es jemandem bewußt wird, zuviel Gift in sich aufgenommen, schon seit Generationen. Im Jahrhundert der Aufklärung ist der Schrei, der aus dem Herzen dringt, ein Aufschrei des Hasses. Die Juden, vor allem die polnischen und die ukrainischen, werden links liegen gelassen.

Sie besitzen keinerlei Rechte. Schutz müssen sie sich erkaufen. Ihre Freiheit und ihr Leben hängen vom Gutdünken des Herrn ab, der ihre Geschäftstüchtigkeit ausnützt. Kommt der Gastwirt oder der Pächter am Ende der Woche oder des Monats mit ungenügend gefüllter Börse, wird er bis aufs Blut geprügelt und ins Loch gesteckt. Und niemand ist da, um ihn loszukaufen. Das gilt vor allem für kleine Dörfer und isolierte Ortschaften, fern von den großen Zentren, wo das System der gegenseitigen Hilfe manchmal funktioniert. Niemand ist beklagenswerter als der Jude in einem entlegenen Weiler; er fühlt sich vergessen, von seinen Brüdern verlassen.

In den großen Städten sind die Probleme anderer Art. Die jüdischen Gemeinden sind zu stark aufgesplittert: Gebildete und Ungebildete, Reiche und Arme, Herren und Handwerker, Würdenträger und Bettler stehen einander mit Mißtrauen, Bitterkeit und Groll gegenüber. Am oberen Ende der sozialen Leiter: die weltlichen Oberhäupter (immer wohlhabend, wenn nicht reich), die Rabbiner (oft von jenen ernannt), die Talmudgelehrten, die Frommen, die höheren Lehrer. Wer weder Titel noch Vermögen besitzt, wird verachtet. Wer weder Wissen noch Frömmigkeit nachweisen kann, gehört zu den Unterdrückten, ist zur Machtlosigkeit verurteilt.

Auch geistig macht das Judentum eine ernste Krise durch. Die rabbinischen Institutionen sind zu starr, zu abgeschlossen und unbeweglich. Sie gestatten kein Ausbrechen, dulden keinerlei individuelle Initiative. Die Rabbiner, noch im Bann der schrecklichen Erinnerung an den falschen Messianismus des siebzehnten Jahrhunderts, mißtrauen allem, was ihnen dunkel erscheint. Wer von der strengen Auslegung des Gesetzes abweicht, wird sofort der Häresie verdächtigt. Die Rabbiner sind der Ansicht, das Judentum habe zuviel durch erleuchtete Visionäre, durch Massenredner gelitten, als daß man solchen Leuten freie Bahn lassen dürfte. Um die Traditionen zu sichern, verwahren sie sie hinter Schloß und Riegel, richten um sie Barrikaden auf; wer diese beseitigen möchte, wird Gegenstand fanatischer, unbarmherziger Verfolgung.

Der Jude, der nur seine Erinnerung hat, denkt an die von Leuten wie Schabbatai-Zwi zerbrochenen und zum Spott gemachten Träume. Er weiß, daß für den Verbannten die Hoffnung zur schlimmsten Folter, zur grausamsten Gefahr werden kann. Um standzuhalten, muß man warten können, Geduld haben; um zu überleben, muß man den Nakken beugen und den schmalen, aber vertrauten Pfaden folgen und der Anziehungskraft des Unbekannten widerstehen.

Aber niemand kann lange ohne Traum und ohne Legende leben; es genügt, daß ein Mensch diese Träume und Legenden verkörpert, und er wird mächtig werden und herrschen.

Der Bescht selbst jedoch soll den Ruhm als eine Bürde, als unwürdigen Ballast angesehen haben. Als er im sechsunddreißigsten Lebensjahr durch eine Vision erfuhr, daß seine Zeit gekommen sei, vom Berg herabzusteigen, die Maske abzuwerfen, Rolle und Aufgaben eines Führers zu übernehmen und sich um die Seelen der Menschen zu kümmern, da brach ihm beinahe das Herz. So tief war sein Kummer, heißt es, daß er drei Tage und drei Nächte fastete, um die Berufung rückgängig zu machen.

Eines Tages sandte er seine Schüler in einen entlegenen Ort, wo sie einen *Lamed-Wawnik* treffen sollten, einen der sechsunddreißig Gerechten, ohne welche die Welt nicht bestehen kann. Und er sagte zu ihnen: „Dieser Mann ähnelt mir wie ein Bruder, wir sind gleich alt, gleicher Herkunft, besitzen die gleichen Tugenden und Kenntnisse. Bevor wir auf die Erde hinabstiegen, faßten wir beide den Entschluß, von Anfang an das Gebot zu beachten, das uns zuerst betreffen würde: das *Kibud-Em,* das Gebot, die Mutter zu ehren. Wie? Wir würden nicht weinen. Um die Mutter nicht zu beunruhigen. Und wir haben Wort gehalten. Ich weinte nie in Gegenwart meiner Mutter. Aber sobald sie fortgegangen war, auf den Markt oder zum Gottesdienst, konnte ich mich nicht mehr beherrschen. Die Nachbarn tadelten sie wegen ihrer scheinbaren Herzlosigkeit, und sie, die ja nichts ahnte, war unglücklich darüber. Mein Freund dagegen hielt sich auch dann zurück, wenn seine Mutter nicht anwesend war. Deshalb also wurde oben beschlossen, daß er zur Belohnung ein heimlicher Gerechter bleiben durfte, während ich zur Berühmtheit verdammt wurde."

Seine Bewunderer wußten ihn dennoch zu rechtfertigen. Unter den Zügen des sichtbaren Baal-Schem, sagten sie, war der andere, der heimliche Baal-Schem versteckt, der ebenso groß, jedoch nicht so leicht faßbar war. Ihnen zufolge wurde alles, was er berührte, heilig. Sie zögerten nicht, ihn Moses gleichzustellen. Sein Meister sei der Prophet Achia von Silo gewesen, derselbe, den auch David zum Lehrer hatte. Mit Persönlichkeiten wie Schimon bar Jochai oder Rabbi Jizchak Luria, den berühmtesten Koryphäen in der Geschichte der Kabbala, habe er von gleich zu gleich verkehrt. Wenn er sich in höhere Sphären erhob, habe er bisweilen seine großen Vorgänger in den Schatten gestellt und Seite an Seite mit den Patriarchen an einer gelehrten Versammlung teilgenommen. Auch mit dem Messias habe er sich bisweilen unterhalten. Auf seine Frage: „Aber wann kommst du, wann?" antwortete ihm der Messias: „Wenn die Quelle überströmt, wenn deine Lehre draußen, in der weiten Welt, verbreitet ist." Und als er den Würgeengel fragte: „Warum vernichtest du so viele unschuldige, wehrlose Juden?", erwiderte ihm der Engel mit herzzerreißendem Humor: „Ich tue es aus Liebe zu Gott und zu Seinem Ruhm."

Das sind Privilegien, welche die Legende der „Wurzel seiner Seele", seinen sozusagen ererbten Verdiensten, zuschreibt. Aber der Baal-Schem scheint es vorgezogen zu haben, sich als einen Menschen darzustellen, der sich nur auf seine eigenen Taten verläßt und für jeden Erfolg hart arbeiten muß. Darin liegt einer der Anziehungspunkte des Chassidismus: Alles ist möglich, aber muß erst getan werden; wenn Gott die Kraft gibt, ist es Sache des Menschen, sie von Ihm in Empfang zu nehmen; Vollkommenheit ist nicht angeboren.

Der Baal-Schem war ein Mann des Volkes und wollte es auch sein. Er konnte sich keines Stammbaums, keiner vornehmen Familie und keines gesellschaftlichen Ranges rühmen; nichts verband ihn mit der herrschenden Klasse. Er besaß weder offizielle Titel noch einflußreiche Freunde, mächtige Protektoren, materielle Güter oder reiche Bewunderer; er verfügte nicht einmal über eine umfassende talmudische Bildung. Im Gegenteil, er liebte es, den Unwissenden zu spielen, den Ungebildeten, der einige der wichtigsten Gebete nur mit Mühe und gleichsam widerwillig psalmodiert.

Und er hatte auch bei allen vom Schicksal Benachteiligten unverzüglich Erfolg; sie identifizierten sich mit ihm. Wäre er ein Rabbinersohn, ein Wunderkind, ein berühmter Kommentator oder Schwiegersohn eines begüterten Kaufmanns gewesen, hätte er die Phantasie des Volkes weniger beschäftigt. Viele arme Leute kamen zu ihm, weil sie wußten, daß auch er einfacher Herkunft war – er war einer der ihren. Er stellte ihr unterdrücktes, sublimiertes Ich dar. Durch ihn entdeckten sie eine Welt, die ihnen bis dahin unzugänglich gewesen war, in der sie sich aber trotzdem zu Hause fühlten, eine Welt, in der Wärme an die Stelle von

Strenge trat und die Hoffnung nicht morbid, sondern ganz natürlich war. Er sagte ihnen, was sie zu hören wünschten: daß jeder von ihnen in Gottes Gedächtnis lebe, daß jeder von ihnen an den Dramen und Festen seines Volkes Anteil habe, jeder auf seine Weise und seinen Mitteln entsprechend.

Er sagte ihnen, daß Gott über den Grenzen stehe, über den Klassen und allen Unterschieden. Ein inniges Gebet sei mehr wert als eine mystische Beschwörung, die Begeisterung eines reinen Herzens übertreffe den Eifer, der einer ausgeklügelten, schwer verständlichen Philosophie entspringe: „Der Kutscher, der die heiligen Thorarollen küßt, gefällt Gott besser als die Engel, die nichts anderes tun als ihn preisen."

Der Baal-Schem ermunterte sie, den Mut, die Hoffnung nicht zu verlieren. Und sich nicht minderwertig oder gering zu fühlen jenen gegenüber, die ihnen kraft ihrer Stellung oder ihres Wissens befehlen wollten. Er ermahnte sie, sich vor jenen zu hüten, die meinten, Rechte über sie zu besitzen: Vor Gott seien alle Menschen gleich. Und er lehrte sie, auch dem zu mißtrauen, der so tut, als wisse er auf alles eine Antwort: „Ihr wollt wissen, ob dieser oder jener Rabbi ein Scharlatan ist? Geht hin und bittet ihn um einen Rat. Fragt ihn, ob er ein Mittel weiß, die unreinen Gedanken aus euren Herzen zu vertreiben; sagt er ja, dann ist er ein Scharlatan." Er erklärte ihnen, warum sie weder Scham noch Bedauern empfinden sollten, nicht als Rabbis, als Offizianten oder als ewige Studenten geboren zu sein; der Hochmut des Wissenden sei schlimmer als die Unwissenheit; suchen sei besser als finden. Die wahre Weisheit strebe nicht danach, andere zu demütigen; nur sich selbst gegenüber dürfe sie anmaßend sein. Die Größe des Menschen, so sagte er ihnen, liege in seiner Demut; er möge sich erst einmal Gott unterwerfen, dann werde er wachsen und frei sein. Er erklärte ihnen, daß es manchmal genügen müsse, an die Existenz des Geheimnisses zu glauben. Und auch, daß der Mensch nur wenig braucht, um sich zu steigern und zu erfüllen: Er muß es nur wollen, von ganzem Herzen wollen. Er sagte ihnen, daß abstraktes Wissen nicht das einzige Gefäß der Wahrheit und nicht der einzige Weg zur Heiligkeit sei und daß die Heiligkeit nicht das einzige Band zwischen dem Menschen und dem Ewigen in ihm bilde. Singen sei besser als Reden, guter Wille zähle mehr als Gebetsformeln. Und es liege an jedem einzelnen, alle Kräfte zu erwerben. Und dann, warum verzweifeln? Weshalb den Kampf aufgeben? Eine Träne, ein Gebet können den Lauf der Ereignisse ändern; ein Bruchstück einer Melodie kann alle Freuden dieser Welt enthalten, sie befreien, das Schicksal beeinflussen. Keine Elite aber hat ein Monopol auf den Schrei, auf den Gesang. Den Hirten, der auf seiner Schalmei spielt, erhört Gott ebenso wie den Heiligen, der weltlichen Banden entsagt. Der Durst des Gefangenen gilt ebensoviel wie jener des Weisen: Der eine wie der andere entspringt dem Wesen des Menschen.

Und er sagte ihnen auch, daß Traurigkeit durch Freude und nicht, wie die Asketen meinten, durch noch mehr Traurigkeit bekämpft werden muß. „Der Mensch, der sich selbst betrachtet, kann nur in Melancholie dahinbrüten, sobald er aber die Augen öffnet und die Schöpfung ringsum erblickt, wird er die Freude erkennen." Und diese Freude führt zum Absoluten, zur Erlösung, zu Gott. Das ist die neue Wahrheit, die der Baal-Schem verkündete. Die Juden folgten zu Tausenden diesem Ruf; sie brauchten ihn, um zu leben und zu überleben. Dank ihm vermochte die Freude – nach dem Leid – die Herzen der Menschen in der Diaspora und im Exil zu vereinen. Die Freude des Menschen, der nicht mehr allein ist, die Freude des Greises, der die Zeitenwende erwartet, die Freude dessen, der jemanden findet, mit dem er reden kann, und dessen, der zuhören möchte; der Baal-Schem war ein Augenblick des Jubels und des Aufschwungs in einem Zeitalter stummer Klagen. Und als er 1760, vierundzwanzig Jahre nachdem er sich geoffenbart hatte, starb, gab es in Mittel- und Osteuropa keine jüdische Gemeinde, die nicht seinen Stempel trug. Er war der Funke, ohne den Tausende und Abertausende Familien im Dunkel und im Nichts dahingedämmert wären – ja, der Funke hatte sich in eine ungeheure Flamme verwandelt; und diese Flamme zerriß die Finsternis.

Einige Geschichten

Eines Tages versprach der Baal-Schem seinen Schülern, ihnen den Propheten Elias zu zeigen: „Sperrt eure Augen gut auf!" Einige Tage später sahen sie, wie ein Bettler das Lehrhaus betrat; mit einem Buch unter dem Arm verließ er es wieder. Bald darauf bemerkten sie ihn, wie er von einer Zeremonie wegging und dabei einen Silberlöffel mitnahm. Beim dritten Mal erschien er ihnen zu Pferd, als Soldat verkleidet; er bat sie um Feuer für seine Pfeife. „Das war er", sagte der Baal-Schem. „Das Geheimnis liegt im Blick."

Sein Schüler, Reb David Leikes, erzählte: „Nach der letzten Mahlzeit am Schabbat wandte sich unser Meister mir zu und bat mich um einen Taler, er wolle etwas trinken. Ich hatte natürlich – es war ja Schabbat – kein Geld bei mir, aber wie konnte ich ungehorsam sein? Ich steckte meine Hand in die Tasche und förderte einen Taler zutage; und ich war darüber nicht einmal überrascht."

Nachdem der Baal-Schem im Traum seinen künftigen Nachbarn im Paradies gesehen hatte, beschloß er, ihn zu besuchen. Es handelte sich um einen stattlichen Mann vom Lande. Er verstellt sich gut, dachte der Baal-Schem, als er ihn bat, ihn für ein paar Tage gegen ein angemessenes Entgelt zu beherbergen.

Der Baal-Schem war überzeugt, daß sein Gastgeber ein Doppelleben führe. Daß er des Nachts aufstehe, um Gott weiß welche Dinge zu verrichten. Irrtum: Der Bauer schlief tief und fest.

Am nächsten Tag erhob er sich früh von seinem Lager, sprach eilig seine Gebete und verschlang ein üppiges Frühstück. Zu Mittag aß er noch mehr und am Abend dreimal so viel. Und so ging das ein paar Tage lang.

Warten wir bis zum Schabbat, überlegte der Baal-Schem. Vielleicht fällt die Heiligkeit des Mannes mit jener des siebenten Tages zusammen. Täuschung: Sein Wirt aß mehr und schlief länger als während der Woche. Der Baal-Schem konnte sich nun nicht mehr halten und sagte zu ihm: „Als ich hierher kam, wollte ich dir eine Frage stellen, jetzt werde ich das nicht mehr tun. Aber ich habe da eine andere. Warum ißt du so viel?" – „Ich werde es Euch sagen", antwortete der brave Mann. „Es ist wegen meines Vaters. Er war ein guter Jude, sanft und kränklich, der keinen anderen Ehrgeiz hatte, als dem Herrn zu gefallen; nichts anderes lag ihm am Herzen. Weder Geld noch Gesundheit noch Ehren; er lebte nur für die Thora und in ihr. Als er eines Tages zum Gottesdienst ging, wurde er von einer Bande von Strolchen entführt und an einen Baum gebunden. Sie befahlen ihm, das Kreuz zu küssen. Er weigerte sich natürlich. Sie schlugen auf ihn ein; er weigerte sich weiter. Da übergossen sie ihn mit Petroleum und zündeten ihn an. Und weil mein Vater so schwach, so klein von Gestalt war, brannte er nur einen Augenblick. Kaum hatte ihn das Feuer erfaßt, hauchte er auch schon seine Seele aus. Und ich habe ihn gesehen. Und habe mir geschworen: Sollte ich jemals die gleiche Prüfung erdulden müssen, dann wird es mit mir nicht so einfach gehen. Ich werde es ihnen zeigen, daß ein Jude nicht so mir nichts, dir nichts verlöscht wie eine armselige Kerze; ich werde brennen und so lange brennen, daß sie vor Wut und vielleicht sogar vor Eifersucht platzen. Deshalb also esse ich, meine ganze Kraft setze ich darein. Nicht weil ich Hunger habe, versteht Ihr ..."

„Ja, ich verstehe", sagte der Baal-Schem lächelnd. „Was du machst, machst du ordentlich."

Und nach einem Moment des Schweigens: „Wir werden eines Tages noch darauf zurückkommen."

Von seinen Schülern begleitet, ging der Bescht eines Morgens spazieren, fern von jeder menschlichen Behausung. „Ich habe Durst!" rief ein junger Mann. „Ich glühe, ich verschmachte!"

Keine Spur von Wasser weit und breit. Man hätte sich in der Wüste wähnen können.

„Mach dir nichts draus", sagte der Baal-Schem. „Gott hat, als er die Welt erschuf, deinen Durst ebenso vorausgesehen wie das Mittel, ihn zu stillen."

Während er noch sprach, begegneten sie einem Bauern, der zwei Eimer Wasser auf den Schultern trug.

„Er ist verrückt geworden, der Herr dieser Gegend", murrte der Bauer. „Heute morgen hat er mich weggeschickt, ich soll herumspazieren mit diesen zwei Eimern voll Wasser, nur so, ohne Grund."

„Siehst du", sagte der Baal-Schem zu dem durstigen Studenten. „Als Gott die Welt erschuf, hat er auch schon die Tollheit dieses Herrn vorausgesehen."

Es war während eines Neujahrsfestes. Der Baal-Schem hatte den Gottesdienst mit besonderer Inbrunst gefeiert und sich auf die Gebete konzentriert, die sich auf die Erlösung beziehen. Sobald die Feier beendet war, begaben sich die Schüler – ohne sich vorher abgesprochen zu haben – zu ihrem geheimen Treffpunkt am Waldesrand, um schweigend zu warten. Der jüngste von ihnen, der in der Stadt geblieben war, hatte jedoch plötzlich einen erschreckenden Einfall: Der Messias könnte jeden Augenblick kommen, und niemand würde dasein, ihn zu empfangen!

Er rannte los, um seine Kameraden zu verständigen. Atemlos öffnete er die Tür und sah sie um den Tisch versammelt, ernst und stumm. Er begriff: Jeder war davon überzeugt, daß der so lange erwartete Messias sich bereits auf dem Weg befände und bald mit seinem Stock anklopfen würde, um seine Gegenwart anzukündigen.

Sie warteten lange, bis spät in die Nacht hinein. Dann kehrten sie niedergeschlagen in die Stadt zurück. Hätte der Junge ihre schweigende Erwartung nicht gestört, so hieß es, dann wäre ein anderer als er erschienen.

„Stellt euch einen Palast mit zahllosen Toren vor", sagte der Baal-Schem zu seinen Anhängern. „Hinter jeder Pforte erwartet ein Schatz den Besucher, der nach Herzenslust daraus schöpfen kann und nicht das Bedürfnis verspürt, weiterzugehen. Trotzdem steht am Ende der Gänge der König bereit, denjenigen seiner Untertanen zu empfangen, der an ihn denkt und nicht an die Schätze."

Eines Morgens betete er länger als gewöhnlich. Ermüdet gingen die Schüler weg. Später sagte der Meister melancholisch zu ihnen:

„Stellt euch einen seltenen Vogel im obersten Wipfel eines Baumes vor. Um ihn zu fangen, bildeten Männer eine Räuberleiter, so daß einer von ihnen bis hinauf klettern konnte. Aber jene, die unten standen und den Vogel nicht sahen, verloren die Geduld und gingen nach Hause. Die Leiter brach zusammen – und der seltene Vogel flog davon.'

Während des Simchat-Festes teilte der Baal-Schem seinen Schülern mit, daß sie in Kürze einem besonderen Gottesdienst beiwohnen würden.

„Versprecht mir, nicht zu lachen!"

Sie versprachen es.

Während des Gottesdienstes nun rief der Meister die Sieben Hirten der Welt, darunter Adam, Abraham und David, auf, sich der Estrade, der Bema, zu nähern und aus der Thora vorzulesen. Zuletzt rief er den Messias. Das war einigen zuviel: Sie begannen zu lachen. Ein Schatten senkte sich auf das Antlitz des Meisters, der sich lange weigerte, sie anzusehen.

„Wollt ihr wissen, was der Chassidismus ist? Kennt ihr die Geschichte von dem Schmied, der selbständig sein wollte? Er kaufte einen Amboß, einen Hammer und einen Blasebalg und machte sich an die Arbeit. Vergeblich. In der Schmiede regte sich nichts. Da sagte ihm ein alter Schmied, den er um Rat gebeten hatte: ‚Du hast alles, was du brauchst, nur der Funke fehlt.' Der Funke, das ist der Chassidismus."

Was war der Chassidismus zur Zeit des Baal-Schem? Ein Mann, nämlich der Bescht, der einen mächtigen Aufruf zum Trost, zur Einigkeit verkörperte. Sein Chassidismus war weder philosophische Doktrin noch Sozialethik und ganz bestimmt keine neue, mit Folklore und Widersprüchen untermischte Theosophie; aber er hatte ein wenig von alldem. Tatsächlich handelte es sich um den Wunsch, zu einer Synthese zu gelangen: Man kann auf mehrere Arten Jude sein, denn alle Wege führen irgendwohin, unter der Bedingung, daß an ihrem Anfang Gott steht.

Manche vergleichen den Chassidismus mit einer Art Pantheismus. Zu Unrecht. Für die Schüler des Baal-Schem ist Gott nicht neutral. Er ist auch keine Abstraktion. Er ist Verbündeter und zugleich Richter des Menschen im Inneren der Schöpfung. Das Band, das Gott und die Menschen verbindet, ist unersetzlich, es heißt Liebe. Gott selbst braucht Liebe. Wer Gott liebt, wird wiedergeliebt, geliebt von den Menschen und geliebt von Gott. Im Menschen muß man Gott lieben, denn die Menschenliebe ist die Vorstufe der Gottesliebe. Wer ausschließlich Gott liebt, das heißt, dabei den Menschen vergißt, reduziert seine Liebe – und seinen Gott – auf eine Abstraktion; und der Chassidismus des Baal-Schem lehnt jede Abstraktion ab.

„Gott ist der Schatten des Menschen" – der Baal-Schem kommentierte diesen Satz folgendermaßen: Genauso, wie der Schatten den Gesten und Bewegungen des Körpers folgt, folgt Gott den Regungen der Seele. Wenn der Mensch barmherzig ist, wird Gott es auch sein. Das Geheimnis des Menschen heißt Gott, und Gottes Geheimnis hat keinen anderen Namen als den vom Menschen dafür erfundenen: Liebe. Wer liebt, liebt Gott.

In diesem Sinne – nach dem Chassidismus des Baal-Schem – findet sich Gott sogar im Bösen, sogar in der Sünde. Er hat Anteil an der Schöpfung und steht dem Menschen zur Seite. Denn wer einen schöpferischen Akt setzt, bestätigt, daß dieser Akt einen Sinn hat, der über uns hinausgeht. Und was ist denn die Liebe, wenn nicht ein schöpferischer Akt, bei dem zwei Wesen verschmelzen in einem tausendmal zerrissenen, tausendmal vernarbten Bewußtsein? Das Geheimnis der Liebe liegt im Einssein, das Mysterium Gottes ebenfalls. „Was oben ist, ist auch unten." Zwischen der dinglichen, konkreten Welt und der anderen, die da kommen soll, besteht eine Verbindung wie zwischen Lichtquelle und Widerschein. Gott steht nicht im Gegensatz zum Menschlichen; und der Mensch, obwohl verwundbar und kurzlebig, kann die Unsterblichkeit erlangen im vergänglichen Augenblick. Im Universum des Menschen bleibt alles erhalten, denn nichts ist ohne Bedeutung.

Aus dieser Überlegung stammt die Toleranz, die der Baal-Schem Sündern gegenüber an den Tag legte. Er lehnte es ab, sie als unbelehrbar, unverbesserlich anzusehen. Er konnte sich zur Not das Böse im Menschen vorstellen, es aber nicht als solches hinnehmen. Das Böse ohne das Bewußtsein des Bösen – das akzeptierte er nicht.

Deshalb hat er niemals versucht, Nichtjuden zum Judentum zu bekehren; er bemühte sich nur, Juden zum Chassidismus zu „bekehren", das heißt, in einem tieferen Sinn zum Judentum.

Um sich zu verwirklichen, lehrt der Chassidismus des Baal-Schem, muß der Mensch vor allem seinem tiefsten, wahrsten Ich treu bleiben; er könnte seinem Nächsten durch Selbstverleugnung nicht helfen. Wer Gott liebt und Seine Schöpfung haßt oder verachtet, wird schließlich auch Gott hassen. Ein Jude, der seine Herkunft, seine Brüder ablehnt, unter dem Vorwand, zum Fortschritt des Menschengeschlechtes beizutragen, wird am Ende die ganze Menschheit verachten. Und das gilt für alle Menschen.

„Achtung, dein Kutscher ist gefährlich und übelgesinnt", sagte der Baal-Schem zu einem seiner Jünger. „Ich sah, wie er an der Kirche vorbeifuhr und sich nicht bekreuzigte; wenn er seinen Gott nicht liebt, warum sollte er dann dich mögen?"

Der ganze Sinn des Chassidismus ist in dieser Anekdote enthalten. Der Baal-Schem beschäftigte sich mehr mit dem Menschen als mit der Theorie; die Theorien konnten warten. Seine Schüler – der Maggid von Mesritsch, Rabbi Schnëur-Salman von Ljady, Rabbi Nachman von Brazlaw – formulierten sie später. Im Augenblick war die Vermittlung von Erfahrung wichtiger als die Weitergabe von Wissen, die Intuition wichtiger als die Deduktion.

Die Hauptsorge des Baal-Schem: Bande zu schaffen auf allen Ebenen. Was die Menschen zusammenbringt, die Gemeinde eint, war gut in seinen Augen, was Zwietracht stiftet, war schlecht.

Auch der mystische Begriff des *Likut Nizozot,* die Sammlung der verstreuten Lichtfunken, ist beim Bescht eher eine konkrete Handlung als ein poetisches Bild. Ihm zufolge besteht die Aufgabe des Menschen darin, die Einsamkeit in der Welt zu verringern; wer sie vergrößert, stellt sich auf die Seite des Todes.

Deshalb spielen in seinen Erzählungen die umherirrenden, namenlosen Bettler eine so besondere, so wichtige Rolle: Auch sie besitzen die Macht, zum Träumen anzuregen. Und als Bindeglieder zwischen den Menschen zu dienen. In jedem Lastträger kann ein Prophet verborgen sein, in jedem Schuster ein Gerechter, jeder Unbekannte könnte ein Baal-Schem sein. Was ist der Mensch, wenn nicht ein Bindeglied zwischen Adam und dem Messias? Stellt er nicht mehr dar als seine eigene Vergangenheit, und kündigt er nicht mehr an, als er zu empfangen hofft? Der Hirte, der ein Danklied spielt – der Baal-Schem sieht in ihm König David. Seine Begleiter spotten über einen zerlumpten Fremden? Der Meister bezeichnet ihn als Abraham. Hätte der Baal-Schem den Rabbi Chaim ben Atar, der ihn im Heiligen Land erwartete, treffen können, dann hätten die beiden Männer das Kommen des Messias beschleunigt, besagt die chassidische Überlieferung; und sie legt den Akzent auf das Treffen. Jede Begegnung beschleunigt den Schritt des Erlösers. Zwei Wesen vereinigen sich, und die Welt ist nicht mehr dieselbe; zwei Menschen finden zueinander, und die Schöpfung erhält einen Sinn – jenen, den die beiden ihr verleihen. Das ist die große Neuheit, die der Chassidismus im jüdischen Leben eingeführt hat. Der Mensch ist kein Rädchen in einer ungeheuerlichen Maschinerie; ihm kommt es zu, alles zu ändern, sogar die Gesetze, die ihn einengen, ja die Beziehungen des Richters zu Zeugen und Angeklagten. Wenn es – wie der Baal-Schem sagt – zutrifft, daß der Mensch das Licht der Morgenröte, das aus dem Waldesdunkel hervorbricht, verdecken kann, indem er die Hand vor die Augen hält, dann trifft es auch zu, daß er das Licht sehen kann, indem er einfach die Hand von den Augen nimmt. Genau das hatte der Baal-Schem getan. Dank ihm, dank einer einfachen Handbewegung, entdeckte der Chassid die Welt in ihrer majestätischen und schrecklichen Schönheit.

Kommen wir nun zu den Wundern, die der Baal-Schem zu seinen Lebzeiten, ja sogar nach seinem Tod gewirkt haben soll. Wenn wir sie noch nicht erwähnt haben, so deshalb, weil sie uns – gestehen wir es – stören; sie widersprechen unserem Verstand, unserer Vorliebe für das Rationale. Man möchte uns einreden, daß dieser ungeschickte, schüchterne Mann sich darin gefallen hätte, die Ordnung des Universums neu zu gestalten, sobald er das Alter seiner Kraft erreicht hatte. Die einen habe er wissend gemacht, anderen die Erinnerung genommen; er habe verlorene Gegenstände und entlaufene Pferde wiedergefunden; Mensch und Tier hätten ihm gehorcht, ja selbst die Engel: Wenn ein Engel ihm nicht gefiel, habe er ihn durch einen anderen ersetzt. Er soll Kranke geheilt haben, indem er ihnen Suppe eingab; er habe ein Mittel gegen das Schnarchen erfunden und den Versuch unternommen, einen Priester zum Bruch des Zölibats zu bewegen.

Naiv und kindisch sind diese Berichte, sie entlocken uns ein Lächeln. Sie wurden nicht in literarischer Absicht erfunden und weitergegeben; ist es ihr Zweck, die Vernunft auf die Probe zu stellen? Oder vielleicht den Glauben? Oder die Phantasie? Zu beweisen, daß der Bescht oberhalb und jenseits all dessen steht, was der Mensch sich kaum noch vorzustellen vermag? Hat der Meister diese Legenden gefördert? Seinem Diener, Reb Jaakob, hatte er aufgetragen, sich auf Reisen zu begeben und als Geschichtenerzähler sein Geld zu verdienen – Geschichten über ihn, wohlverstanden! Aber legte er Wert auf die Ausschmückungen, die Reb Jaakob oder andere seiner Jünger nach Belieben hinzufügten? Hat er sie selbst angeregt? In welcher Absicht? Um die Schüler, die bereits mit ihrem ganzen Wesen an ihm hingen, zu beeindrucken? Warum sollte er, der so groß war, das Bedürfnis verspürt haben, seine übernatürlichen Kräfte zur Schau zu stellen? Anders gesagt: Warum hätte er, der so wahrhaftig war, Wunder zu Hilfe nehmen müssen, um Einfluß auf seine Zuhörer zu gewinnen?

Vielleicht wollte er eine weitere Verbindung zwischen Erlebtem und Geträumtem aufzeigen und demonstrieren, wie man das eine mit Hilfe des anderen überwinden kann. Eine solche Annahme ist erlaubt. Man darf aber noch weitergehen und sagen, daß er tatsächlich keine Wunder nötig hatte, daß aber *die anderen* sie brauchten. Seine künftigen Jünger brauchten sie, um durchzuhalten, Halt zu gewinnen. Sie mußten glauben können, daß Gott sich für seine Schöpfung interessiert, daß er die Stimme eines jeden hört; daß Wunder noch möglich sind, selbst für sie. Und deshalb wirkte der Baal-Schem Wunder.

Alle diese Wundertaten und Zauberkünste entsprangen seinem Wunsch, das Volk zu einen; er bot ihm Lied und Legende als Zuflucht und Schild. Das zerstreute, dezimierte jüdische Volk brauchte diese Mittel, um sich zu erneuern; der Baal-Schem versprach ja auch unfruchtbaren Frauen Kinder. Er reiste mit erstaunlicher Schnelligkeit von Ort zu Ort, um einen Pächter, einen Gastwirt zu befreien, der vom Gutsherrn als Geisel eingesperrt worden war. Wurde heimlich eine Judenverfolgung geplant? Der Meister wußte, welches Gebet an welchem Ort zu sprechen war, um die Bedrohung abzuwehren. Irrte einer im Dunkel umher? Mit einem Blick wies ihm der Baal-Schem den Weg. Das Hauptthema ist immer dasselbe: Der Mensch ist es sich schuldig, nicht in Verzweiflung zu fallen; er soll eher auf Wunder hoffen als resignieren. Wenn er sich selbst ändert, kann er die Welt ändern, die ihn umgibt und sein Schicksal bestimmt.

Es ist also möglich, ihn in seinen Widersprüchen zu begreifen, Demut im Stolz, Einfachheit in der Erhabenheit, *Chessed* im *Din*, Gnade in der Gerechtigkeit zu finden; man hat keine Wahl, man kann hier nur etwas deuten, das vielleicht gar keine Deutung zuläßt, und Freude aus einer namenlosen, endlosen Traurigkeit schöpfen.

Gewiß, wenn man sich außerhalb der Zeit stellt, an die Grenzen des Wahrnehmbaren, dann läuft man Gefahr, in einer anderen als der realen Welt zu leben. Der Baal-Schem selbst entging dieser Gefahr nicht. Es kam vor – besonders gegen Ende seines Lebens –, daß er niedergeschlagen, gereizt war; er „trotzte den Gesetzen der Sprache". Stets hatte er getrachtet, sich verständlich zu machen, nun gelang es ihm nicht mehr. Er schien Gesichter, Namen, Ereignisse zu vergessen; er verlor den Kontakt zu seiner Umgebung. Bisweilen stieß er sich den Kopf an einem Baum, vollführte seltsame Verrenkungen, und manchmal erklärte er auch öffentlich, daß er es bereue, von seinen Kräften Gebrauch gemacht zu haben; er war nicht mehr er selbst.

Eines Tages sprach er länger als gewöhnlich, und seine Worte waren ergreifender als sonst; seine staunenden Zuhörer erkannten, daß sie Zeugen eines besonderen Augenblicks waren. Dann unterbrach er sich plötzlich. Und vergaß, was er gesagt hatte; vergaß überhaupt, daß er gesprochen hatte.

Ein anderes Mal, ungefähr zur gleichen Zeit, fühlte er, wie er in einen Dämmerzustand versank. Einer bemerkte es und rief: „Meister!", und dieser Ruf brachte ihn wieder zu sich.

Er hatte zu schnell gelebt, zu viele Versprechen gegeben, die Gott nicht hielt; man streift nicht ungestraft am Absoluten.

Als er sechzig Jahre alt war, zu Pessach, erkrankte er; er schien sich innerlich aufzuzehren. Entgegen seinen Gewohnheiten feierte er das Fest abseits von den Menschen, in stumme, ununterbrochene Meditation vertieft. Sieben Wochen später, zur Zeit des Wochenfestes, fühlte er sein Ende nahen. Er gab seinen Vertrauten genaue Anweisungen für sein Begräbnis, verlangte, daß man an seinem Krankenlager singe, rief ein Minjan zusammen für den letzten Gottesdienst und murmelte: „Ich habe zwei Stunden, um mit Gott zu plaudern." Dann, als er seine Getreuen weinen sah: „Warum weint ihr? Ich gehe bei einer Tür hinaus und komme bei einer anderen wieder herein."

Rabbi Pinchas von Korez, der zugegen war, begann für ihn zu beten. „Zu spät", sagte der Meister zu ihm. „Was geschehen ist, ist geschehen; man kann es nicht mehr ungeschehen machen."

Im Augenblick seines Todes blieben die beiden Uhren seines Hauses in Miedžybož stehen.

Symbolische Bruchstelle, Trennlinie in der Zeit, im Schicksal des Chassidismus. Ende einer Ära, Geburt einer neuen. Dem Meister folgte seine Legende. Sie wollte sein Werk fortsetzen, sein Reich ausdehnen, von Eroberung zu Eroberung, von Triumph zu Triumph schreiten, frischen Wind in das stickige Elend der Hütten, Überraschung in eintönige Existenzen bringen, die Kranken bis in die Todesangst, die Verurteilten bis in ihr resigniertes oder fragendes Schweigen begleiten.

Im Lauf der folgenden zwei Jahrhunderte findet man seine Legende in den vielen Prüfungen, die seine Anhänger zu bestehen hatten. Sie half ihnen, zu leben, und manchmal, sich auf den Tod vorzubereiten. Man begegnet ihr sogar im Reich der Nacht. In der Vision eines jüdischen Dichters besucht der Baal-Schem die hingeschlachteten Juden irgendwo im Osten; ihre Leiber füllen die Grube bis zum Rand; plötzlich strecken sie ihrem berühmten Besucher die Hände entgegen, um ihn, unter lautem Rufen und Lachen, im Sterben willkommen zu heißen. Er soll also seinen Schülern in die Vernichtung gefolgt sein – die Chassidim waren die ersten, die ins Feuer stürzten –, nicht aber in die Vergessenheit. Seine Legende besteht weiter, wirkt weiter. Noch ein Wunder? Gewiß nicht. Der Tod des Nächsten verneint das Wunder, der Tod einer Million Kinder verneint noch viel mehr.

Überraschend erscheint die Tatsache, daß die Chassidim im Schatten des Stacheldrahts und angesichts ihrer Henker sich selbst treu blieben. Sie feierten das Leben und die Heiligung auch in den Ghettos. In den versperrten Waggons, die sie nach Birkenau brachten, tanzten sie am Abend des Simchat-Thora-Festes. Ich erinnere mich an einige in Block 57 in Auschwitz, die sich größte Mühe gaben, mich singen zu lehren. Ein Wunder? Eines von jenen, die schlecht ausgingen? Möglich, aber da ist noch etwas anderes. Da ist der Funke, der in den Karpaten entzündet wurde und nicht verlöscht ist. Im Gegenteil, er facht das Feuer in uns von neuem an. In Jerusalem gefestigt, lebt der Chassidismus überall in der jüdischen Diaspora wieder auf. Ein faszinierendes Phänomen: Nachdem fast alle seine Anhänger ausgerottet wurden, entwickelt er sich nun mit frischer Kraft. Am Hof von Lubawitsch in Brooklyn versammeln sich Hunderte junger Menschen aus allen Ecken und Enden des Landes. Ich habe Chassidim in Leningrad, Kiew und Moskau getroffen: Ihr geheimer Glaube hat mich aufgewühlt. Alle fühlen sich als Träger der Bewegung, der sie entstammen. Sie leben in Amerika, aber zu Hause sind sie in Lisensk, Mesritsch oder Rižin. Es gibt keine Juden mehr in Wischnitz, doch Chassidim aus Wischnitz gibt es auf beiden Seiten des Ozeans. Das gilt auch für die anderen chassidischen Zweige oder Dynastien; für Ger, Kosow, Sadigor, Karlin: Das chassidische Reich hat nur seine Hauptstädte verlegt. Lubawitsch ist überall, nur nicht in Lubawitsch, Sziget und Satmar sind nicht mehr in Siebenbürgen, sondern dort, wo die Chassidim von Satmar und Sziget leben und sich zurückerinnern.

Und dann gibt es die Geschichten, die der Bescht uns hinterlassen hat, und sie erscheinen uns schön und von brennender Aktualität. Wir sind, wo wir sind, aber wir träumen von Miedžybož. Darin liegt das erstaunlichste, das ergreifendste seiner Wunder.

Sind wir würdig dieser Geschichten, dieser Schönheit und dieser Träume? Das hängt davon ab, ob wir noch imstande sind, sie zu wiederholen, ohne ihre Reinheit anzutasten. Können wir noch mit Begeisterung hersagen: Aleph, Beth, Gimmel, Daleth, und nochmals: Aleph, Beth, Gimmel, Daleth, so wie er es getan hat, damals, um uns durch das Wort aus dem Exil zu befreien? Sind wir noch fähig, neu zu beginnen?

Hier die Geschichte, wie Rabbi Jaakob-Jossef von Polnoje für den Chassidismus gewonnen wurde.

Eines Morgens kam er zur Synagoge von Scharigrod und fand sie leer.

„Wo sind die Gläubigen?" erkundigte er sich beim Schammes.

„Auf dem Marktplatz."

„Alle? Zu dieser Stunde, die doch die Gebetsstunde ist?"

„Ja, nun also: Dort ist nämlich dieser Fremde. Er erzählt Geschichten. Und wenn er spricht, will keiner weggehen."

„Ah, der Unverschämte! Geh und bring ihn her!"

Dem Schammes blieb nichts anderes übrig, als zu gehorchen: Das war sein Geschäft. Er lief zum Marktplatz, trat zu dem Erzähler hin und teilte ihm den Befehl mit.

„Gut", sagte der Fremde ruhig. „Ich komme."

Der Rabbiner empfing ihn sitzend.

„Wer bist du, daß du es wagst, diese Gemeinde vom Wege des Herrn wegzulocken?"

„Erzürnt Euch nicht", sagte der Besucher. „Ein Rabbiner wie Ihr sollt niemals in Zorn geraten. Hört lieber eine Geschichte."

„Was! Noch mehr Geschichten! Deine Frechheit übersteigt alle Grenzen! Willst du mich noch zorniger machen?!"

„Man muß den Zorn beherrschen können", erwiderte der Besucher sanft. „Hört mich an ..."

Im Tonfall des Fremden war etwas, das den Rabbiner so aus der Fassung brachte, daß er schwieg; er konnte nicht anders, als zuhören; noch nie hatte es ihn so danach verlangt, zuzuhören.

„Es ist eine Geschichte, die mir zugestoßen ist", sagte der Baal-Schem. „Ich reiste in einer Kutsche, die von drei Pferden gezogen wurde – jedes hatte eine andere Farbe, und keines wieherte. Und ich verstand nicht, warum die Tiere stumm waren. Bis zu dem Tag, an dem ich einem Bauern begegnete, der mir zurief, die Zügel doch locker zu lassen. Auf der Stelle begannen die drei Rosse zu wiehern."

Wie in einer jähen Erleuchtung verstand der Rabbiner von Scharigrod die Bedeutung des Gleichnisses: Damit die Seele in Schwingung gerate, muß man sie freilassen; zuviel Zwang droht sie zu ersticken.

Und ohne zu wissen, warum, begann er zu weinen. Es war das erste Mal in seinem Leben, daß er so weinte, frei, leicht, ohne ersichtlichen Grund. Die Fortsetzung ist bekannt. Rabbi Jaakob-Jossef wurde eine Stütze der neuen Bewegung.

„Der Mensch ist nicht allein", sagte der Baal-Schem zu seinem Gefährten Rabbi Pinchas von Korez. „Die Vergangenheit zählt, sie bevölkert unsere Einsamkeit. Du und ich, wir müssen uns ihrer bewußt sein, die anderen auch. Wir alle haben einst Frondienst geleistet in Ägypten, um die heilige Sprache zu bewahren, die Namen unserer Väter und das Gedenken an den Bund; wir alle saßen zu Füßen der Propheten, von denen wir die Lehre empfingen; wir alle sind Rabbi Jochanaan ben Sakkai ins Exil gefolgt, und wir alle lauschten den schrecklichen Worten Schimon bar Jochais. Und deshalb müssen wir vereint bleiben."

Sie blieben es.

Bescheiden, brillant und ein Individualist, legte Rabbi Pinchas Wert darauf, seinen eigenen Weg zu gehen und nicht den eines Meisters, wer immer dieser auch war. Das hinderte ihn auch, sich als Schüler des Baal-Schem zu erklären; aber er blieb dessen Freund.

Einer chassidischen Überlieferung zufolge soll er vom Baal-Schem drei Dinge gelernt haben; man sagt uns aber nicht, welche. Doch es heißt, Rabbi Pinchas von Korez habe den Baal-Schem als Gegenleistung ebenfalls drei Dinge gelehrt. Vielleicht waren es die gleichen.

Er bedauerte, nicht singen zu können. Und er sagte oft: „Wenn ich singen könnte, würde ich Gott zwingen, mitten unter den Menschen zu wohnen."

Ehren und Reichtümer lockten ihn nicht im geringsten, obwohl er arm war. Er sagte: „Ich habe mir nie etwas anderes gewünscht als das, was ich bekommen habe."

Als er wider Willen Meister geworden war, erzählte er: „Alles, was ich weiß, habe ich damals gelernt, als ich in der letzten Reihe saß, nahe dem Herd, fern den Blicken; jetzt sitze ich auf dem Ehrenplatz, und ich verstehe nichts."

Seine vielen Bewunderer störten ihn, lenkten ihn ab, hinderten ihn am Studium. Deshalb bat er Gott, er möge ihn in den Augen der Leute abstoßend machen. Sein Wunsch wurde erhört. Aber die Einsamkeit lastete schwer auf seiner Frau, dann auch auf ihm selber. Er erflehte von Gott die Wiederherstellung seiner Gaben. Er erklärte: „Der Mensch darf nicht in der Weigerung leben, er darf nicht versuchen, zu sein, was er nicht ist."

Seine Leidenschaft: die zum Christentum übergetretenen Juden wieder zur Herde zurückzuholen. Er diskutierte stundenlang mit ihnen, ohne jemals in Harnisch zu geraten; er erläuterte ihnen den Wert und die Vorteile der Reue und flehte sie dann an, mit ihm das uralte Glaubensbekenntnis, das *Sch'ma Jisrael,* zu sprechen: „Es kostet euch nichts, diese paar Worte herzusagen!" Einige stimmten zu, um ihm eine Freude zu machen, und ließen sich zurückgewinnen.

Als er hörte, daß einige Ungläubige Beweise für die Existenz Gottes verlangten, stürzte er in die Synagoge, öffnete den heiligen Schrein, ergriff die Thorarollen und rief aus: „Ich schwöre, daß Gott existiert, ist das nicht Beweis genug? Was wollen sie denn noch?"

Er liebte die Menschen, verabscheute jedoch ihre Lügen. Er sagte: „Würden alle Menschen die Wahrheit sagen, dann müßten wir nicht mehr auf den Messias warten; er wäre schon lange da."

Während der Vorbereitungen zur Reise ins Heilige Land erkrankte Rabbi Pinchas von Korez. Im Fieber glühend, phantasierte er und sprach vom Tod. Seine Getreuen hatten ihn noch nie so deprimiert, so verängstigt gesehen. Er wollte eine Botschaft an seinen Freund Rabbi Chaim von Krasna schicken, mit der Bitte, ihn nicht zu verlassen: „Wenn du da bist, habe ich weniger Angst vor dem Todesengel.“

Rabbi Chaim befand sich in einem benachbarten Dorf, und es war Samstag. Ein hastig einberufener Rabbinerrat beschloß, die Entsendung eines Boten zu Rabbi Chaim zu gestatten, und der Rabbi traf am folgenden Tag ein. Zu spät.

Rabbi Nachman von Kosow war reich, gebildet, mit Ehren überhäuft, gehörte aber dennoch einer chassidischen Brüderschaft an, in der Askese zwingend vorgeschrieben war. Von ungebärdigem Temperament, stand er zu jedermann in Opposition. Für die Chassidim war er der Anti-Chassid; aber er verteidigte den Baal-Schem gegen dessen Widersacher.

Man brachte ihm zur Kenntnis, daß die Chassidim, entgegen der Überlieferung unserer Väter, eine neuere Version der Gebetstexte verwendeten. Da erwiderte er:

„Na und? Wer sagt euch denn, daß unsere Väter alle im Paradies wohnen?“

Außerdem flüsterte man da und dort, er verkehre allzu eifrig in frankistischen Kreisen – was an sich nichts zu bedeuten hatte. Zu jener Zeit verdächtigte man praktisch jeden, der geächteten Sekte anzugehören.

Zwiespältig waren die Beziehungen zwischen Rabbi Nachman von Kosow und dem Baal-Schem, vom Anfang bis zum Ende ihrer Freundschaft. Der Baal-Schem ließ in diesem Zusammenhang einen recht merkwürdigen Satz fallen:

„Rabbi Nachman von Kosow will mich fangen, ja, mich töten; aber es wird ihm nicht gelingen.“

„Weißt du, wer den Beschluß des Himmels, eine Katastrophe über unser Volk zu bringen, abgewendet hat?“ fragte der Baal-Schem den Rabbi Nachman von Chorodenka. „Ich werde es dir sagen: Weder ich noch du noch die Weisen oder die großen geistigen Führer. Unsere Litaneien, unser Fasten hatten überhaupt keine Wirkung. Eine Frau war es, eine Frau aus dem Volk, die hat uns gerettet. Und höre, wie. Sie kam in die Synagoge und begann zu weinen, während sie halblaut vor sich hinsang: ‚Herr der Welt, bist du nicht unser Vater? Warum erhörst du deine Kinder nicht, die zu dir flehen? Ich, siehst du, bin Mutter. Fünf Kinder habe ich. Und wenn sie eine Träne vergießen, bricht mir das Herz. Aber du, Vater, hast so viele Kinder. Alle Menschen sind deine Kinder. Und alle weinen und weinen. Selbst wenn dein Herz aus Stein ist, wie kannst du da gleichgültig bleiben?' Und Gott", schloß der Bescht, „gab ihr recht."

Rabbi David Kizes, ein großer Reisender, begegnete auf einer fernen Insel einem morgenländisch gekleideten Mann, der ihn über die Lage der Juden in Mitteleuropa befragte.

„Es geht ihnen gut", antwortete Rabbi David. „Gott sei gelobt."

„Unglücklicher", tadelte ihn später der Baal-Schem. „Du hättest ihm von unseren Leiden erzählen sollen! Ihm unser Elend ins Gesicht schreien! Weißt du denn überhaupt, wer dir diese Fragen gestellt hat?"

Rabbi David Leikes weinte nur ein einziges Mal in seinem Leben: an dem Tag, an dem der Baal-Schem seine Seele aushauchte.

Man kannte, man liebte Rabbi David Leikes für seine überschwengliche, mitreißende Freude: Er war ein glücklicher Mensch. Beim Beten geriet er in Begeisterung; selbst aus den Klagen machte er Lobgesänge. Er überlebte seine vier Söhne, seine drei Töchter und seine Frau. Mit dreiundsiebzig Jahren, trauernd, vereinsamt, verfiel er dennoch nicht in Verzweiflung. Um Gott zu loben, muß man leben, sagte er; und um zu leben, muß man das Leben lieben, trotz allem.

Er verheiratete sich wieder, mit einer Wirtin, die ihm drei Söhne und eine Tochter schenkte. Er lebte glücklich, bis zum Ende in voller Frische. Als er mit hundert Jahren auf dem Totenbett lag, hörte er, wie das Gericht – dessen Präsident er war – im Nebenraum beriet. „Warum tut ihr das ohne mich?" beklagte er sich. „Mein Leben lang war ich

Gottes Teilhaber bei seinen irdischen Werken, und gerade jetzt wollt ihr mich ausschließen?"

Er hörte die Zeugen an, wog die widersprüchlichen Aussagen gegeneinander ab und sprach sein Urteil. Im nächsten Augenblick war er wieder heiter.

„Ich verlasse jetzt dieses Gericht und gehe zu einem anderen", sagte er. Es waren seine letzten Worte.

Rabbi Leib – mit dem Beinamen *der Großvater von Spola* – pflegte zu sagen: „Wenn ich den Baal-Schem ein zweites Mal gesehen hätte, dann wäre etwas aus mir geworden."

Es war etwas aus ihm geworden.

Er war bekannt für seine Güte, seine Offenheit und seine Menschenliebe. Sein Beiname paßte hervorragend zu ihm. Er spielte mit den Kindern, liebte Geschichten über alles und verbreitete Fröhlichkeit. Er war der erste Rabbi, für den der Tanz ein geheiligter Ritus war. Der Sohn des großen Maggid von Mesritsch sagte zu ihm, als er ihn tanzen sah: „Eure Schritte sind mehr wert als meine Gebete."

Wie die meisten chassidischen Meister seiner Generation hatte er, bevor er bekannt war, ein bewegtes Leben geführt. Als Mitglied einer Gruppe von wandernden Bettlern zog er von Dorf zu Dorf, erregte abwechselnd das Gelächter und den Zorn der Leute und erntete bald Schläge, bald Beifall. Jedesmal glückte es ihm, die Flucht zu ergreifen, wenn ein bereits etablierter Zaddik sich anschickte, ihn zu entlarven.

Im Lauf seiner abenteuerlichen Vergangenheit verbrachte er auch zwei Monate im Gefängnis. Bevor er flüchtete, gelang es ihm, einen Pferdedieb zur Reue zu bewegen. Sie flohen zu zweit. Der künftige Rabbi wurde Schammes, und sein Komplize verließ ihn.

„Bevor ich geboren wurde", erzählte Rabbi Leib, „lehnte ich das Leben ab. Wozu sich abmühen unter den Sterblichen, die sich ihren Schwächen hingeben? Um mich zu besänftigen, fragte man mich nach meinen Bedingungen. Ich stellte vier: nichts vergessen, nicht krank werden, nur reine und gute Juden als Kinder haben – und eine vierte Bedingung, die ich euch weder verraten will noch verraten darf."

Diese Geschichte hat eine Fortsetzung: „Wißt ihr, wem

es schließlich gelang, mich umzustimmen? Einem Bauern, der eine Schaufel in der Hand hielt. Er sprach mich an wie einen alten Bekannten: ‚He, du', sagte er, ‚sieh mich gut an; ich rackere mich ab, um den Menschen ein bißchen Freude zu bereiten und eine wenig Ruhe zu gönnen, sie haben das dringend notwendig. Und du, was machst du? Du machst dir's bequem, ganz so, als hätte die Schöpfung keinen Zweck für die Menschen. Warum weigerst du dich, mir zu helfen?' Und", fügte der Großvater von Spola hinzu, „ich konnte zwar den Engeln widerstehen, ihm aber nicht. Denn, wißt ihr, wer es war? Der Baal Schem-Tov."

Er setzte sich für das Volk ein und verteidigte es selbst gegen Gott: „Du bist ungerecht, Herr. Du hast die Hölle in die Bücher gesetzt und die Begierde in die Herzen; ist es da verwunderlich, daß der Mensch sich vom Bösen verführen läßt? Wenn es umgekehrt wäre, würde ich ja nichts sagen, aber so ..."

Ein anderes Mal:

„Wenn du glaubst, dein Volk durch Leiden wieder zu dir zurückführen zu können, dann schwöre ich dir, ich, Leib, der Sohn Rachels, daß es dir nicht gelingen wird. Warum also damit fortfahren? Rette deine Kinder durch die Freude, erlöse sie: Du hast dabei nichts zu verlieren und alles zu gewinnen."

Und:

„Erlöse dein Volk, Herr, bevor es zu spät ist. Sonst läufst du Gefahr, daß du niemanden mehr zu erlösen hast."

Eine Hungersnot suchte das Land heim. Der Großvater von Spola versammelte um sich zehn Talmudgelehrte:

„Ich brauche euch, damit ihr urteilt. Ich klage Ihn an, der seine Kinder tötet."

Und er zitierte Texte und Kommentare, Erkenntnisse und Beschlüsse, um zu beweisen, daß Gott sich im Unrecht befände, daß Er Seine Verpflichtungen den Menschen gegenüber nicht erfüllte.

Der Prozeß dauerte drei Tage. Abgeschlossen von der Außenwelt, beriet das Tribunal ohne Furcht und Vorurteil, prüfte das Problem unter jedem Gesichtswinkel, wog Für und Wider ab und gelangte schließlich zu folgendem Urteil: „Da es Pflicht des Vaters ist, seine Kinder zu ernähren, wird Er angewiesen, der Hungersnot ein Ende zu setzen."

Während des Neujahrsfestes, bevor er das Schofar blies, schloß sich der Großvater von Spola gewöhnlich in seinem Zimmer ein und verbrachte dort ein oder zwei Stunden allein. Wozu? Um mit Gott in einer Sprache zu reden, die nicht die Sprache der Gebetbücher ist:

„Denk nicht an die Sünden, die die Menschen begehen, ich flehe dich an. Denk doch mehr an ihre guten Taten. Sie sind weniger zahlreich, gewiß, aber sie sind wertvoller, gib es doch zu! Glaub mir, es ist nicht leicht, gut zu sein in diesem Jammertal. Und sähe ich nicht mit meinen eigenen Augen, daß die Menschen trotz allem, trotz allen Hindernissen, gut sein können, dann würde ich es nicht glauben. Daher bitte ich dich: Ereifere dich nicht gegen deine Kinder; wenn ihre Güte auch selten ist, so wird sie dich doch in Erstaunen setzen."

Als Rabbi Nachum von Tschernobil den Baal-Schem besuchen kam, sagte dieser zu seiner Frau:

„Hannah, sieh dir diesen Menschen an, er ist ein Dieb!"

„Was, ein Dieb? Aber er ist doch ein Heiliger!"

„Ein Dieb, sag' ich dir. Er möchte das Paradies ganz für sich allein in Beschlag nehmen."

Zu dem Besucher sagte er:

„Du willst, daß ich dich mit mir nehme? Gut. Unter einer Bedingung: Sag mir den Unterschied zwischen den Nachtgebeten *Tikun Leah* und *Tikun Rachel!*"

Rachel und Leah: die beiden Ehefrauen Jakobs. Um Mitternacht spricht man ihre Gebete; um Mitternacht beklagt man die Zerstörung des Tempels und das Exil der *Schechina.*

„Ich glaube, ich kenne den Unterschied", murmelte Rabbi Nachum von Tschernobil. „Was Leah durch ihre Klagen erreichte, wurde Rachel, die ja schöner und auch glücklicher war, durch ihre Freude zuteil."

Warum muß der Gerechte sich um alltägliche Dinge, um Menschen jedes Standes kümmern?

„Stellt euch einen Mann auf einem Dach vor", erklärt Rabbi Nachum von Tschernobil. „Er entdeckt unten im Staub eine Perle. Wenn er nicht hinuntersteigt, kann er sie dann aufheben?"

Mitten in einer Predigt unterbrach er sich plötzlich:

„Hört auf meine Worte, selbst wenn ihr sie nicht versteht, meine Brüder. Eines Tages wird der Messias zu euch sprechen, und ihr werdet auch ihn nicht verstehen; fangt an, euch daran zu gewöhnen."

Er sagte:

„Ich fürchte die guten Taten, die mir Vergnügen bereiten, viel mehr als die schlechten, die mich mit Entsetzen erfüllen."

Er führte ein bescheidenes, strenges Leben.

„Ich liebe die Armut", sagte er gutgelaunt. „Sie ist ein Geschenk Gottes an die Menschen. Ein wahrer Schatz. Und kostet nicht viel."

Man stellte Rabbi Michal von Zloczow eine heikle Frage:

„Ihr seid arm, Rabbi. Dennoch dankt Ihr jeden Tag Gott dafür, daß er für die Erfüllung Eurer Bedürfnisse sorgt; ist das nicht eine Lüge?"

„Keineswegs. Für mich ist die Armut ein Bedürfnis."

Er sagte:

„Das Ich des Menschen befindet sich ständig in Bewegung. Meines folgt den Großen, wenn es emporsteigen will, und zieht den Kleinen an, um sie emporzuheben."

Und:

„Heiligkeit kann manchmal auch nur eine unreine Versuchung sein."

Eines seiner Gebete:

„Ich habe nur einen Wunsch: Laß nicht zu, daß ich mich meiner Vernunft gegen die Wahrheit bediene."

Vor seiner Offenbarung in Jampol, wo er mit seiner Familie in einer elenden Strohhütte lebte, wurde er für verrückt angesehen. Und zwar deshalb, weil er die Gewohnheit hatte, beim Beten mit dem Kopf gegen die Wand zu stoßen, bis er blutete.

Der Baal-Schem mußte wiederholt darauf dringen, daß Rabbi Michal eine Stellung als Rabbiner und Prediger annahm. Er erschreckte die Leute. Man sagte, er sehe durch seine Gesprächspartner hindurch. Er brauchte nur die Stirn eines Menschen prüfend anzusehen, um dessen Sünden zu erraten. Das führte dazu, daß die Leute, die eines Tages in die Synagoge kamen, in der er predigte, ihre Mützen bis zu den Augenbrauen herunterzogen. Rabbi Michal bemerkte belustigt:

„Glaubt ihr wirklich, ein Kleidungsstück kann den Blick aufhalten?"

Wie alle Schüler des Baal-Schem fürchtete er, daß er wegen seiner Kräfte hochmütig werden könnte. Er sagte:

„Wenn ich da oben vor das himmlische Gericht treten werde, wird man mich fragen, warum ich nicht alles gelernt habe, was der Mensch während seines Erdendaseins lernen kann und muß. Ich werde antworten: ‚Was wollt ihr, ich war nicht gescheit genug, und das war nicht meine Schuld.' – ‚Warum hast du dann aber nicht wenigstens auf die irdischen Freuden verzichtet, um dich besser dem Dienste des Herrn widmen zu können?' – ‚Was wollt ihr', werde ich antworten, ‚dazu fehlte mir die Körperkraft.' Die Richter werden sich dann mit meinen guten Werken befassen, und ich werde gestehen müssen, daß ich auch auf diesem Gebiet meine Pflicht nicht erfüllt habe. Meine Entschuldigung? Ich habe selber ein armseliges Leben geführt. Zum Schluß, das weiß ich jetzt schon, wird sich einer der Richter nicht mehr beherrschen können und zornig aufschreien: ‚Eines verstehe ich nicht: Du hast weder gelebt noch gebetet noch studiert, wie du solltest, woher stammt dann dein Stolz?' Und darauf", sagte Rabbi Michal von Zloczow, „auf dieses Argument, werde ich keine Antwort wissen."

Unendlich naiv und fromm, erklärte Rabbi Wolf von Sbarasch jeden Abend, bevor er sich schlafen legte: „Ich verzichte auf meine Besitztümer; was ich habe, gehört mir nicht mehr. Wenn also Diebe den einen oder anderen Gegenstand forttragen, verletzen sie keines der Zehn Gebote."

Eines Tages wohnte er einem Streit zwischen seiner Frau und der Magd bei. Als er sah, wie die beiden fortgingen, um das Rabbinatsgericht anzurufen, erhob er sich, legte sein Schabbatgewand an und begab sich ebenfalls dorthin.

„Warum hast du dir die Mühe gemacht?" fragte seine Frau. „Ich brauche deine Hilfe nicht."

„Du nicht, wohl aber die Magd. Dich kennt man; ihr, einer armen Waise, wird niemand beistehen."

Zu seinem Kutscher sagte er:

„Wirf deine Peitsche weg, ich bitte dich. Selbst wenn ein Pferd eine Züchtigung verdient – wie willst du wissen, ob gerade du sie vollziehen sollst?"

Man hatte ihm beigebracht, daß einige Juden bis spät in die Nacht hinein Karten spielten.

„Und ihr wollt, daß ich sie verurteile?" rief er aus. „Ich? Mit welchem Recht? Was haben sie denn getan? Sie bleiben lange auf? Aber es ist doch gut, den Schlaf zu bezwingen! Sie konzentrieren sich auf das Spiel? Aber das ist doch auch gut! Früher oder später werden sie die Karten weglegen, zu spielen aufhören – und es wird nur noch die Zucht des Körpers und des Geistes übrigbleiben, und diesmal für den Dienst an Gott! Warum soll ich sie also verurteilen?"

Als er einmal einer Beschneidung beiwohnte, ging er einen Augenblick hinaus und erblickte den Kutscher, der vor Kälte zitterte.

„Es ist warm drinnen", sprach er zu ihm. „Geh hinein Trink einen Schluck, wärm dich auf, iß einen Bissen."

„Aber wer wird die Pferde hüten?"

„Ich!"

Der Kutscher tat, wie der Meister wünschte. Einige Stunden später fand man Rabbi Wolf von Sbarasch draußen, beim Gespann, halb erfroren. Er schwang seine Arme, um sich aufzuwärmen, und verstand nicht, warum die Gäste so erstaunt waren.

Rabbi Hersch, der Sohn des Baal-Schem, wird von der chassidischen Legende als schüchtern und unbedeutend dargestellt. Während sein Vater im Sterben lag, schlief er. Man mußte ihn wecken und ans Lager des Kranken führen. Der Baal-Schem sprach zu ihm, aber Rabbi Hersch verstand ihn offenbar nicht.

Man machte ihn zum Oberhaupt der Bewegung, doch besaß er nicht genügend Autorität; er konnte sich keinen Respekt verschaffen; man schwatzte in seiner Gegenwart.

Bald zog er sich in sich selbst zurück und richtete seine Worte schließlich nur noch an seinen verstorbenen Vater. Er fragte ihn im Traum:

„Was muß ich tun, um Gott zu dienen?"

Der Baal-Schem erklomm einen hohen Berg und stürzte sich dann in den Abgrund.

„Dies", war die Antwort.

Ein anderes Mal erschien er dem Sohn als ein Flammenberg, der in Tausende feurige Teilchen zerstob.

„Und auch dies."

Der große Maggid von Mesritsch

„Was habt Ihr in Mesritsch gelernt?" wurde Rabbi Aharon von Karlin gefragt. „Überhaupt nichts." – „Wieso?" – „Nun", sagte er. „Ich habe in Mesritsch gelernt, daß ich überhaupt nichts bin."

„Und Ihr?" fragte man Rabbi Levi-Jizchak von Berditschew. „Was habt Ihr in der Schule des großen Maggid gelernt?" – „Ich habe entdeckt, daß Gott existiert, daß er auf dieser Welt ist, auf allen Welten." – „Aber Rabbi, das ist eine Wahrheit, die alle Leute hier kennen!" – „Nein", antwortete der hochberühmte Raw von Berditschew. „Alle sagen es; in Mesritsch wissen sie es."

Ein dritter chassidischer Meister, Rabbi Schmelke von Nikolsburg, erklärte nach seiner Art: „Früher, in der Verblendung meiner Jugend, kasteite ich meinen Körper, damit er meine Seele ertrage. Seitdem ich in Mesritsch war, weiß ich, daß man das nicht tun soll. Leib und Seele müssen und können in Harmonie miteinander leben."

Charakteristisch, diese drei Geschichten, bezeichnend für die Wesensart der Pilger, die sich nach Mesritsch begaben, und auch für die Art der Kenntnisse, die sie dort erwarben.

„Nach dem Tod unseres Meisters Rabbi Israel Baal Schem-Tow nahm die *Schechina* selber Ranzen und Stock und verließ Miedžybož, um nach Mesritsch zu ziehen", berichtet die Legende, die uns von mehreren angesehenen Schülern überliefert wurde. Ob sie authentisch ist oder apokryph, darauf kommt es nicht an; sie erhellt jedenfalls eine Tatsache: Der Maggid hat die Nachfolge angetreten. Fortan ist er das Oberhaupt der sich ausbreitenden Bewegung, deren Zentrum nach Mesritsch verlegt wurde. Seine Autorität, anfangs für kurze Zeit strittig, sollte später nicht mehr angezweifelt werden. Rabbi Dow-Bär von Mesritsch, Berater in Gewissensfragen, meisterlicher Denker, erfahrener Taktiker, vollendeter Organisator und Visionär von Format, hatte dreihundert Schüler, sagt man, von denen neununddreißig führende Persönlichkeiten und Gründer neuer Gruppen werden sollten.

Mit ihm vollzieht der Chassidismus seine erste strukturelle, aber nicht ideologische Wandlung, den Übergang vom Bereich der Legende in den der Geschichte. Selbst die Historiker, die aus dem einen oder anderen Grund an der physischen Existenz des Baal-Schem zweifeln, leugnen keineswegs, daß der Maggid von Mesritsch dessen Nachfolger war.

Man weiß alles, was man wissen darf, über diesen geistigen Führer, der sich, um die Phantasie zu fesseln, in Geheimnisse hüllte. Wenn er selbst auch nichts niedergeschrieben hat, so taten seine Schüler dies an seiner Stelle. Sie zeichneten seine Kommentare zur Thora und zum Talmud auf, seine Interpretationen des Sohar, seine Ratschläge und Gleichnisse, die sie in ihren eigenen Werken ausgiebig zitierten. Rabbi Levi-Jizchak von Berditschew trieb den Eifer so weit, auch die trivialsten Aussprüche des Maggid zu notieren. Ein anderer großer Schüler, sagt man, übertraf Rabbi Levi-Jizchak noch: Er verbrachte sein ganzes Leben damit, gewissenhaft zu wiederholen, was er in Mesritsch aus dem Munde des Maggid vernommen hatte.

Deshalb wissen wir einiges über seine Herkunft, seine Kindheit, sein Leben vor und nach der entscheidenden Begegnung mit dem Baal-Schem. Wir wissen zum Beispiel, daß er in seiner Jugend gern im Morgengrauen aufstand, um an den Flüssen und Seen spazierenzugehen: Er lernte dabei die Kunst, zuzuhören. Außerdem ist uns bekannt, daß er kurzsichtig war, hinkte, ständig unerklärliche Schmerzen litt und daß er zitterte, wenn er eine Rede halten sollte. Auch wissen wir, daß er so wenig wie möglich aß und schlief, daß sich hinter seinem strengen Äußeren ein liebevoller, zärtlicher Vater verbarg; und vor allem kennen wir seine unvergleichliche, unübertroffene Rolle in der Entwicklung des Chassidismus, seine Stärke und Begeisterungsfähigkeit.

In Mesritsch, dem neuen Zentrum, von dem der Chassidismus weithin ausstrahlte, wurden die Zuhörer zu Geschichtsschreibern. Unter ihnen waren Elimelech von Lisensk, Sussja von Hanipol, Schnëur-Salman von Ljady, Israel von Koschnitz und Jaakob-Jizchak von Lublin. Man traf dort sogar Gefährten des Bescht, wie Pinchas von Korez und Jaakob-Jossef von Polnoje. Alle zusammen und jeder für sich anerkannten den Maggid als Meister, und dieser bot jedem die Möglichkeit, Wurzeln zu schlagen und sich in der ihm gemäßen Weise zu entwickeln. Die einen unterrichtete er im *Nigla* oder der offenbarten Lehre, die anderen im *Nistar,* der esoterischen, den Eingeweihten vorbehaltenen Wissenschaft. Zugleich und mit der gleichen Überzeugungskraft bewies er dem Gelehrten wie dem Unwissenden, daß schon allein das Gebet *Höre, Israel* den Weg zum Heil öffnet. Für jeden fand er das rechte Wort, die richtige Geste. Ihm gegenüber wurde einem bewußt, daß man noch alles zu lernen, alles zu entdecken hatte, daß es in den Tiefen des Seins eine ewige unzugängliche Zone gab, die man nur mit seiner Hilfe erforschen konnte. Jedem, der Buße tat, sagte er, der Leib sei, solange er lebe, heilig; ihn zu verstümmeln hieße Gott kränken. Jedem, der sich in seiner Haut zu wohl fühlte und die Tugend der Furcht vernachlässigte, jagte er Angst ein bis in die Knochen.

Alle jene, die ihr Leben ändern wollten, strömten nach Mesritsch. Wie der Bescht, verstand auch der Maggid, zu elektrisieren, Opferbereitschaft zu erregen; er wußte, wen er gewinnen, wen er ermutigen, wen er wegschicken sollte. Seine intuitive Kraft war so stark, daß er alle Erwartungen steigerte, alle Mängel ausglich. Es heißt, daß er – wie der Bescht – bloß einen Gegenstand anzusehen brauchte, um den Handwerker, der ihn gemacht hatte, beschreiben zu können.

Alle Zeugnisse beweisen übereinstimmend: Der Maggid war ein Meister in der Kunst, Menschen an sich zu binden, indem er sie aus dem Gleichgewicht brachte. Seine Methode: die Überraschung, der Schock. Seine Worte kamen ebenso unerwartet wie sein Schweigen. Einem Besucher gegenüber bemerkte er nur: „Ein Pferd, das weiß, daß es ein

Pferd ist, ist keines. Die harte Arbeit des Menschen besteht darin, zu lernen, daß er kein Pferd ist." Zu einem anderen sagte er: „Wie in der Welt, gibt es auch im Geist Licht und Schatten." Banale Sätze klangen auf seinen Lippen wie Offenbarungen. „Als der Maggid einmal krank war", berichtete später Rabbi Israel von Rižin, „und eine einfache Geschichte erzählte, erzitterte das Bett, in dem er lag, heftig, desgleichen die wenigen Glücklichen, die sein Zimmer betreten durften." Man sieht: Während der Baal-Schem die Menschen zum Träumen anregte, brachte der Maggid sie zum Zittern. Das war seine Stärke, seine Berufung.

Ein Kabbalist kam, um sich ihm anzuvertrauen; entschlossen, den Weg des totalen Verzichts zu gehen, aß und schlief er nicht mehr. Der Maggid befahl seinem Sohn, Rabbi Abraham, den Kabbalisten zum Essen zu zwingen. Anschließend lud er den Asketen vor und ließ ihn Wort für Wort das rituelle Schuldbekenntnis, das *Widui*, wiederholen: „Wir haben gesündigt, wir haben gestohlen, verraten, gelogen." Der Mann verlor das Bewußtsein. Als er wieder zu sich kam, hörte er, wie der Maggid ihm untersagte, seine Kasteiungen wiederaufzunehmen; gewisse Worte seien genausoviel wert wie gewisse Handlungen.

Ein Chassid, ein berühmter Talmudgelehrter, kam, ihn um Rat zu fragen; er fürchtete, den Glauben zu verlieren. Der Maggid ließ sich auf keine philosophische Diskussion ein, sondern forderte den Gast auf, mit ihm mehrere Male das erste Gebet zu wiederholen, das jedes jüdische Kind auswendig lernt. Und das war alles.

„Eines Tages", erzählt Rabbi Wolf von Schitomir, „saßen wir im Lehrhaus. Es war Freitag nachmittag. Der Maggid, in seinem Arbeitszimmer eingeschlossen, rezitierte die *Sidra*, den wöchentlichen Bibelabschnitt, den man gewöhnlich am Schabbat liest. Plötzlich öffnete sich die Tür: Der Maggid stand unbeweglich da, zwei Schritte vor uns, den Blick auf uns oder vielleicht auf jemanden, den wir nicht sehen konnten, geheftet. Er schien von innen her zu glühen, besonders sein Antlitz, besonders die Augen. Da flohen, von Panik erfaßt, Rabbi Pinchas, Rabbi Schmelke, Rabbi Elimelech und Rabbi Sussja. Rabbi Levi-Jizchak von Berditschew versteckte sich unter dem Tisch. Ich dagegen begann, von einem wahnwitzigen Impuls getrieben, mit aller Kraft Beifall zu klatschen, und ich bereue es heute noch."

Und wißt ihr, wie Rabbi Abraham Kalisker zum Hofstaat des Maggid stieß? Viele Jahre lang hatte er als Eremit gelebt und sich mit jeder Faser seiner Seele dem Studium gewidmet. Aus Furcht, auch nur für kurze Zeit gestört zu werden, traf er mit niemandem zusammen und empfing auch niemanden. Eines Morgens hörte er einen Chassid, der auf der Straße den Maggid zitierte: „Die ganze Erde ist voll von Schätzen; man hat kein Recht, sie zu verachten." Mehr brauchte Abraham Kalisker nicht: Er sprang durchs Fenster und machte sich auf den Weg nach Mesritsch. Später sagte er einmal zum Gaon Elijahu von Wilna: „Was ich in Mesritsch gelernt habe? Ganz einfach, daß die Thora dem Menschen gegeben wurde, um das Leben zu preisen und alle Dinge, die das Leben lebenswert machen."

Und der Seher von Lublin bezeugt: „Eines Tages hörte ich den Maggid den Gesang *En ke lohenu* – Kein Gott ist wie unser Gott – anstimmen. Im selben Augenblick sah ich, wie die Himmel sich auftaten und die Worte vor meinen Augen Gestalt, wirklich greifbare Gestalt annahmen; ich sah das Unsichtbare."

An einem Schabbat lud der Maggid Wolf von Schitomir ein, den üblichen Segen am Ende des Mahls zu sprechen. Als dieser geendet hatte, fragte ihn der Maggid: „Was hast du gespürt?" – „Ich habe gefühlt, wie zwei Hände sich auf mein Haupt legten", antwortete der Schüler verblüfft. „Das war der Prophet Elias", sagte der Maggid. „Und nun bist du zum Rabbi geweiht."

Schnëur-Salman wiederum, der berühmte Gründer der Schule von Lubawitsch, pries vor allem die unvergleichliche Bildung des Maggid, nicht dessen übernatürliche Gaben. Er sagte: „Wunder? In Mesritsch? Wer hätte Zeit gehabt, sie alle aufzuzeichnen?" Schnëur-Salman war nur von dem reichen und tiefen Denken seines Meisters beeindruckt. Er, der Philosoph und Theoretiker, behauptete ohne Zögern: „All mein Wissen ist nichts, verglichen mit dem seinen."

Wir besitzen dagegen das Zeugnis eines anderen großen Meisters, des geheimnisvollen Leib, Sohn der Sarah, der jedem verkündete, der es hören wollte: „Ich bin nicht zum Maggid gekommen, um seinen Lehren zu lauschen oder aus seiner Weisheit Nutzen zu ziehen, sondern einfach nur, um ihm zuzuschauen, wie er seine Schuhbänder knüpft."

In der Sprache der Chassidim ist der „große" Maggid der Maggid von Mesritsch. Worin bestand seine Größe? Wir werden später noch darauf zurückkommen. Stellen wir zunächst fest, daß man die Bedeutung gewisser Meister an den Menschen ermessen kann, die von ihnen beeinflußt wurden. Der Maggid nun war von Persönlichkeiten ersten Ranges umgeben. Daß sie ihn als Meister wählten, beweist, wie sehr sie an seine Größe glaubten – sie, die ihm bis dahin gleichgestellt gewesen waren.

Denn seine Erhebung zum Oberhaupt der Bewegung erfolgte nach einer in aller Form durchgeführten Wahl. Es gibt drei Versionen über die Art, wie sie sich abgespielt haben soll.

Hier die erste: Es war der zweite Tag des Wochenfestes, der erste Jahrestag des Todes des Baal-Schem. Die ganze heilige Versammlung – *Chavraja kadischa* – war zu Gast bei Rabbi Hersch, seinem Erben, der an der Spitze der Tafel saß. Plötzlich erhob sich dieser, zog seinen weißen Kaftan aus, legte ihn dem Maggid um die Schultern und wünschte ihm:

„Masal tow, masal tow", herzliche Gratulation und viel Glück, viel Glück. Und alle Gäste stimmten nach einem Augenblick der Verblüffung zu: *Masal tow,* der gute Stern möge den neuen Führer begleiten.

Zweite Version: Bevor der Baal-Schem seinen letzten Seufzer tat, sagte er zu seinen Schülern: „Derjenige von euch, der euch lehrt, wie man den Stolz besiegt, soll mein Nachfolger sein." Jeder stürzte sich sofort auf diese Aufgabe. Der Maggid sprach zufällig als erster. Er sagte: „Da der Stolz eines der Attribute Gottes ist, kann der Mensch ihn unmöglich auf einen Schlag beseitigen; man muß ihn täglich bekämpfen, jeden Augenblick." Die Antwort wurde beifällig aufgenommen, niemand anderer mehr wurde gefragt.

Die dritte Version ist die poetischste; sie schließt die direkte Beteiligung des Baal-Schem aus. Die Schüler hätten die Entscheidung unter sich ausgemacht. Durch einen gemeinsamen Beschluß einigten sie sich, daß derjenige dem Meister nachfolgen solle, der etwas Neues über dessen Leben, Werk und geheiligte Lehre berichten könne. Alle begannen zu erzählen, dieser eine Anekdote, jener eine Maxime. Als die Reihe an den Maggid kam, erklärte er: „Jeden Freitag, zu Schabbatbeginn, verließ der Baal Schem-Tow seinen Leib und nahm eine andere Gestalt an; ich hab's gesehen, mit meinen eigenen Augen hab' ich es gesehen, und ich war der einzige, der es gesehen hat."

Später fügte die Legende natürlich noch einiges hinzu. Um die Überlegenheit des Maggid über seine Gefährten hervorzuheben, machte sie aus ihm den Lieblingsschüler des Meisters; der Baal-Schem soll ihn einmal beiseite genommen und gesagt haben: „Ich brauche dich. Ob die Quelle gesegnet ist oder nicht, hängt von dem ab, der daraus schöpft." Und öffentlich habe er erklärt: „Schade, daß Dow-Bär zu krank ist, um ins Ritualbad zu tauchen; er würde damit den Messias herbeirufen." So eng, erzählt die Legende, seien die Beziehungen zwischen dem Baal-Schem und dem Maggid gewesen, daß der Meister, nachdem er seinen Schüler gesegnet hatte, sich seinerseits von diesem segnen ließ.

Die Historiker des Chassidismus setzen die Begegnung zwischen den beiden auf ungefähr 1752 an, also acht Jahre vor dem Tode des Bescht. Manche behaupten, sie wären einander nur zweimal begegnet, wobei das zweite Treffen sechs Monate gedauert habe. Wie sind diese beiden Männer einander so nahe gekommen, und zwar so rasch? Man weiß es nicht. Der eine wie der andere, heißt es, habe die Gabe besessen, die Zeit zu beherrschen. Es gibt jedenfalls keinen klaren Beweis dafür, daß der Baal-Schem zu Lebzeiten seinen Nachfolger ernannt hat.

(„Warum weinst du, Mutter? Weil das Haus brennt?" – „Ja." – „Wir werden ein anderes haben, ich verpreche es dir." – „Das Haus ist nicht alles, mein Sohn. Ich weine auch wegen eines kostbaren Dokuments, das die Flammen vor unseren Augen verzehren." – „Was für ein Dokument?" – „Unser Stammbaum; er ist sehr vornehm, weißt du." – „Ich werde dir einen neuen machen. Weine nicht. Mit mir wird eine neue Linie beginnen, ich verspreche es dir.")

Dow-Bär war damals fünf Jahre alt.

Dow-Bär, 1710 in Wolhynien geboren, verlebte die Kindheit in Armut. Er war ein fleißiger Schüler, ein brillanter Student, heiratete jung und verdiente sich – schlecht und recht – seinen Unterhalt als Hauslehrer, später als Wanderprediger. Er war bekannt in der Gegend, man achtete ihn; er war ehrenhaft, vorbildlich, streng. Mit seiner Frau lebte er in einer verlassenen Hütte. Dort, im Elend, wurde ihr Sohn Abraham geboren.

Eine Geschichte: Von seiner Frau, die vor Not nicht mehr aus noch ein wußte, gedrängt, rief Dow-Bär aus: „Gut, ich werde mein Volk verfluchen, denn es könnte uns helfen und tut es nicht." Er ging hinaus und hob die Augen zum Himmel: „Möge deinem Volk Glück, Frieden und Reichtum werden." Und nach einem Seufzer: „Aber sein Geld, das Geld, das man den Bedürftigen verweigert, möge sich in Stein und Dornen verwandeln."

Er blieb arm, beklagte sich aber nicht mehr darüber. Er machte sogar eine Tugend daraus. Als erbitterter Gegner der chassidischen Bewegung, die jüngst auch bis in seine Heimat vorgedrungen war, führte er ein nüchternes und strenges Leben, fastete von einem Samstag zum anderen und lehnte alles Vergängliche ab, das die Wahrheit und das Wesen der Wahrheit verdirbt.

Die Botschaft des Bescht konnte ihn also nur stören. Der Chassidismus zielt ja darauf ab, die Last zu erleichtern, während sie für Dow-Bär nicht schwer genug war. Das irdische, leibliche Leben wollte er unbedingt schwieriger, immer schwieriger machen; er wünschte es sich unleidlich, unerträglich. Und in seinem Fall wurde es auch so. Da er seinen schwachen Körper mißhandelte und kasteite, wurde er schließlich schwer krank. Er zog Ärzte zu Rate; sie konnten ihm nicht helfen. Da empfahl ihm jemand den Baal-Schem, diesen Visionär und Wunderheiler, von dem man überall sprach. Skeptisch, widerstrebend begab er sich nach Miedžybož. Als Kranker, nicht als Pilger, der einen Meister sucht. Er ging ohne Illusionen hin, erwartete sich vielleicht eine Besserung, gewiß aber kein Zeichen, das ihn dazu bringen könnte, sein Leben zu ändern.

Man weiß, daß die erste Begegnung der beiden Männer ein Mißerfolg war. Für den Besucher, der sich kaum etwas erhofft hatte, war sie mehr als enttäuschend: eine Leere, ein Nichts. Der Bescht erzählte ihm eine schnurrige Geschichte über Kutscher und Pferde (ähnlich jener, mit der er Jaakob-Jossef von Polnoje gewonnen hatte), das war alles. Auf das Geschwätz des Baal-Schem reagierte der Maggid, von Schmerzen gequält, mit ärgerlichem Schweigen. Ich bin nicht von so weit hergekommen, um Tiergeschichten anzuhören, dachte er. Es gelang den beiden nicht, sich miteinander zu verständigen, sie schienen nichts Gemeinsames zu haben. Verbittert über die Zeitvergeudung ging der Maggid in die Herberge zurück und schickte sich an, heimzukehren. Der Wagen war bereits angespannt. Im letzten Moment kam ein Bote und teilte ihm mit, daß er im Haus des Bescht erwartet würde. Er entschloß sich, seine Abreise zu verschieben. Vielleicht dachte er, daß er – wo er doch eine so lange Reise unternommen hatte – dem Wunderheiler eine zweite Chance geben könnte. Es war Mitternacht. Der Bescht reichte ihm das Buch des Glanzes, den *Sohar.* „Kannst du lesen?" – „Ja, ich kann." – „Also, dann lies." Der Maggid tat, wie geheißen. „So liest man das nicht", unterbrach ihn der Bescht. „Gewiß, du entzifferst die Buchstaben, aber deinem Wissen fehlt die Seele." Das war die Wendung. Plötzlich wurde es hell im Zimmer. Der Maggid fand sich auf dem Sinai wieder, er sah die Flamme und begriff, wie sehr sie ihm fehlte. Er begriff auch, daß der Baal-Schem als einziger fähig war, ihn aufzuwühlen, ihn umzuerziehen. Er wurde sein Schüler, sein Zeuge, sein beredtester Apostel. Später, als er seine Lehre verbreitete, flocht er Fabeln und Sagen über ihn ein. Zum Beispiel: Wenn der Bescht seine Mahlzeiten einnahm, stieg ein Engel vom Himmel herab, ergriff die Speisen und verwandelte sie in himmlische Gerichte. „Und ich habe den Engel am Werk gesehen."

Glaubte der Maggid wirklich an die Fabeln, die er verbreitete? Wahrscheinlich. Er wiederholte sie gerne. Er erzählte von seinem Meister, zitierte ihn aber nur selten. Maximen, Worte, Leitgedanken des Bescht erfährt man von den anderen Schülern. Beim Maggid findet man nur Berichte voll von Wundertaten und Mirakeln. Wahrscheinlich war das seine Art, sein persönliches Bild vom Rabbi – als einem Heiligen mit gewaltigen Kräften über Himmel und Erde – zu zeichnen und auch die exklusive Vertraulichkeit seiner besonderen Beziehungen zum Bescht zu betonen; so als wäre nur er imstande gewesen, zu sehen, was der Meister vor den anderen verbarg.

In Wirklichkeit hatte der Baal-Schem noch zwei Vertraute, deren Bedeutung jener des Maggid gleichkam: Rabbi Pinchas von Korez und Rabbi Jaakob-Jossef von Polnoje. Den ersten kennt man als Weisen, als Gehirn des Chassidismus, den zweiten als dessen Chronisten und Historiker.

Rabbi Pinchas, ein zutiefst demütiger Mensch, hatte niemals nach Macht gestrebt. Rabbi Jaakob-Jossef dagegen sehr wohl. Rabbi Pinchas scheint ihn anfangs unterstützt zu haben – gegen den Maggid.

Rabbi Jaakob-Jossef war bekannt für seine Treue zum Baal-Schem, den er sozusagen niemals verließ; er lebte in seinem Schatten.

Seine Werke über den Chassidismus sind die ersten ihrer Art; er brauchte dreißig Jahre, um sie zu verfassen. Der Name des Baal-Schem kommt darin zweihundertachtzigmal vor. Man konnte sagen, er war der bevorzugte Schreiber des Meisters; bevorzugt war er auf alle Fälle. Der Baal-Schem liebte ihn, das ist gewiß. Eines Tages rief er vor Zeugen aus: „Herr des Alls, nach meinem Tod werde ich von dir nicht für meine guten Taten einen Anteil am Paradies erbitten, sondern dafür, daß ich dir meinen Jossele gebracht habe."

Warum wurde Rabbi Jaakob-Jossef nicht gewählt? Es gibt dafür keine präzise und befriedigende Erklärung. Vielleicht war er zu steif, zu wenig umgänglich. Wahrscheinlich brauste er eifersüchtig gegen jedermann auf, der es wagte, dem Meister zu nahe zu treten; er glaubte vielleicht, der einzige zu sein, der ihn verstand. Dazu kam noch der Umstand, daß er schrieb; und man hegte – schon damals – Mißtrauen gegenüber Schriftstellern: Was wissen sie denn schon von praktischen Dingen, von Organisationsproblemen? Worteschmiede haben einsam zu sein; sie sollen sich nicht in gemeinschaftliche Angelegenheiten mischen, wo das Handeln Vorrang hat vor dem Denken. Rabbi Jaakob-Jossef war eben nicht tüchtig genug, das war es. Er fand sich besser in der Ideologie zurecht als im Programm der sich formierenden Bewegung. Diese aber brauchte einen Führer, der sowohl theoretisch als auch konkrete Pläne ausarbeiten konnte und Mitarbeiter zu finden verstand, die diese Pläne realisierten.

Rabbi Jaakob-Jossef hatte kein Glück mit seiner Kandidatur und nahm die Niederlage eher übel auf; er erblickte darin ein Mißtrauensvotum und machte kein Hehl aus seiner Verbitterung. Er fühlte sich unverstanden, als Opfer einer Ungerechtigkeit. Sein Freund und Verbündeter, Rabbi Pinchas von Korez, suchte ihn durch das folgende Gleichnis zu versöhnen: „Wenn der König abends zu Bett geht, hängt er seine Krone an einen Nagel. Warum an einen Nagel, der doch nur ein unbedeutendes Ding ist? Warum setzt er sie nicht einem Minister auf? Weil der Minister es ernst nehmen und sich für den König halten würde; bei einem Nagel besteht keine solche Gefahr."

Rabbi Jaakob-Jossef dürfte nicht viel Humor gehabt haben, denn er blieb untröstlich. Daraus entwickelte sich eine gewisse Spannung, die seine Beziehung zum Maggid und zu dessen Umgebung belastete. Eine Zeitlang lehnte er es ab, am gemeinsamen Schabbatmahl teilzunehmen; er speiste zu Hause, allein. Sein Ärger wuchs, als er in der Folge erfuhr, daß seine Bücher sich nicht verkauften. Man erzählt: Als er nach Berditschew kam, wo sich kein einziger Käufer einstellte, wurde er von solchem Zorn gepackt, daß er die

Stadt mitsamt ihren Einwohnern verfluchen wollte. Um ihn zu besänftigen, schickte Rabbi Wolf von Schitomir eilig einen unbekannten Boten, der ihm hundert Exemplare zum Höchstpreis abkaufte. Und die Stadt war gerettet.

Ob Tatsache oder Anekdote, das individuelle Schicksal des Menschen spiegelt sich darin; des Menschen, nicht seines Werkes. Denn dieses Werk stellte für die Bewegung eine unentbehrliche Grundlage, einen unersetzlichen Schatz dar. Wenn Rabbi Jaakob-Jossef nicht ihr Führer wurde, so deshalb, weil der Chassidismus seinem Wesen, seinem Charakter nach das gesprochene Wort dem geschriebenen vorzieht, die Menschen den Büchern, erlebte und geteilte Erfahrung der abstrakten Wissenschaft.

Rabbi Jaakob-Jossef instruierte, der Maggid inspirierte. Der Aufstieg der Bewegung konnte daher nur vom Maggid ausgehen, der Wert darauf legte, nicht nur Schüler zu lehren, sondern auch Führer heranzubilden.

Zu Lebzeiten des Baal-Schem war der Chassidismus eine Person gewesen; es war Zeit, daraus eine Bewegung zu machen. Eine richtige Bewegung: zentralisiert, organisiert und strukturiert, mit Zielen und Regeln, Pflichten und Rechten, Kämpfen und Siegen. Der Maggid war ein Stratege und Koordinator. Es gelang ihm, in wenigen Jahren – in zwölf, um genau zu sein – über ganz Mitteleuropa sein Netz auszuspannen und es fest zu verankern. Erst die Katastrophe unseres Jahrhunderts war stark genug, dieses Netz zu zerreißen. Daß die Flamme, die der Baal-Schem angezündet hatte, zehn Generationen hindurch in diesen Gemeinden, alten und neuen, brannte, war dem organisatorischen Genie des Maggid zu verdanken. Er wußte, wen er mit welchem Auftrag wohin schicken sollte; nichts entging ihm; nichts überließ er dem Zufall.

Als er beschloß, Aharon von Karlin nach Litauen zu entsenden und Elimelech von Lisensk nach Galizien, hatte er seine Gründe, und diese Gründe hatten nichts mit der geopolitischen Lage Europas zu tun. Der eine wie der andere konnte nur in seiner engeren Heimat – in den genannten Gegenden – Erfolg haben; sie waren nicht austauschbar.

Der Maggid teilte Mitteleuropa in mehr oder weniger fest

umgrenzte Gebiete ein und schickte in jedes von ihnen – sozusagen als Delegierten – einen Rabbi, der dort eine Basis, einen Brennpunkt, ein Werbezentrum schaffen sollte. Welche Mittel standen ihnen zur Verfügung? Ein paar Erzählungen, ein paar Lieder und ein unerschütterlicher Glaube an den Weg des Baal-Schem. Überall gab es Leute, die zuhörten, die beitraten. Für die Emissäre des Maggid existierten keine Grenzen. Sie überstiegen die höchsten Berge, durchquerten die tiefsten Täler; nichts konnte sie aufhalten. Keiner von ihnen verließ sein Arbeitsgebiet mit dem Eindruck, in den Wind gesät zu haben.

Man fragte Menachem-Mendel von Witebsk: „Was habt Ihr in Witebsk erreicht?" Er antwortete: „Als ich hinkam, fand ich zerrissene Kleider vor, aber die Herzen waren ganz; jetzt ist es umgekehrt."

Anderswo, in den armen Gemeinden Galiziens, hatte der Abgesandte des Maggid die Aufgabe, den kummervollen Herzen, den leidgeprüften Seelen Freude und Trost zu bringen.

Ganz allgemein sollte die bestehende Ordnung gestürzt, sollten die Institutionen erschüttert, die Barrieren niedergerissen werden, die Bettler und Wohlhabende, Gelehrte und Handwerker, Bauern und Städter voneinander trennten: Sie alle waren Juden, und Jude sein hieß: an einen neuen Beginn glauben.

Man sieht: Die chassidische Idee stammt zwar vom Baal-Schem, aber der Maggid hat sie verwertet und in die Tat umgesetzt. Sie war zu verschwommen, zu bruchstückhaft, zu impulsiv. Übermäßig vergeistigt, war sie verwundbar. Um sie zu schützen und ihre Schwungkraft zu verstärken, mußte man ihr Stützen und Strukturen geben, die äußeren Zeichen einer vorwärtsdrängenden Bewegung; und vor allem mußte man sie in der Realität verankern.

Das Mittel? Der Rabbi, der Zaddik, der Meister, der Gerechte. Auch hier nahm der Maggid einen vagen Begriff des Baal-Schem und machte daraus eine Doktrin, ohne sie jedoch genau zu formulieren. In seinen Augen war der Zaddik verpflichtet, die Rollen und die Tugenden, die Gaben und die Aufgaben eines Heiligen, eines Führers und eines

Weisen in sich zu vereinen. Er war Sprecher Gottes in dessen Beziehungen zum Menschen, Fürsprecher des Menschen bei Gott; fast ein Übermensch also. Er sollte Hochmut ertragen können, ohne hochmütig zu sein, Zorn erregen, ohne ihm selbst zu erliegen; die Selbstüberwindung anstreben und die Folgen mit all ihren Widersprüchen auf sich nehmen. Er sollte reden, um besser schweigen zu können, und auf das Wort verzichten, um besser zu sprechen.

Indem der Maggid den Akzent auf den Zaddik legte, von ihm das Unmögliche verlangte, konzentrierte er im Gegensatz zu seinem Vorgänger die Aufmerksamkeit nicht mehr auf den durchschnittlichen Chassid, sondern auf die Elite: auf seinen Kreis, der exklusiv war. Um in den engsten Kreis des Maggid aufgenommen zu werden, genügte es nicht, dies zu wollen, nicht einmal, es zu verdienen. Der Maggid wählte seine Schüler sorgfältig aus, nach nur ihm bekannten Kriterien. Ein Denker wie Schnëur-Salman und ein Einfältiger wie Leib, Sohn der Sarah, lebten scheinbar in verschiedenen Welten. Aber jeder erlangte auf seinem Gebiet Vollkommenheit und Ruhm. Das gleiche gilt für alle ihre Gefährten. Jeder nahm einen fest umrissenen Platz in der Organisation des Maggid ein. Mit einer einzigen Ausnahme, heißt es. In den Kreis derer, die dem Maggid besonders nahe standen, soll ein ungewöhnlich begabter Schüler geraten sein, der sich die geheimen Früchte zu rasch einverleibte und dann, zum allgemeinen Entsetzen, überschnappte und schreckliche Dinge sagte. Die chassidische Chronik erwähnt ihn nur selten und mit großer Zurückhaltung; man schämt sich einzugestehen, daß es mit einem so brillanten Schüler des Maggid ein böses Ende nehmen konnte. Aber es handelt sich um einen Einzelfall. Die anderen Schüler, alle anderen, machten ihrem Meister Ehre und wurden eifrige Missionare, unermüdliche Prediger, sie trugen den Traum, die Begeisterung und die Ekstase des Chassidismus von Land zu Land, von Dorf zu Dorf, von Gemeinde zu Gemeinde, sie errichteten ein Reich, dessen Fürst der Erzähler war, der sang und die anderen zum Singen brachte.

Daraus ergab sich für den Zaddik die Notwendigkeit, freiwillig ein Doppelleben zu führen, ein Leben auf zwei Ebenen: Er sollte Bewunderung erregen, aber nicht zur Nachahmung anregen, aufgeschlossen sein für das Getriebe der Welt, aber einer geheimen, unzugänglichen Welt angehören.

Man versteht, warum: Der einfache Dorfbewohner, der in Zeiten der Ruhe zwischen zwei Stürmen unwillkürlich, unbewußt die Zeichen und Rätsel des zeitlosen Bösen in sich aufnimmt und sich am Ärger des trüben Alltagslebens wundscheuert, und auch der Verbannte, der in der Fremde sein Leben als Unerwünschter und Verdächtiger fristet, sie brauchen einen Boten, vertraut genug, um ihnen verständlich zu sein, und doch so andersgeartet, daß er sie an das Ferne, Sublime, Geheimnisvolle gemahnt. Und vor allem brauchen sie einen Menschen, der ihnen Vertrauen einflößt. Wenn man seine Konflikte nicht selber zu lösen vermag, ist noch nicht alles verloren; da der Zaddik die Lösung kennt, gibt es sie also; Prüfungen und Unglück sind daher nicht sinnlos, sie verlieren sich keineswegs im Nichts; sie prägen sich einem kollektiven, unvergänglichen Gedächtnis ein. Auch hier liegt eine Aufgabe des Zaddik: Er muß den Chassid ermutigen, indem er ihn lehrt, sich nicht für nutzlos zu halten, einer Welt ausgeliefert, die ihn verleugnet und die er nicht versteht.

Der Maggid entsprach also einem Bedürfnis, das in zahllosen dunklen Winkeln Polens, der Ukraine und Weißrußlands besonders brennend war: Er gab den isolierten Gemeinden Führer, die in seiner Schule gelernt hatten. Von Stund an wußte jeder Jude in jedem Dorf, wohin er sich mit seinen Sorgen und Ängsten wenden konnte: an den Zaddik, der, um seine Mission erfüllen zu können, über schier unbegrenzte Kräfte in der sichtbaren und der unsichtbaren Welt verfügen mußte. Wie sollte er auf die Seele des Nächsten einwirken, wenn seine eigene Seele nicht souverän war? Wie konnte er das Schicksal seines Mitmenschen beeinflussen, wenn er keine Macht über sein eigenes Los besaß? Der Maggid legt das Talmudwort *„Veda ma lemala mimcha"* folgendermaßen aus: *Veda* – wisse, daß – *ma le-*

mala – alles, was da oben geschieht, – *mimcha* – auch von dir kommt; was immer auch geschehe, du bist die Ursache, durch deinen Willen manifestiert sich Gott.

Der Maggid selbst, so erzählt man, beschloß eines Tages, dem Exil der Menschen und der Seelen ein Ende zu setzen. Große Aufregung in den himmlischen Sphären. Man fragt ihn: „Wer bist du, daß du es wagst, den Lauf der Zeit zu ändern?" – „Ich bin der *Zaddik hador,* der Gerechte dieser Generation", sagt er. – „Du? Beweise es." – „Sehr wohl. Den Beweis werden euch meine Schüler erbringen." Er versammelt sie eilig und stellt ihnen kurzerhand die Frage: „Bin ich der Gerechte dieser Generation, ja oder nein?" Völlig verblüfft schweigen sie. Der Maggid wiederholt die Frage; keiner öffnet den Mund. Er versucht es ein drittes Mal. Schweigen, immer das gleiche Schweigen, ein seltsames, bis zum heutigen Tag unerklärliches Schweigen. Man weiß nicht, warum diese Männer, die ihrem Meister geradezu blind ergeben waren, ihm in diesem kritischen Augenblick ihre Hilfe versagten. Man weiß nur, daß er sich, wie sein Vorgänger, hütete, rückfällig zu werden. Es stand geschrieben, daß der Messias sich noch lange Zeit unter den Engeln, nicht unter den Menschen aufhalten würde.

Der alte Widersacher des Maggid, Rabbi Pinchas von Korez, reagierte auf diese Episode folgendermaßen: „Wenn ich wollte, könnte ich den Messias kommen machen, ebenso leicht, wie ich diesen Strohhalm aufhebe; aber ich überlasse es lieber Gott."

Dennoch legte der Maggid Wert darauf, daß seine Schüler an ihre eigenen Kräfte glaubten, ohne die ihre rabbinischen Fähigkeiten unvollständig gewesen wären. Sünde des Hochmuts? Möglich. Da aber der Mensch nach dem Ebenbild Gottes geschaffen ist, darf und muß er, insbesondere der Gerechte, unter gewissen Umständen sich das eine oder andere Seiner Attribute aneignen. *Umilbaschto anava* – der Mantel Gottes ist Demut – hieß in Mesritsch: Die Demut ist wie ein Mantel; manchmal muß man sie ablegen.

Im übrigen betonte der Maggid – um die Gefährlichkeit dieser Auffassung vom Gerechten zu neutralisieren – oft die Wichtigkeit der Demut als einer Kardinaltugend. Nur der Demütige darf sich ehrgeizige Anwandlungen erlauben, die an Eitelkeit grenzen; ein Übermaß an Stolz droht alles zu verderben: „Man kann alle Gebote der Thora erfüllen, man kann sich läutern und vervollkommnen, indem man sie erfüllt; wenn aber im letzten Augenblick ein eitler Gedanke sich einschleicht, ist man verloren; alle guten Taten, alle hochsinnigen Absichten kann man dann zusammenpacken und in die Hölle werfen."

Der Kampf gegen den Hochmut scheint die Schule von Mesritsch besonders beschäftigt zu haben. Als ein Gegner der Bewegung mit Rabbi Wolf von Schitomir über dieses Problem diskutierte, verlieh er seinem Staunen Ausdruck: „Ich habe Schwierigkeiten mit meinem Schwiegersohn. Seit seiner Eskapade nach Mesritsch liegt er mir andauernd in den Ohren mit seinem Kampf gegen den Stolz. Ich versteh' das nicht. Worauf sollte er denn so stolz sein? Er tut nichts, er hat nichts, er kann nichts. Ich dagegen, ich habe mit dem Gaon von Wilna studiert, ich weiß den halben Talmud auswendig, ich habe eine offene Hand für die Bedürftigen, gehe dreimal täglich in die Synagoge, führe das Leben eines Heiligen – und, seht mich an: Ich habe es trotzdem nicht notwendig, den Stolz zu bekämpfen."

Dialog zwischen Elimelech von Lisensk und seinem Bruder, Rabbi Sussja:

„Womit und wo soll der Mensch *beginnen*, Gott zu dienen?"

„Das ist einfach", sagte Elimelech. „Damit, daß er seine eigene Geringfügigkeit und Bedeutungslosigkeit sieht; das wird ihn dazu bewegen, die Größe Gottes zu bewundern."

„Was!" rief Sussja. „Der Mensch soll bei sich selbst beginnen? Ist das nicht Anmaßung? Nein, er muß seinen Blick zur Größe des Herrn emporrichten und wird dann notgedrungen seine eigene Niedrigkeit erkennen."

Da keiner den anderen überzeugen konnte, begaben sie sich zum Maggid, der ihren Streit schlichtete. Seine Antwort: „Ihr habt beide recht. Beide Haltungen sind richtig.

Aber es ist besser, wenn der Mensch die Suche dort beginnt, wo ihm Grenzen gesetzt sind; er soll bei sich selbst anfangen, das ist sicherer. Wer am Boden liegt, kann nicht fallen."

Und bei einer anderen Gelegenheit:
„Wer Glut haben will, soll sie nicht auf den Berggipfeln suchen, wo man nur Sturm erntet; er soll sich lieber bücken und sie unter der Asche suchen."

Er besaß gesunden Menschenverstand, das läßt sich nicht leugnen. Seine Lehre enthält Ratschläge und praktische Regeln, die man „Erziehung zum Rabbi" nennen könnte. Wenn er sich an seine Getreuen wandte, überließ er nichts dem Zufall. Er lehrte sie sogar die Technik der Redekunst: „Bei euren Ansprachen haltet vor dem Ende inne – bevor ihr alles gesagt habt." Und: „Denkt daran, daß der gute Redner eins werden muß mit dem Wort, nicht mit den Zuhörern; sobald er sich selbst reden hört, soll er aufhören."

Dem Rabbi Sussja gab er folgenden Rat:

„Höre, ich kann dir die zehn Hauptgrundsätze für das Verhalten eines Menschen, der seinem Schöpfer dienen will, nicht beibringen. Aber drei Dinge kannst du von einem Kind lernen und sieben von einem Dieb. Vom Säugling lernst du lachen, weinen und dich beschäftigen. Vom Dieb? Erstens: Was er tut, tut er heimlich. Zweitens: Was er heute nicht bekommen kann, versucht er morgen zu stibitzen. Drittens: Er hält zu seinen Komplizen. Viertens: Er ist bereit, sich für den Gegenstand seiner Wünsche zu opfern, selbst wenn dieser für andere wertlos ist. Fünftens: Sobald er hat, was er haben wollte, verliert er das Interesse daran. Sechstens: Er fürchtet sich nicht vor Schlägen. Und schließlich noch das: Um nichts in der Welt würde er seinen Beruf wechseln – anders gesagt, er würde mit niemandem auf der Welt tauschen."

Trotz dieser geistreichen Aussprüche zog der Maggid es vor, seinen Humor zu verbergen. Er gab sich eher ernst, war besorgt um sein Ansehen, ermutigte weder Zwanglosigkeit noch Entspannung und schon gar nicht Zerstreuung. In seiner Gesellschaft befaßte man sich nur mit dem Wesentlichen. In seiner Gegenwart lebte man konzentriert.

Die Leute kamen von weit her, um ein einziges Wort von ihm zu hören, über das sie dann vierundzwanzig Stunden lang meditierten, oder um am Schabbat einen Augenblick unter seinem Dach zu verbringen.

Unter den Pilgern befand sich auch Salomon Maimon, ein berühmter Philosoph, Freund Kants und Moses Mendelssohns. Er war aus anderen Gründen gekommen: Er wollte den Maggid sehen, um sich ein Bild von ihm und der Mesritscher Schule zu machen. Der Maggid weigerte sich, ihn zu empfangen, und der Philosoph mußte, beleidigt, das Wochenende abwarten, um ihn zu besuchen. „Es kam die erste Schabbatmahlzeit ... Weiß herrschte vor ... Der Maggid war ganz in Weiß gekleidet ... Sogar seine Tabaksdose war weiß ... Die Jünger, die um den Tisch saßen, sangen. Dann bat der Maggid einen nach dem anderen, einen Vers aus der Bibelstelle aufzusagen, die man am nächsten Tag vorlesen würde. Er faßte alle Zitate zusammen, um daraus eine Rede zu machen. Und jeder war überzeugt, daß der Maggid nur zu ihm sprach."

In der gespannten, geladenen Atmosphäre von Mesritsch lebte man in ständiger Nervosität. Allein der Gedanke an Zerstreuung war ein Sakrileg. Der Maggid erregte Furcht, und das war auch seine Absicht.

An einem Jom Kippur, berichtet die Legende, berührte der Maggid – damals noch in Miedžybož – aus Unachtsamkeit den Gebetsschal, in den der Baal-Schem gehüllt war. Ein Zittern überlief ihn, das er nicht kontrollieren konnte. Er stützte sich auf einen Tisch. Und auch der Tisch begann zu zittern. Da begriff der Maggid, daß es gut ist für den Menschen, erschüttert zu werden.

Seine Bewunderer brauchten ihn nicht zu berühren, um zu zittern. Es genügte, wenn sie ihn sahen – manchmal auch nur von weitem.

Nein, er lachte niemals, und er brachte auch niemanden zum Lachen; aber es kam vor, daß er lächelte.

Ein sehr frommer und sehr reicher Jude wollte ihm Eindruck machen, indem er ihm die strenge Zucht beschrieb, der er sich unterwarf. „Was ißt du denn so alle Tage?" forschte der Maggid. – „Nichts, fast nichts. Trockenes Brot mit Salz, und ich trinke Wasser, nichts anderes." – „Nicht gut", antwortete der Maggid unzufrieden. „Gar nicht gut. Ich befehle dir, Weißbrot und Kuchen zu essen und süßen Wein zu trinken." – „Aber warum, Rabbi?" rief der Büßer verblüfft aus. – „Höre: Wenn du dich mit trockenem Brot und Wasser zufriedengibst, wirst du schließlich denken, daß die Armen ganz gut von Kieselsteinen und Quellwasser leben können. Wenn du Kuchen ißt, wirst du ihnen wenigstens Brot geben."

Eine andere Anekdote: Ein berühmter Arzt vom preußischen Königshof schlug ihm einen Handel vor: „Ich heile Euren Leib, heilt Ihr meine Seele." – „Einverstanden", sagte der Maggid. „Sehen wir, wer mehr Erfolg hat." Und – sofern man der Legende glaubt – der Arzt wurde Chassid, während der Maggid unheilbar krank blieb.

Noch eine Geschichte: Ein Bauer und seine Frau flehten ihn an, ihnen zu helfen: „Wir haben kein Kind, wir wünschen uns einen Sohn." – „Sehr gut", sagte der Maggid. „Das wird euch 52 Rubel kosten." (52 ist der Zahlenwert von *Ben*, dem hebräischen Wort für Sohn.) – „Das ist zuviel", sagte der Bauer. Er feilschte, bot die Hälfte. Nichts zu machen. Der Maggid blieb unnachgiebig. „Ihr wollt, daß ich für euch bete? Dann müßt ihr den Preis zahlen." Da wurde der Mann zornig und wandte sich zu seiner Frau. „Sei's drum! Wir werden ohne ihn zurechtkommen, wir werden selbst die Gebete sprechen, und Gott wird uns helfen, ohne Geld!" Der Maggid lächelte. „Amen." (So soll es sein.)

Der Baal-Schem sagte: Gott scheint manchmal dem Menschen so fern zu sein – warum? Es ist die Aufgabe des Vaters, seinen Sohn gehen zu lehren. Zu diesem Zweck geht er ein paar Schritte vorwärts oder rückwärts, darauf gefaßt, daß das Kind strauchelt und fällt.

Und Rabbi Dow-Bär wiederum erklärt: In Seiner unendlichen Liebe begrenzt Gott seine erleuchtende Kraft, um dem Menschen Schritt für Schritt, Etappe für Etappe, zu offenba-

ren, was jenseits der Grenzen liegt; ebenso handelt der Vater, der seinen Sohn gehen lehrt.

Worin bestand die Größe des *großen* Maggid von Meseritsch? Warum nennt man ihn auch heute noch so? Schwierige Frage. Was wir von ihm wissen – sein Magnetismus, seine Intuitionskraft, die Sicherheit seines Urteils, die Tiefe seiner Gedanken, seine komplexe Persönlichkeit –, wurde uns von seinen enthusiastischen Aposteln überliefert. Und wir müssen ihnen wohl oder übel glauben. Dennoch zeigt eine strenge Analyse der ihm zugeschriebenen Ideen, daß er, wie erwähnt, oft nichts anderes getan hat, als die Grundgedanken des Baal-Schem zu entwickeln und fortzuführen. Die Formulierung *Zimzum haëlokut,* „Schrumpfen der Göttlichkeit", durch das die Welt überhaupt erst entstehen und sich entwickeln konnte, verdankte er seinem Meister, der sie wiederum der kabbalistischen Lehre Jizchak Lurias entnommen hatte. Dasselbe gilt für die Konzeption der im Glück wie im Unglück allgegenwärtigen *Schechina: Less atar panui minei,* darauf beharrte der Baal-Schem: Gott ist in jeder Sache, selbst in der Sünde, und ganz gewiß im Sünder.

Ich muß es aussprechen: Je mehr das Kind in mir lernt, desto mehr fühlt es sich verwirrt in bezug auf den großen Maggid. Seine theoretischen Beiträge scheinen nicht fundamental zu sein. Seine Versuche zur Lösung der metaphysischen Probleme – Beziehungen des Menschen zu Gott, der Menschen untereinander, des Menschen zu sich selbst – sind in keiner Weise bahnbrechend, enthüllen keinerlei revolutionäre Methode. Was er sagte, hatte schon der Baal-Schem direkt oder symbolisch ausgesprochen, vor ihm oder durch ihn. Der Schrei des Verfolgten und das Gelächter des Henkers, die Ungerechtigkeit, die der Schwäche der Armen ebenso anhaftet wie der Arroganz der Reichen, die Grenzen des Verstandes, dem die Unendlichkeit Hohn spricht, das Geheimnis der menschlichen Einsamkeit gegenüber der Einsamkeit Gottes, der Zusammenhang zwischen Gut und Böse, die Existenz zwischen der Vision des Todes und der Vision des Sieges über den Tod: Diese Fragen hatten schon dem Baal-Schem zu schaffen gemacht, ebenso wie allen jenen, auf die er sich berief. Die Voraussetzungen für die Rolle, die der Maggid dem Meister in der Gemeinde zuweist, findet man schon beim Baal-Schem. Im allgemeinen kann vom Werk des Maggid gesagt werden, daß es sich weniger durch Neuheit als durch Kontinuität auszeichnet.

Besser noch: Unfähig, seinen Vorgänger zu übertreffen, scheint der Maggid von einigen seiner Nachfolger – von jedem in dessen spezieller Domäne – übertroffen worden zu sein. Rabbi Schnëur-Salman, der Verfasser des *Tanja,* war stärker und tüchtiger in den Fragen der *Halacha* und der kontemplativen Philosophie; Rabbi Levi-Jizchak von Berditschew war größer in der Liebe zum Volk Israel und jedem seiner Angehörigen; Rabbi Schmelke von Nikolsburg übertraf den Maggid an Talmudgelehrsamkeit, Rabbi Sussja von Hanipol war demütiger und Rabbi Aharon von Karlin ein besserer Redner. Der Maggid muß sich dessen wohl bewußt gewesen sein. „Womit habe ich gesündigt", rief er manchmal aus, „daß ich zu solcher Berühmtheit verdammt bin?" Und gelegentlich fügte er hinzu: „Ich wünsche den Bösen, daß sie Rabbiner werden." Wie ist also seine Macht über seine Kollegen und seine Schüler zu erklären? War es die Vielfalt seiner Begabungen? Seine Gebrechlichkeit vielleicht? Waren es seine Fähigkeiten als Baumeister und Organisator einer Gesellschaft, die sich in einem Übergangsstadium befand? Oder erweckte er den Eindruck, mehr als einen Schlüssel zu mehr als einer Tür zu besitzen? Oder war es einfach deshalb, weil er die ruhmreiche Krone des ersten Meisters geerbt hatte?

Möglicherweise – und manche bestätigen dies – muß man das Problem anders anpacken: indem man alles den Schülern des Maggid zugute schreibt. An ihnen zeigt sich die Größe des Maggid und auch deren Ursache. Sie brauchten einen Mentor, einen Rabbi, um die Ungewißheit und deren Gefahren, die Einsamkeit und deren Versuchungen zu besiegen. Mesritsch war für sie, was Międzyboż für den Maggid gewesen war: Zuflucht, Rückhalt, Sicherheit. Nach ihrem Aufenthalt in Mesritsch wußten sie, daß der Weg anderswo begann, anderswo endete. Die gleichen Motive, die den Maggid bewogen hatten, den Baal-Schem aufzusuchen, führten später seine Schüler zu ihm. Je gelehrter sie waren, desto mehr wurden sie vom Irrationalen angezogen. Vom Schicksal in die Enge getrieben, suchten sie nach einer Möglichkeit, zu entfliehen. Überall sahen sie Leid und Gefahren. Um standzuhalten, ohne ob des erworbenen Wissens in Eitelkeit oder angesichts der harten Prüfungen in übertriebene Demut zu verfallen, brauchten sie einen festen Halt. Sie kamen nach Mesritsch, mehr um dort einen älteren Bruder als einen Meister des Denkens zu finden; mehr den menschlichen, brüderlichen Kontakt als den Weg des Heils; sie suchten die Zugehörigkeit zu einer geistigen und gefühlsmäßigen Gemeinschaft oder Brüderschaft und auch die Überzeugung, daß alle den gleichen Durst empfanden wie sie – wenn auch nicht alle diesen Durst auf gleiche Weise stillten. Sie kamen nach Mesritsch, um dort bestätigt zu finden, daß sie an einem schönen und anregenden Abenteuer teilnahmen, einem Abenteuer, das sie einander nahebrachte. In Mesritsch zu weilen bedeutete nicht nur, durch die Gegenwart des großen Maggid selbst größer zu werden, sondern auch, unter Gefährten, Freunden und Verbündeten zu leben.

Sie hofften, die Vollkommenheit zu erreichen, indem sie sich aufeinander stützten. Nachdem sie einmal begriffen hatten, daß der Weg zu Gott über den Menschen führt, daß der Mensch das einzige Band darstellt zwischen dem, was ist und sein wird, und dem, was nicht mehr sein wird, daß er der Name allen Mysteriums ist – da mußten sie sich nach Mesritsch wenden, wo diese Ideen vom Maggid, dem Symbol der kollektiven und individuellen Suche des Chassidismus, verkündet wurden. Der Maggid sagte über seine Schüler. „Ich fand das Licht in einem Schrank eingeschlossen; ich habe nur die Türe geöffnet."

Lag darin sein einziges Verdienst? Seine ganze Größe? Gewiß nicht.

Er war groß, weil er es gewagt hatte, den Platz des Bescht einzunehmen, obwohl er wußte, daß man unvermeidlich Vergleiche ziehen würde. Vergleiche, die für ihn nur ungünstig ausfallen konnten.

Er war groß, weil er die Bedeutung sowohl der Entdekkung als auch der Weitergabe jedes Gedankens richtig verstanden hatte; er kannte seine Rolle und war es zufrieden, mehr Mittler und Werkzeug der Mitteilung als Lehrer und Neuerer zu sein. Anstatt eine neue Bewegung zu gründen, bemühte er sich um die Festigung jener, die er übernommen hatte.

Und dann natürlich – man kann es nicht oft genug wiederholen – war er groß, weil er die Notwendigkeit erkannte, den vernachlässigten und isolierten Gemeinden geistige Führer zu geben; er dürfte gefühlt haben, daß das europäische Judentum einer harten und blutigen Zukunft zusteuerte und Unterstützung und Führung brauchen würde.

Und dann war da noch etwas Seltenes, noch aufschlußreicher vielleicht als das übrige: Der Maggid empfand keinerlei Eifersucht den Männern gegenüber, die er zum Ruhm geführt hatte. Mehr noch: Er warf ihnen nicht einmal vor, daß sie nach Neuerungen strebten, daß sie ihr eigenes Gepräge, ihren eigenen Stil besaßen. Er *wollte,* daß sie sich von ihm unterschieden. Seine neununddreißig Schüler ähnelten weder einander noch ihm selbst. Jeder gründete später seine eigene Dynastie, seine eigene Schule, jeder verkündete seine eigenen Ansichten über das Schicksal des Menschen und des Volkes Israel. Sie sollten nicht von ihm abhängig bleiben, sondern souverän herrschen. Was sie gemeinsam hatten, war er, der Maggid; und er wiederum berief sich auf den Baal-Schem.

Aber er war ja nicht wie der Baal-Schem, und hier liegen unserer Meinung nach das Geheimnis und die Bedeutung seiner Größe. Er war der Nachfolger des Meisters, versuchte aber nicht, ihn nachzuahmen oder ihm ähnlich zu sein, weder in seiner Lebensweise noch in den Beziehungen zu seinen Anhängern. Kein anderer hätte es gewagt, derart von dem großen Vorbild abzuweichen. Im Gegenteil, jeder andere hätte getrachtet, sich mit dem Gründer der Bewegung zu identifizieren, dessen Spuren zu folgen, ihm treu zu bleiben, so treu wie möglich, auf so vielen Gebieten wie möglich. Es wäre also ein neuer Baal-Schem entstanden, ein kleiner, eine mehr oder weniger gelungene Imitation.

Der Maggid lehnte diesen bequemen Weg ab. Scharfsichtig und ehrgeizig, wie er war, begriff er, daß er seinen Meister besser ehren und dessen Werk wirksamer fortsetzen konnte, wenn er den schwierigeren Pfad wählte. Um dem Baal-Schem treu zu bleiben, scheute er sich in seiner seltsamen Mischung aus Kühnheit und Ergebenheit nicht, als Ungläubiger, ja sogar als Reformator zu erscheinen; so schritt er auf demselben Weg weiter, obwohl er scheinbar davon abwich. Sein *Abweichen* wurde zu einer Synthese aus Kontinuität und Erneuerung, ohne in Dissidenz zu verfallen. Um das Bild, die Legende und die Lehre des Baal-Schem lebendig zu erhalten, war der Maggid verpflichtet, *kein* Baal-Schem zu sein. Mesritsch war also nicht Miedžybož.

Zum Unterschied vom Baal-Schem reiste der Maggid nicht, begab sich nur selten an einen anderen Ort, suchte nicht den Kontakt mit der Menge.

Der Baal-Schem interessierte sich für alle Menschen aus allen Schichten. Der Maggid wandte sich nur an die Auserwählten. Der Baal-Schem erzählte Geschichten; der Maggid hielt Reden. Der Bescht feierte den Gottesdienst mit allen, die gerade anwesend waren; der Maggid zog die innere Sammlung, die einsame Meditation vor, und nur für den letzten Gesang lud er neun ausgewählte Schüler ein, um ein *Minjan* zu bilden.

Der Baal-Schem war stets zu sprechen und immer bereit, zu helfen, sich für jeden überall zu verwenden; wer immer ihn zu sehen wünschte, durfte zu ihm kommen, ohne sich an Mittelsmänner wenden zu müssen. Anders der Maggid. Um sich vor Eindringlingen zu schützen, schuf er das Amt des *Gabbe* oder *Schamasch* (Sekretär, Diener, Wächter); dieser stand vor der Tür und ließ nur den vor, der gerufen wurde.

Der Maggid scheint mehr Sinn für Dekorum und Inszenierung gehabt zu haben als sein Lehrer. Der Bescht ging bald wie ein Bauer umher, bald wie ein Kutscher, ein Handwerker, ein Tempeldiener oder ein Hausierer; der Maggid kleidete sich wie einst der Hohepriester, ganz in Weiß. Er flößte Respekt ein, sein Vorgänger Liebe.

Gegen Ende seines Lebens, geschwächt, auf Krücken, versetzte er alle in Schrecken, die ihn am Schabbat erblickten. Seine Krankheit richtete eine zusätzliche Mauer zwischen ihm und der Außenwelt auf.

Dann ereignete sich etwas Unerklärliches: Der Maggid beschloß plötzlich, zu übersiedeln. Er verließ Mesritsch, die neue Hauptstadt der Bewegung, und ließ sich in Hanipol nieder. Warum? Der Grund ist nicht klar. War es wegen der immer heftiger werdenden Angriffe des gegnerischen Lagers, der konservativen *Mitnagdim*, die (mit Recht) ihre Positionen bedroht glaubten? Möglich. Wenn das aber die Antwort auf die Frage ist, dann ist sie unvollständig. Die Übersiedlung scheint den Konflikt nicht gelöst zu haben, der, im Gegenteil, noch heftiger wurde. Außerdem richteten sich die Attacken weniger gegen den Maggid selbst als gegen seine Apostel. Diese vorzüglichen Missionare hatten keinen leichten Stand. Von geistlichen und weltlichen Führern als Reformatoren, ja, als Renegaten betrachtet, mußten sie in den großen Zentren viele Demütigungen einstecken, besonders in der Ukraine und in Weißrußland. Je mehr man sie verfolgte, desto stärker wurden sie von der Basis her unterstützt.

Wie also soll man den plötzlichen Wohnortwechsel des Maggid deuten? Vielleicht sagte er sich, daß seine Arbeit beendet sei; seine Schüler, die einflußreiche Rabbis und berühmte Ratgeber geworden waren, brauchten ihn nicht mehr. Vielleicht glaubte er, ihnen nicht mehr nützlich sein zu können. Vielleicht war er jetzt enttäuscht, fühlte sich übergangen, vergessen, ein wertloses Überbleibsel.

Es ist auch möglich, daß er sich noch mehr von der Außenwelt abschließen wollte. Da er sein Leben damit verbracht hatte, anderen zu helfen, verspürte er jetzt vielleicht das Bedürfnis, sich in die Einsamkeit zurückzuziehen, um die Veränderung abzuschätzen, die mit ihm vorgegangen war, während er das Bild modifizierte, das so viele Juden sich von ihrem Platz in der Gesellschaft geschaffen hatten.

Eine andere Hypothese: Möglicherweise hatte er eine Vorahnung – er, der ganz Intuition war –, daß Enttäuschungen kommen würden; als oppositionelle Bewegung geplant, sollte der Chassidismus sich bald in eine Institution verwandeln, mit Würdenträgern und Fanatikern ...

Was auch immer das Motiv gewesen sein mag, die Übersiedlung im Jahre 1772 scheint die chassidische Welt nicht erschüttert zu haben. Allerdings ereigneten sich in demselben Jahr andere, weitaus dramatischere Vorfälle. Polen wurde zerstückelt und zwischen Preußen, Österreich und Rußland aufgeteilt; das bedeutete für eine große Zahl von Juden noch mehr Prüfungen. Bei allen diesen Besetzungen und Wiederbesetzungen waren in der Regel sie es, die draufzahlten.

In diesem Jahr erreichte auch die antichassidische Kampagne in Wilna ihren Höhepunkt. Unterstützt von der blendenden Persönlichkeit des Gaon Elijahu, begnügten sich die militanten Gegner des Chassidismus nicht damit, ihn mit Worten zu bekämpfen, sondern schritten zur Tat: Sie verbrannten die Werke Rabbi Jaakob-Jossefs von Polnoje und gingen sogar soweit, die Mitglieder dieser „sündigen und aufrührerischen Sekte" zu exkommunizieren.

Einige hervorragende Schüler des Maggid bereiteten eine Gegenoffensive vor und planten ihrerseits, die Verleumder mit dem Bann zu belegen. Der Maggid war dagegen; er wollte die inneren Zwistigkeiten nicht noch mehr verschärfen. Es sei besser, die Dinge hinzunehmen und abzuwarten. Aber die antichassidischen Maßnahmen wurden unerträglich, besonders in Litauen. Man verfolgte die Chassidim, als wären sie vogelfrei. Da versammelten sich an einem denkwürdigen Abend heimlich zehn Männer im Lehrhaus des Maggid und sprachen im Scheine schwarzer Kerzen die feierliche und schreckliche Formel der Ausstoßung; auf diese Art vertrieben sie ihre Verfolger aus der lebendigen Gemeinde Israels. Plötzlich, mitten in der Zeremonie, vernahmen sie das vertraute Klappern der Krücken des Meisters. Seinen Zorn beherrschend, sprach der Maggid zu ihnen: „Ihr habt also den Kopf verloren?" Und sie standen da, erstarrt, nachdem sie den Sinn dieser Bemerkung erfaßt hatten. Dieser Tadel kündigte eine Strafe an; sie hatten gegen seinen Willen gehandelt und damit einen unwiderruflichen und nicht wiedergutzumachenden Bruch vollzogen. Sie hatten ihr Haupt verloren, er würde sie verlassen. Für immer. Aber ein wenig später tröstete er sie: „Ich verspreche euch, in diesem Konflikt wird der Chassidismus siegen."

Einige Monate später starb er, in seinen Gebetsschal gehüllt, die Gebetsriemen an der Stirn und am linken Arm, so wie er sie während des Morgengottesdienstes trug. Alle seine Schüler waren bei ihm. Seine letzten Worte: „Bleibt einig, immer."

Es schneite. Der Sturm fegte über das Dorf, als wollte er es fortblasen; der gleiche Sturm, der anderthalb Jahrhunderte später inbrünstige Chassidim und starrköpfige Mitnagdim mitreißen sollte in die flammende Nacht, ins Unbekannte, in einen namenlosen Tod. Nur ihre Geschichten bleiben übrig, und durch sie fühlen wir uns mit jenen verbunden, die den Maggid gekannt und beweint haben, und mit dem Maggid selbst; und durch ihn mit dem Baal-Schem – und durch den Baal-Schem, durch sie alle sind wir eins mit den erhabensten, den hellsten Augenblicken der jüdischen Phantasie, der jüdischen Seele, eins mit dem sehnsüchtigen Traum und der Legende, ohne die unsere Geschichte armselig wäre.

Seitenlinien

„Du allein, Herr", rief Rabbi Baruch von Miedžybož aus, „weißt, warum ich mich manchmal über die anderen stelle und manchmal unter sie."

Hochmütig, unter Wutanfällen und Depressionen leidend, wollte dieser Enkel des Bescht – er war vom Maggid von Mesritsch aufgezogen und von Rabbi Pinchas von Korez ausgebildet worden – anders sein als die chassidischen Meister seiner Generation, und er war es auch. Er glaubte, es stünde ihm alles zu; zwar berief er sich nicht auf seinen Vater (der fast unbeachtet geblieben war), wohl aber auf seinen Großvater. Dachte er, daß er allein dessen legitimer Nachfolger sei? Möglich. Jedenfalls sah er in jedem Rabbi einen Rivalen, ja sogar einen Usurpator. Er behauptete, alle zu überragen. Ganz offen.

Diese Anmaßung trug ihm selbstverständlich Unannehmlichkeiten und Feindschaften ein. Die eigenen Stiefbrüder warfen ihm Launenhaftigkeit und Leichtsinn vor und denunzierten ihn beim großen Maggid. Dessen Enkel sagte später einmal: „Rabbi Baruch von Miedżyboż versuchte, in den Himmel zu kommen, indem er über die Köpfe der Zaddikim stieg." Stets unzufrieden, mißtrauisch, argwöhnisch, war er auf die ganze Welt böse.

Dennoch verzieh man ihm seine Ausfälligkeiten und Launen. Er segnete seine Besucher, indem er sie beleidigte und verfluchte. Einem Kind, das ihn bei einem häuslichen Streit überraschte, schleuderte er entgegen: „Du verstehst nichts davon, du hast gerade eine Diskussion zwischen Gott und der Schechina miterlebt!" Die Legende hat ihm alles verziehen. Sie hat ihm sogar einen besonderen Platz eingeräumt. Er allein hat Anrecht auf den doppelten Titel: Rabbi Reb Baruch.

Er war drei Jahre alt, als der Baal-Schem starb, blieb ihm aber stets verbunden. Er wollte ihm ähnlich sein, es ihm gleichtun, und da er dies nicht konnte, verfiel er oft in schwarze, beängstigende Melancholie; er wehrte sich dagegen, so sehr er konnte; vergeblich. Wahrscheinlich zweifelte er zu sehr an sich selbst: Wie sollte er wissen, ob die Chassidim ihn bewunderten oder seinen Großvater? Um sich zu zerstreuen und aufzuheitern, stellte er einen berühmten Spaßmacher in seine Dienste: Herschele Ostropoler. Herschele – treu, aber herausfordernd frech – war der einzige, der ihm die Stirn bot, ihm die Wahrheit ins Gesicht sagte.

Es wird erzählt: Eines Abends zündete Herschele eine Kerze an. Rabbi Baruch war nicht zufrieden: Er fand es immer noch zu dunkel im Zimmer. Am nächsten Tag entzündete Herschele ein Dutzend Kerzen. Und Rabbi Baruch fuhr ihn an: „Willst du, daß ich blind werde?" – „Ich versteh' Euch nicht mehr", sagte der Spaßmacher. „Gestern wart Ihr wütend wegen der Finsternis, heute seid Ihr es wegen des Lichts ..." Darüber brach Rabbi Baruch in Lachen aus: „Du willst mir beibringen, wann und wie ich meinen Zorn über die Welt ausgießen soll?"

„Diese Welt", sagte er, „ist voll Licht für den, der sie kennt, und dunkel für den, der irregeht ... Ich lebe hier als Fremder, und Gott auch. Es geht uns hier also wie zwei Fremden in einem feindlichen Land."

Ein anderes Mal:

„Stellt euch zwei Kinder vor, die Verstecken spielen. Das eine verbirgt sich, aber das andere sucht es gar nicht. Gott verbirgt sich, und der Mensch sucht ihn nicht: Stellt euch seinen Schmerz vor!"

„Das große Verdienst des Propheten Elias", sagte er, „ist das folgende: Als er gegen die Könige kämpfte und die Götzenbilder zerstörte, sah das Volk darin kein Wunder, sondern rief aus: Gott der Herr ist unser Gott!"

„Um die Wahrheit zu erlangen, muß der Mensch durch neunundvierzig Türen gehen; jede öffnet sich, und dahinter steht eine neue Frage. Dann kommt der Mensch zur letzten Tür, zur letzten Frage. Wenn er sie durchschritten hat, kann er nur noch im Glauben leben."

Er starb mit vierundfünfzig Jahren. Am Fußende seines Bettes lag das Buch Sohar; eine Seite war aufgeschlagen, auf welcher die Rede ist von einem Zorn, „gesegnet von oben und von unten", und genannt: Baruch.

Rabbi Menachem-Mendel von Witebsk war der einzige Schüler des Maggid von Mesritsch, der mit dem Baal-Schem zusammengetroffen war; der Maggid selbst hatte ihn dem Meister vorgestellt. Menachem-Mendel war damals elf Jahre alt und bereits bekannt als brillanter Talmudschüler.

Von seinen Getreuen umgeben, prüfte der Baal-Schem den Knaben lange und begann dann, ihm eine Geschichte zu erzählen, die die meisten auf der Stelle vergaßen; andere begriffen ihren verborgenen Sinn nicht; einzig der kleine

Mendel erinnerte sich an sämtliche Details der Erzählung und erfaßte deren Bedeutung; es war die Geschichte seines Lebens, vom ersten bis zum letzten Tag. Die Ehren, die Pflichten, die Verantwortlichkeiten; die Krankheiten, die Enttäuschungen, die Reisen ins Heilige Land – alles war da.

Später, als Mendels Angehörige sich wegen seines Gesundheitszustandes Sorgen machten, beruhigte er sie: „Ich habe noch die Hälfte oder ein Viertel des Weges vor mir."

Hier die Geschichte, wie er Rabbi wurde.

Als der Maggid von Mesritsch die Chassidim von Witebsk empfing, vertraute er ihnen seinen Gürtel und seinen Stock an, als Ehrengabe für einen gewissen Rabbi Menachem-Mendel, der in ihrer Stadt wohnte.

Die Pilger kehrten heim und begaben sich auf die Suche nach dem Glücklichen, fanden ihn aber nicht; es gab keinen „Rabbi" dieses Namens in Witebsk. Verwirrt fragten sie sogar die Passanten auf der Straße, die Marktleute und die Hausfrauen. Endlich stießen sie auf eine ärmlich gekleidete Frau, die ihnen ganz unbefangen sagte: „Ich kenne nur einen Mendel: meinen Schwiegersohn." Sie liefen zu ihm und übergaben ihm wortlos Stock und Gürtel des Maggid. Menachem-Mendel ergriff beides; und die Boten erkannten plötzlich, daß Mendel nicht mehr derselbe war wie zuvor.

„Mein Auftrag hier auf Erden", sagte er, „ist, zu entdekken, was in mir fehlt, was außerhalb von mir fehlt – und diese Lücken schließlich zu füllen."

Er war verbindlich, diskret, man liebte ihn überall, an allen Höfen. Der Maggid zeigte ihm öffentlich seine Zuneigung: Er beauftragte ihn, während des Gottesdienstes zu Rosch-Haschana das *Schofar* zu blasen. Nach seiner Abreise ins Heilige Land wurde dieses Amt Rabbi Levi-Jizchak von Berditschew anvertraut, der, allzu aufgeregt, ohnmächtig wurde, als er das Widderhorn in der Hand hielt. „Sein Vorgänger, Menachem-Mendel, sah weiter als er und fürchtete sich doch nicht", bemerkte der Maggid.

Zu seinen Freunden, die ihm ihre Bewunderung ausdrückten, sagte Menachem-Mendel lächelnd:

„Es liegt mir fern, euer Lob zurückzuweisen. Eines Tages werde ich es brauchen. Ich weiß es. Vor dem himmlischen Gericht werde ich, um meine Position zu stärken, beantragen, daß man euch herbeirufe. Und jeder von euch soll sagen, was er von mir denkt. Und jeder von euch, jeder auf seine Weise, wird mich mit Lob überschütten, so wie ihr es gerade getan habt. Ich werde glücklich sein und glauben, das Spiel gewonnen zu haben. Aber da wird mich ein Mitglied des Gerichts fragen: ‚Und du, Menachem-Mendel, was denkst du von dir selbst?' Da werde ich wieder demütig sein und verstummen."

„Die Strafe fürchten, das ist nichts", sagte er. „Vor der Sünde muß man Angst haben."

Wie alle chassidischen Meister, lebte er ganz und gar in der Erwartung des Messias. Am Morgen trat er zum Fenster, blickte hinaus und stellte melancholisch fest:

„Er ist noch nicht da, denn die Welt hat sich nicht verändert."

Und hier sein schönster Ausspruch:

„Der Mensch ist die Sprache Gottes."

Überschwenglich, schwärmerisch, ein Kämpfer ohnegleichen war Rabbi Aharon von Karlin, der Emissär des Chassidismus in Litauen und Rußland. Diese Länder durchstreifte er kreuz und quer; dem Zorn der Gegner trotzend, legte er seine Netze aus, klein, aber zahlreich, wo immer er seinen Fuß hinsetzte. Weil er sich physisch und psychisch so sehr verausgabte, zog er sich ein geheimnisvolles Leiden zu, das ihn innerhalb von drei Tagen dahinraffte; er war sechsunddreißig Jahre alt. In Mesritsch beweinte ihn der Maggid und verglich ihn mit dem Hohenpriester Aaron, Moses' Bruder.

Hier seine Interpretation der Jakobsleiter, die der Bibel zufolge mit dem Fuß auf der Erde steht, während ihr oberes Ende in den Himmel ragt: Der Mensch möge darauf achten, aufrecht zu stehen, mit beiden Beinen fest am Boden – dann werde sein Haupt den Himmel berühren.

„Gäbe man mir die Gelegenheit, mit Abraham zu tauschen, ich würde nicht darauf eingehen", sagte er zu den lauschenden Chassidim. „Denn Gott braucht jemanden wie Abraham, und nicht einen Trottel wie mich."

Eines Tages sah man ihn weinen:

„Es gibt nur zwei Möglichkeiten: Entweder ist Gott der König der Welt, und ich tue nicht genug, um ihm zu dienen; oder aber er ist es nicht, dann ist es meine Schuld."

Als er aus Mesritsch zurückkam, wo er einige Jahre verbracht hatte, klopfte ein Freund an seine Tür. Es war spät in der Nacht.

„Wer ist da?" fragte Rabbi Aharon.

„Ich", antwortete unschuldig der Besucher, überzeugt, erkannt zu werden.

„Nur Gott hat das Recht, ‚Ich' zu sagen. Die Erde ist zu klein, als daß zwei ‚Ichs' darauf wohnen könnten. Weißt du denn nicht, woher du kommst?"

Sein Freund kehrte noch in derselben Nacht dorthin zurück.

Rabbi Aharon von Karlin lehrte seine Schüler, das Leben zu lieben und dessen Gütern nicht zu entsagen. „Die Traurigkeit ist eine Sünde", sagte er, „denn sie macht schwerfällig; dann verwandelt sie sich in Haß, in Selbsthaß; wer jedoch sich selbst haßt, haßt schließlich auch seinen Nächsten."

Ein anderes Mal:

„Wer nicht aufsteht, bleibt liegen; wer sich nicht bessert, verschlechtert sich."

Als Schüler des Maggid zog Rabbi Wolf von Schitomir es vor, Prediger zu bleiben, anstatt sich zum Meister krönen zu lassen. Daher seine Sorge um die Sprache.

„Der Gedanke ist dem Wesen nach unendlich", sagte er, „und das Wort setzt ihm Grenzen. Warum aber sucht der Mensch sich auszudrücken? Ich will euch sagen, weshalb: Zweck des Wortes ist es, den Gedanken zu vermenschlichen."

Der Chassidismus übte zu jener Zeit eine besondere Anziehung auf die Wanderprediger aus, die *Maggidim*, die seine Ideen, Erzählungen und Melodien selbst bis in die fernsten Provinzen trugen. Auf ihren Wanderungen durch das Land warben sie Anhänger; die begabten schickten sie zu den großen Meistern. Diesen Predigern war es zu danken, daß es dem Chassidismus gelang, in kurzer Zeit in vielen Gemeinden Fuß zu fassen, viele Seelen zu erobern: Man widersteht Menschen leichter als Legenden.

Rabbi Wolf von Schitomir sagte:

„Ich verstehe die sogenannten aufgeklärten Leute nicht, die in Glaubensdingen Antworten, endlose Antworten fordern. Für den, der glaubt, gibt es keine Frage; für den, der nicht glaubt, gibt es keine Antwort."

Einige Augenblicke vor seinem Tod murmelte er:

„Ich sehe ... Ein Tag wird kommen, den ich fürchte. Die Welt wird ihr Gleichgewicht verlieren und der Mensch seinen Verstand ... Ein Tag wird kommen, der mich zittern macht. Hörst du mich?" fragte er seinen Diener.

„Ja, Rabbi, ich höre Euch."

„Ich befehle dir, es unseren Leuten zu sagen. Sag ihnen, daß an diesem Tag niemand sich vor Zweifel und Furcht wird schützen können. Niemand wird verschont bleiben an diesem Tag, nicht einmal Menschen wie du und ich. Wir werden in unserem tiefsten Innern suchen müssen, um den Funken zu entdecken. Wirst du es ihnen sagen?"

„Ja, Rabbi. Aber ... wenn dieser Tag kommt, was sollen sie tun, um nicht unterzugehen? Wißt Ihr ein Gegenmittel, Rabbi?"

Der Kranke seufzte. „Wenn dieser Tag kommt, sag unseren Leuten, daß ich ihn vorhergesehen habe."

Er drehte sich zur Wand und hauchte seine Seele aus.

Rabbi Levi-Jizchak von Berditschew

Eine Geschichte: Der Rabbi bemerkt einen Kutscher, der, um Zeit zu gewinnen, sein Morgengebet herunterleiert, während er seinen Karren schmiert. Er weist ihn nicht zurecht, sondern hebt lächelnd den Kopf und ruft den Himmel zum Zeugen:

„Sieh Dir Dein Volk an, Gott Israels, und sei stolz. Was macht dieser Mensch, während er seinen Wagen schmiert? Er betet! Kennst Du eine andere Nation, deren Söhne Dich so völlig in ihre Gedanken einschließen?"

Und noch eine Geschichte: Als er sich einmal zur Synagoge begibt, um den Schabbatgottesdienst zu feiern, begegnet er einem jungen Mann, einem Freidenker. Dieser – um dem Rabbi öffentlich seine Verachtung zu zeigen – holt seine Pfeife hervor und zündet sie an. Rabbi Levi-Jizchak bleibt stehen und sagt zu ihm:

„Du hast wahrscheinlich vergessen, daß heute Schabbat ist."

„Nein. Ich hab' es nicht vergessen."

„Also, dann weißt du wohl nicht, daß es uns verboten ist, am Schabbat zu rauchen?"

„Ganz und gar nicht, ich kenne alle eure Vorschriften", sagt der Raucher herausfordernd.

Der Rabbi betrachtet ihn eine Weile, ohne sich provozieren zu lassen, und wendet sich dann an Ihn, für den jedes Sein auch Provokation bedeutet:

„Hast Du das gehört? Gewiß, er verletzt ein paar von Deinen Geboten. Aber eines mußt Du zugeben. Niemandem gelingt es, ihn zum Lügen zu bringen."

(Wir werden später von dem Leiden sprechen, das den Rabbi ein Jahr lang quälte; ein Jahr, das in seiner Biographie fehlt; und von dem Geheimnis, das dieses dunkle Jahr zu bergen scheint. Es wird von der chassidischen Literatur

mehr oder weniger unterschlagen, weil es dem von der Legende gezeichneten Bild des Rabbi widerspricht. Später also ...)

Der Rabbi dieser Anekdoten ist natürlich Rabbi Jizchak Derbaremdiger (der Barmherzige), besser bekannt unter dem Namen seiner Stadt: Levi-Jizchak von Berditschew. Seine Geschichten, seine Gespräche, seine Litaneien wiederholt man mit einem Lächeln, mit Liebe. Seine Monologe sind Gesänge, seine Gesänge Legenden, und alle sprechen für den Menschen. Stets erscheint Rabbi Levi-Jizchak als unser Fürsprecher.

Er war ein Zeitgenosse des großen Maggid von Mesritsch und nimmt sowohl in der chassidischen Bewegung als auch im Leben jedes einzelnen Chassid eine Sonderstellung ein. Seine Popularität reicht an die des Bescht heran. Heute noch, ja gerade heute, bekundet man ihm eine Zuneigung wie einem Jugendfreund, der einem – wiewohl überlegen – treu geblieben ist. Kein Meister nach dem Bescht hat einen ähnlichen Einfluß auf die Phantasie der Juden in der europäischen Diaspora ausgeübt.

Als Kind stellte ich ihn mir mächtig und unbesiegbar vor, als einen Verteidiger der Schwachen, einen Rächer der Bedrängten, bereit, alles aufs Spiel zu setzen und alles zu verlieren, auf daß Gerechtigkeit werde und die Wahrheit triumphiere. Er war mein Held und ist es auch heute noch. Oft, wenn ich an meine Ursprünge denke, versuche ich, mich seiner Lieder zu erinnern, mir seine Plädoyers ins Gedächtnis zu rufen. Er ist es, der einem einfällt, wenn man jemanden braucht, der sich zwischen Verfolgte und Verfolger, zwischen die Bedrängten und den Tod stellt. Wenn man seinen Namen anruft, besagt die chassidische Überlieferung, und einen Wunsch ausspricht, dann geht dieser in Erfüllung.

„Die Größe Levi-Jizchaks von Berditschew?" fragte mein Großvater. „Er war ein Streiter, der *für,* nicht *gegen* etwas kämpfte."

Dennoch war er kein Rabbi im üblichen Sinn. Er war eher ein *Raw,* ein Rabbiner, als ein Liebhaber des Ausgefallenen und suchte weder seine Doktrin zu verbreiten noch sich mit Schülern, Jüngern oder Bewunderern zu umgeben. Der Chassidismus von Berditschew entstand und starb mit ihm. Rabbi Levi-Jizchak gründete weder eine Schule noch eine Dynastie. Das Haus, das er erbaute, trug er in sich selbst.

Vielleicht muß man darin den Hauptgrund für die einmütige Wertschätzung suchen, die ihm die Oberhäupter der Bewegung bekundeten. Niemand sah in ihm einen Konkurrenten. Rabbi Schmelke nannte ihn „meinen Schüler im *Nigla* (der mündlichen Überlieferung) und meinen Lehrer im *Nistar* (der esoterischen Lehre)". Rabbi Schnëur-Salman von Ljady, der Gründer des *Chabad,* sagte: „Gott ist ein Zaddik dort oben und Levi-Jizchak ist einer hier unten." Rabbi Baruch von Miedžybož behauptete, Engel und Seraphim seien eifersüchtig auf Levi-Jizchaks Inbrunst. Rabbi Nachman von Brazlaw, wiewohl stets zu beißendem Widerspruch geneigt, überschüttete ihn mit Lob und bezeichnete ihn als das Licht Israels. Ein anderer Nonkonformist, Rabbi Menachem-Mendel von Kozk, erklärte, es sei Rabbi Levi-Jizchak gewesen, der die Pforten zum Heiligtum der Liebe geöffnet hätte; nach seinem Tod seien sie wieder geschlossen worden.

Freund aller Rabbis und Rabbi aller ihrer Schüler, gehörte er keinem Clan an; er stand über den Machtkämpfen und lehnte es ab, sich in die Streitigkeiten einzumischen, die die Bewegung entzweien. Als Verteidiger Israels trat er für alle Juden ein, die zu Unrecht angeklagt und bestraft wurden. Seine schönsten Abenteuer, die schönsten Geschichten über seine Abenteuer, sind jene, die ihn als einen Anwalt zeigen, der es wagt, klüger zu sein als der Richter. Schon als Kind liebte ich diese Erzählungen; damals sah ich darin nur die Liebe und die Brüderlichkeit. Jetzt habe ich gelernt, auch den Schmerz, die Verzweiflung, die Revolte darin zu entdecken; und ich liebe sie um so mehr. Ich lese sie oft, verdanke ihnen viel. Manchmal netze ich mit ihnen meine Feder, bevor ich zu schreiben beginne.

Wer war er? Man kennt sein Leben nur in großen Zügen; von seiner Kindheit ist nichts oder nur sehr wenig bekannt.

Er wurde 1740 in Galizien geboren. Ein aufgeweckter, scharfsinniger Knabe, im Talmud wohlbeschlagen; er heiratete früh. Als der Baal-Schem starb, war Levi-Jizchak zwanzig Jahre alt. Hat er ihn kennengelernt? Er hätte es jedenfalls können. Mangel an Interesse? Vielleicht. Wahrscheinlich. Der im Entstehen begriffene Chassidismus interessierte ihn kaum. Er ging zu Rabbi Schmelke von Nikolsburg, um bei ihm den Talmud und dessen Auslegung zu studieren, nicht aber den Chassidismus. Von seinem Wissensdurst und seinen Kenntnissen beeindruckt, behandelte Rabbi Schmelke ihn mit besonderer Aufmerksamkeit. Dieser Schüler gefiel ihm; er verschwendete weder Gesten noch Worte. „Nie hat er ein Wort zuviel gesagt", erklärte Rabbi Schmelke später. Und er nahm ihn mit nach Mesritsch, wo Levi-Jizchak beim Maggid entdecken sollte, daß es im Judentum mehr auf das Leben als auf das Studium ankommt.

Als Jungvermählter verbrachte Levi-Jizchak die hohen Feiertage bei seinem Schwiegervater, einer einflußreichen Persönlichkeit der Gemeinde. Eines Abends während des Simchat-Thora-Festes wurde er aufgefordert, das Gebet zu sprechen, das die Prozession und den Tanz einleitet. Geschmeichelt trat Levi-Jizchak zum Pult, ergriff den Gebetsschal und legte ihn sich um die Schultern, entfernte ihn aber sofort wieder. Dann nahm er ihn abermals um und legte ihn neuerlich ab. Dieser Vorgang wiederholte sich mehrmals, zur allgemeinen Verblüffung der Versammelten. Plötzlich nahm Levi-Jizchak den *Talit* endgültig ab und schrie wütend: „Da du dich Chassid und Talmudist zugleich nennst, sprich das Gebet selber!" An diesem Abend, bei Tisch, sagte sein Schwiegervater zu ihm:

„Du hast mich vor allen Leuten in Verlegenheit gebracht, ich würde gern wissen, warum." – „Ich werde es Euch erklären", antwortete Levi-Jizchak ruhig. „Als ich mich gerade in den *Talit* hüllte, kam der *Jezer hara,* der böse Geist, der Versucher, und machte sich anheischig, das Gebet mit mir zu sprechen. ‚Du?' frage ich. ‚Bist du dessen würdig?' – ‚Und du?' erwiderte er. ‚Bist du es denn?' – ‚Ja', sagte ich. ‚Immerhin studiere ich den Talmud.' – ‚Ich auch.' – ‚Du auch? Du studierst? Ja, wo denn?' – ‚Mit dir.' – ‚Aber mit mir', erklärte ich, ‚ist das eine andere Sache, ich bin ein Chassid.' – ‚Ich auch.' – ‚Wer ist dein Rabbi?' – ‚Derselbe wie deiner.' – ‚Der große Maggid von Mesritsch?' – ‚Derselbe. Jedesmal, wenn du dich zu ihm begibst, begleite ich dich.' – Da", sagte Levi-Jizchak, „packte mich die Wut. ‚Wenn du so viele gute Eigenschaften, so viele Tugenden besitzt, brauchst du mich nicht. Nimm den *Talit* und sprich das Gebet selber!"

Sein Schwiegervater hatte für diese Art von Humor oder Unabhängigkeit nichts übrig und verbot ihm, zu seinen Meistern zurückzukehren. Um seine Freiheit wiederzuerlangen, begann der Schwiegersohn zu fasten; dieser Hungerstreik, der erste in den Annalen des Chassidismus, war von Erfolg gekrönt.

Levi-Jizchak kehrte zum Maggid zurück. Er erwarb sich den Ruf eines Talmudgelehrten. Mehrere Gemeinden boten ihm den Posten eines Rabbiners an. Aber das Mißgeschick verfolgte ihn. Wohin er auch kam, stieß er auf den Widerstand der Mitnagdim, die ihn hänselten und sekkierten, wie es so ihre Art war.

Es war die Zeit der ersten heftigen öffentlichen Kontroversen zwischen den Konservativen und den Neuerern. Die Chassidim beschuldigten ihre Gegner, herzlos zu sein; die Mitnagdim warfen den Chassidim vor, die Vernuft dem Obskurantismus zu opfern. Der Gaon von Wilna hatte soeben sein erstes Exkommunikationsedikt veröffentlicht; es wurde in den wichtigsten Synagogen des Landes verlesen. Die Schüler des Maggid schlugen zurück. Auf beiden Seiten der gleiche Fanatismus. Zwischenfälle und Zusammenstöße mehrten sich und entfesselten die Leidenschaften in mehr als zehn Orten auf einmal. Da und dort wurde man handgemein. Der Kampf wütete, kein Jude konnte neutral bleiben. Ein Rabbiner, ein Lehrer brauchte nur von dem einen Lager akzeptiert zu werden, und sogleich lehnte das andere ihn ab. Man stritt in den Bethäusern, man beschimpfte einander wegen einer weggelassenen oder hinzugefügten Verszeile, wegen eines Brauches, der von den einen eifrig befolgt, von den anderen mißachtet wurde. In manchen Or-

ten der Ukraine ging man sogar so weit, die Behörden anzurufen, um den Kantor zu zwingen, sich strikt an das Althergebrachte zu halten. Es gab noch ernstere Zwischenfälle. Rabbi Schnëur-Salman von Ljady wurde verhaftet und des Verrats beschuldigt. „Man hat ihn denunziert, das ist das Werk unserer Gegner!" ereiferten sich die Chassidim. Diese irrationale gegenseitige Feindseligkeit nahm bestürzende Ausmaße an, wurde fast zur Hysterie.

Levi-Jizchak war bemüht, sich herauszuhalten. Er glaubte zu sehr an Gott, zu sehr an den Menschen, an das Band zwischen beiden, um das Trennende zwischen den Menschen zu unterstützen. Seinem Temperament und seiner Überzeugung gemäß konnte er das Sektierertum in all seinen Formen nur beklagen. Das änderte jedoch nichts an seiner Lage; überall, wohin er kam, geriet er ins Schußfeld.

Er wurde zum Nachfolger Rabbi Schmelkes in Ritschwol ernannt und mußte dort Demütigungen, Kabalen, Verleumdungen, Spott einstecken; niemand kam ihm zu Hilfe. Schließlich ergriff er die Flucht, ohne irgendwelche Habseligkeiten mitzunehmen. Es war am Vorabend von Simchat-Thora.

Sein Aufenthalt in Solochow, wo er mit fünfundzwanzig Jahren einen Posten erhält, ist um nichts angenehmer. Sechs Jahre später ist er wieder stellungslos. Er wird nach Minsk berufen und läßt sich dort nieder. Und wiederum ist er den gleichen Angriffen, der gleichen Verleumdungskampagne ausgesetzt. Eines Tages besuchte er seinen Meister in Mesritsch. Währenddessen brach man in sein Haus ein, zertrümmerte die Möbel und verwüstete alles. Als Levi-Jizchak zurückkehrte, fand er einen anderen Rabbi an seiner Stelle.

Es folgten neue Wanderjahre; schließlich gelangte er nach Berditschew. Er war fünfundvierzig Jahre alt und konnte endlich in Sicherheit, wenn schon nicht in Frieden, sein Werk beginnen. Auch in Berditschew gab es Mitnagdim – eine Minderheit zwar, aber eine unruhige, aktive. Sie machte dem neuen Rabbi das Leben sauer. Immerhin nahm die Feindseligkeit im Laufe der Jahre ab. Dank Rabbi Levi-Jizchak wurde Berditschew zu einer Hochburg des Chassidismus. Und als der Rabbi verschied – fünfundzwanzig Jahre nach seiner Ankunft –, lehnte der Rat der Gemeinde es ab, einen Nachfolger für ihn zu suchen; einen Levi-Jizchak ersetzt man nicht. Die Chronik bestätigt es: Es gab in Berditschew keinen *Raw,* keinen mit allen Würden ausgestatteten Rabbiner mehr. Rabbinatsrichter *(Dajanim)* wohl; aber der letzte *Raw* ist er gewesen.

Er war sanft, versöhnlich, naiv bis zur Einfältigkeit. Doch es fehlte ihm nicht an Humor. Treffende Antworten fielen ihm leicht, sie waren messerscharf, manchmal sogar verletzend.

In einer Versammlung von Schneidern und Bäckern, die alle gegen den Chassidismus waren, wurde er vom zuständigen Rabbiner gebeten, eine Rede zu halten. „Es steht geschrieben", sagte Rabbi Levi-Jizchak, „daß, sobald der Messias kommt, die Natur den Menschen mit Brot und Kleidung versorgen wird. Warum? Ich habe es nie verstanden. Jetzt begreife ich es: damit man weder Schneider noch Bäcker braucht."

Ein andermal führte er in Warschau eine öffentliche Debatte mit Reb Abraham Katznelbogen von Brisk, einem gefürchteten Mitnaged. Die beiden diskutierten über die Gebräuche, die von den Chassidim neuerdings im Gottesdienst eingeführt worden waren.

„Warum schreit ihr so laut in der Synagoge?" fragte Reb Abraham. „Glaubt ihr, daß Gott zu weit weg ist? Zu weit, um euch zu hören?"

„Keineswegs", antwortete Levi-Jizchak von Berditschew. „Wir wissen, daß Gott nahe ist und zuhört. Wenn wir so laut schreien, dann deshalb, damit *ihr* uns hört!"

Dagegen lehnte er es ab, an einem ähnlichen Streitgespräch mit Gegnern in Wilna teilzunehmen. Der Maggid von Koschnitz hatte ihm davon abgeraten.

„Wenn man Euch dort fragt, warum Ihr, entgegen dem Brauch, das *Amida*-Gebet mit offenen Augen sprecht, was wollt Ihr antworten?"

„Wie?" fragte erstaunt Levi-Jizchak. „Ich behalte dabei die Augen offen? Aber ich sehe doch nichts!"

„Ich", sagte der Maggid von Koschnitz, „ich weiß das. Aber wissen es unsere Widersacher?"

Levi-Jizchak gab nach.

Das kam nicht oft vor. Gewöhnlich hielt er nicht mitten in einem Vorhaben inne; er war zu impulsiv, um an die Folgen zu denken oder den Spott zu fürchten. Er stürzte sich kopfüber ins Gemenge, fest überzeugt, niemals in eine Sackgasse zu geraten: er würde schon das richtige Mittel finden, um wieder herauszugelangen.

Eines Tages bekam er auf offener Straße den Inhalt eines Mülleimers auf den Kopf, den eine Hausfrau aus dem Fenster geleert hatte. Erkundigungen ergaben, daß es sich um die Frau eines erbitterten, bösartigen Gegners handelte. Ohne in Zorn zu geraten, begab sich der Rabbi ins Lehrhaus, wo er den Zwischenfall als bereinigt erklärte:

„Sei ihr nicht böse, Herr. Es ist nicht ihre Schuld. Die arme Frau, sie versucht, ihrem Mann zu gefallen; kannst Du ihr das verübeln?"

Eine Episode, die sehr charakteristisch für ihn ist: Niemals fehlt es ihm an Phantasie und Klugheit, und er fand immer mildernde Umstände für den anderen. Er selbst schnitt nicht so gut ab: Über sich selber urteilte er streng. „Warum beginnen alle Lehren des Talmud auf Seite zwei? Um mich daran zu erinnern, daß ich – obwohl ich sie vom Anfang bis zum Ende kenne – noch nicht begonnen habe." Jeden Abend, bevor er einschlief, überdachte er den verflossenen Tag. „Levi-Jizchak hat heute gesündigt", sagte er unter Tränen, „aber Levi-Jizchak verspricht, nicht mehr rückfällig zu werden. Gestern hat er den gleichen Entschluß gefaßt? Ja, aber heute abend meint er es ernst."

Diese Geschichte legt die Vermutung nahe, daß sein Humor unbewußt war, beinahe unfreiwillig. Die Lacher auf seine Seite zu bringen, war kein Manöver, keine Taktik; zu sehr respektierte er alles Menschliche – und was gibt es Menschlicheres als die Schwächen der Menschen? –, um sich darüber zu amüsieren.

Er war von tiefem Ernst erfüllt, wenn er die täglichen Scherereien und banalen Streitigkeiten in theologische Dispute verwandelte, in die er die dritte Person – Gott, den Allgegenwärtigen – einführte; so verlieh er dem scheinbar Flüchtigen, Kindischen die Würde der Ewigkeit. Indem er für seine Beleidiger Partei ergriff, erregte er natürlich Heiterkeit, aber eine besondere: Das Lachen traf nicht den Gegner, sondern die Situation, in der die Rollen so gut oder so schlecht verteilt waren.

Eines Tages hörte er die aggressive Brandrede eines Predigers, der gegen die wirklichen oder eingebildeten Sünden der Gemeinde donnerte und wetterte. Levi-Jizchak reagierte erst nach dem Ende der Predigt.

„Hör ihn nicht an, Herr! Was er sagte, mußte er sagen. Siehst Du das nicht? Es ist sein Beruf, damit verdient er sich sein Brot. Höchstwahrscheinlich muß er eine Familie ernähren, drei Töchter unter die Haube bringen und einen Sohn ausbilden lassen. Gib ihm das Geld, das er braucht, und er wird aufhören, Schlechtes über Deine Kinder zu reden!"

Er selbst sprach niemals schlecht von ihnen. Im Gegenteil, er pries sie in seinem Herzen und vor Gott. Seine Devise war: Der Mensch muß seinen Nächsten loben und sich selbst gegenüber unnachsichtig sein. Er hielt sich daran, und wenn es der Menschheit schlecht ging, fühlte er sich dafür verantwortlich.

Er erzählte:

„Eines Morgens bemerkte ich, daß die Leute meiner Stadt mich nicht mehr respektierten. Bestürzt versuchte ich, zu verstehen, warum. Und schließlich wurde mir klar, daß das nichts mit ihnen, sondern nur mit mir zu tun hatte. Ich hatte ganz einfach in meinen Augen jeden Respekt eingebüßt. Warum sollten die Leute milder gegen mich sein als ich selbst? Ich beschloß also, mich zu bessern. Daraufhin behandelte mich meine Umgebung rücksichtsvoller, auch meine Familie, auch meine Nachbarn. Von Haus zu Haus, von Straße zu Straße wurde die Änderung fühlbar, sie erstreckte sich über die ganze Stadt. Man schätzte mich wieder."

Wenn er an sich arbeitet, wirkt der Mensch auch auf seinen Nächsten ein; das ist das Prinzip des mystischen Denkens. Wenn ein einziges Wesen Vollkommenheit erreicht, wird die ganze Gattung vor der Lüge und dem Bösen gerettet.

Levi-Jizchak aber bemühte sich, mit seinesgleichen direkter zu sprechen. Er redete mit den Menschen, er rührte sie; er bot sich ihnen an, und sei es nur als Gesprächspartner.

Als er einen notorischen Ungläubigen auf der Straße traf, sagte er zu ihm:

„Weißt du, daß ich dich beneide? Ich beneide dich so!"

„Warum denn?"

„Weil nach all dem, was unsere Weisen sagen, deine Sünden in gute Taten verwandelt und dir als solche angerechnet werden, wenn du bereust."

Diese Geschichte hat zwei Lösungen. Der Ungläubige soll sich bekehrt oder aber ausgerufen haben:

„Wirklich? Ihr beneidet mich? Dann wartet doch bis zum Abend, dann werdet Ihr mich noch viel mehr beneiden!"

Bei einer anderen Begegnung, so wird erzählt, sei es ihm besser gelungen, sein Gegenüber zu erschüttern. Es handelte sich um einen hartgesottenen Philosophen, der es liebte, Rabbiner und Theologen zu provozieren, indem er ihnen mit Hilfe dialektischer Argumente die Nichtexistenz Gottes bewies. Als er nach Berditschew kam, traf er auch Levi-Jizchak, der gerade in Meditation vertieft war. Plötzlich blickte ihm der Rabbi fest in die Augen und sagte leise: „Und wenn es trotz allem wahr wäre? Sag, und wenn es wahr wäre?" Der Philosoph gestand später, daß ihn diese Frage mehr erschüttert habe als alle Behauptungen und Einwände, die er bis dahin gehört hatte.

Levi-Jizchak wußte, wann und wem er seine Überzeugung und seine Fragen mitteilen konnte. Er wußte, wann er sich hitzig in einem Wortstreit engagieren sollte und wann es besser war, still zu sein und abzuwarten. Er, ein Meister der treffsicheren Antwort, verstand auch zu schweigen.

Obwohl er die Menschen kannte, liebte er sie alle, auch die Sünder, auch die Dummen. Den Würdenträgern von Berditschew, die ihm seine Verbindung zu niedrigen Leuten vorhielten, sagte er: „Wenn der Messias kommt, wird Gott ein Gastmahl zu seinen Ehren veranstalten; unsere Patriarchen werden natürlich geladen sein; was mich betrifft, so werde ich mich heimlich in die letzte Reihe schmuggeln. Wenn man mich dort entdeckt und fragt, mit welchem Recht ich hier bin, werde ich antworten: ‚Seid barmherzig mit mir, denn ich war es auch!'"

Ausgestoßene, Unwissende, Vagabunden suchten seine Gesellschaft. In seiner Gegenwart fühlten sie sich wohl; er gab ihnen, was ihnen am meisten fehlte: Würde.

Besaß er die Macht, ihr Leben zu ändern? Man sollte nicht verallgemeinern. Den Legenden ist zu entnehmen, daß er nicht nur mit seinen Worten Einfluß auf seine Gesprächspartner ausübte. Seine Argumente waren weniger wichtig als beispielsweise die Art, wie er den Gottesdienst zelebrierte. Sein Schweigen wog schwerer als seine Reden.

Als er noch in Pinsk weilte, ließ er einen kleinen Lehrer namens Aharon holen, der in einer entlegenen Ortschaft wohnte. Aharon war jung und schüchtern und weigerte sich, zu kommen. Der Bote hatte große Mühe, ihn zu überreden. Schließlich gelang es ihm; der Lehrer kam zu Levi-Jizchak, der ihn herzlich empfing: „Seid willkommen, Rabbi Aharon, nehmt Platz, Rabbi Aharon." Der Besucher, überrascht von so viel Ehre, schüttelte den Kopf. Das war alles. Die beiden Männer ließen sich auf ihre Sitze nieder, sie saßen einander gegenüber, ohne ein Wort zu sagen, ohne sich zu rühren. Zwei Stunden vergingen, und zwei Stunden lang herrschte Schweigen. Dann, als gehorchten sie derselben Eingebung, tauschten sie ein Lächeln, immer noch schweigend. Und in Schweigen schieden sie voneinander. Weder der eine noch der andere hat jemals die Bedeutung dieses Lächelns erklärt, ebensowenig wie den Inhalt des gemeinsamen Schweigens. Man kennt nur die Folge: Aus Aharon wurde Rabbi Aharon.

Wie der Baal-Schem half auch Levi-Jizchak leidenschaftlich gerne; er liebte es, jene aufzurichten, die da vor seinen Augen dahinlebten und sich abrackerten, sich an die alten, immer wieder erneuerten Verheißungen klammerten. Und wie der Bescht fühlte auch er sich wohler unter den kleinen Leuten. Er besuchte andere Rabbis – Elimelech von Lisensk, Schmelke von Nikolsburg, den Maggid von Koschnitz und, natürlich, den großen Maggid von Mesritsch –, aber er tat dies fast nur in seiner Eigenschaft als Chassid; er weigerte sich, als Gleichgestellter zu ihnen zu kommen; er zog es vor, zu folgen, anstatt selber zu führen. Zutiefst demütig, liebte er die Gedemütigten, wie er auch die Hungernden liebte. Ihr Elend zog ihn an, rührte ihn, er sah es als eine Gnade an. Selbst mittellos, beklagte er die Besitzenden, „die mehr verlieren, als sie gewinnen". Sein Gehalt verteilte er als Almosen. Seine Frau führte schließlich Klage beim Rabbinatsgericht und warf ihrem Mann – der im übrigen Vorsitzender dieses Gerichtes war – vor, den Ehekontrakt zu verletzen; er treibe sich auf dem Markt und in den Elendsvierteln herum und vernachlässige seine Familie. Levi-Jizchak plädierte für nicht schuldig. „Dieser Kontrakt", erklärte er, „verpflichtet mich, meine Frau und unsere Kinder zu nähren und zu kleiden mit ehrlich erworbenem Geld. Nun ja, als Rabbiner hat man es dabei nicht immer ganz leicht ..."

In diesem Zusammenhang zirkulierte eine seltsame Geschichte: Seine Frau soll irgendeinem Herrn vertraglich zugesichert haben, zu konvertieren, wenn sie innerhalb der festgesetzten Frist ihre Schulden nicht zahlen könne.

In Wahrheit verstand ihr Mann weder, was Geld ist, noch warum die Leute sich so plagen, um Geld zu verdienen. Als er einen Mann sah, der durch die Straßen hastete, rief er ihn an: „Wohin läufst du?" – „Ich suche Arbeit." – „Deswegen läufst du? Und wenn die Arbeit dich suchte?" Für Rabbi Levi-Jizchak war das Geld nur dazu da, um gegeben oder erbettelt zu werden. Den Ratsherren seiner Gemeinde, die einen einheitlichen Hilfsfonds für die Armen schaffen wollten, um der Bettelei entgegenzuwirken, sagte er, diese Idee erinnere ihn an Sodom; er drohte mit seinem Rücktritt; man solle die Armen in Ruhe lassen. Die Ratsherren mußten nachgeben.

Er war ein impulsiver, unberechenbarer Mensch. Bei ihm mußte man auf alles gefaßt sein.

Er kletterte auf das Dach eines Hauses, das am Marktplatz lag. Von dort aus betrachtete er die Kaufleute, die ihre Geschäfte abwickelten, und die feilschenden Pferdehändler. Da rief er ihnen aus Leibeskräften zu: „Gute Leute, vergeßt nicht, daß man auch Gott fürchten muß!"

Manchmal schickte er seinen Diener in die Synagogen der Umgebung: „Schau weder nach links noch nach rechts, steig auf die *Bema,* schlag mit der Faust aufs Pult und gib folgende Erklärung ab: ‚Wisset, Männer und Frauen, wisset es also, daß es Gott gibt und daß Er von dieser Welt ist, auch von dieser.'"

Man leistete ihm Widerstand, aber in Berditschew machte man sich nicht über ihn lustig. Man hörte auf ihn. Man schätzte ihn. Alle, seine Gegner ausgenommen, fanden ihn ergreifend. Ein wenig wunderlich, linkisch, ungeschickt: Es konnte ihm alles mögliche passieren. Er war nicht imstande, die Chanukka-Kerzen anzuzünden, ohne sich die Finger zu verbrennen, oder den Schrank zu öffnen, ohne die Glasscheibe zu zerbrechen. Als er bei Rabbi Baruch von Miedžybož eingeladen war, warf er den Tisch um. Ging er an einem Brunnen vorbei, fehlte nie viel, daß er hineinstürzte. Zerstreut oder in Ekstase, hatte er den Sinn für die Realität verloren. Er bemerkte nicht die Unordnung, die er hinterließ. Sein Innenleben schien ihm den Alltag zu entfremden. Er wurde von Strolchen blutig geschlagen und unterbrach dennoch seine Gebete nicht; er spürte nicht einmal die Wunden. Unempfindlich der Außenwelt gegenüber, hatte er keine Angst vor dem Schmerz. Der Schmerz zählte nicht. Das Übel bekämpfte er auf seine Weise. Als sein kleiner Sohn gestorben war, begann er auf dem Friedhof unter Tränen zu tanzen und rief: „Seine Seele, Herr, hast Du mir rein anvertraut; und rein gebe ich sie Dir wieder zurück."

Kein Wunder, daß die Mitnagdim, Feinde alles Spektakulären, ihn mit größter Erbitterung bekämpften, besonders am Anfang. Sie warfen ihm seine Art vor, seine Manie, seine Vorliebe für das Dramatische, wie sie es nannten; kurz, seine gesamte Lebensweise. Als Raw der Gemeinde sollte er, ihrer Ansicht nach, den größten Teil der Zeit dem Studium, nicht dem Gebet widmen. Er aber hielt es lieber umgekehrt. Wie einst Rabbi Akiba, betete er so versunken, daß die verschreckten Gläubigen sich instinktiv von ihm zurückzogen. Er gestikulierte, heulte, tanzte, sprang von einer Ecke in die andere, stieß überall an, warf alles um; niemand existierte mehr für ihn. Er war völlig entrückt, wenn er betete. Manchmal kehrten seine Gläubigen, des Wartens müde, nach Hause zurück und ließen ihn allein im Bethaus. Das geschah sogar einmal an einem Sederabend.

Er betete mit Inbrunst, weil er an das Gebet glaubte. Gerne erzählte er: „Ich sah einen Dieb, gerade als man ihn festnahm. Ich hörte ihn murmeln: ‚Na, wenn schon! Ich werde wieder anfangen, das nächste Mal wird es besser gehen.‘ Dieser Dieb hat mich gelehrt, daß man immer wieder von vorne anfangen muß.“

Aber er glaubte ebensosehr, wenn nicht noch mehr, an die Begeisterung; die seine kannte keine Grenzen. Was er tat, tat er ganz, mit seinem ganzen Wesen. Oft wurde er mitten im Gottesdienst ohnmächtig. Das kürzeste Gebet konnte ihn erschöpfen; es nahm seinen Glauben, sein Leben voll in Anspruch.

Aber mehr als an alles andere glaubte Rabbi Levi-Jizchak an das Kommen des Messias. Als der Verlobungskontrakt seines Sohnes aufgesetzt wurde, hatte der Schreiber notiert, daß die Hochzeit an dem und dem Tag in Berditschew stattfinden würde. Levi-Jizchak zerriß wütend das Papier: „Berditschew? Wieso Berditschew? Schreib! Die Hochzeit wird in Jerusalem stattfinden, es sei denn, der Messias ist noch nicht gekommen. In diesem Fall wird die Hochzeit in Berditschew gefeiert.“

Er war eine ungewöhnliche Persönlichkeit, wie auch andere seinesgleichen; es ist daher verständlich, daß er viele seiner Zeitgenossen verwirrt, fasziniert und erschreckt hat. Manche kannten ihn, verstanden ihn jedoch nicht; andere liebten ihn, ohne ihn zu kennen.

Spielte er Theater? Möglich. Aber darin lag nicht das Wesentliche. Vielleicht, sagen einige, legte er solchen Wert auf Äußerlichkeiten, weil er sich dahinter besser verbergen konnte. Das war die Meinung Rabbi Elimelechs von Lisensk, der Aharon von Schitomir fragte: „Warum willst du bei mir bleiben? Folge deinem Meister, Levi-Jizchak.“ – „Ihn kenne ich schon; jetzt möchte ich Euch kennenlernen." – „Du weißt nicht, was dein Mund spricht", schleuderte ihm Rabbi Elimelech entgegen. „Du glaubst, Levi-Jizchak zu kennen, und kennst ja nicht einmal den Mantel, in den er sich hüllt."

Andere Meister übrigens, die meinten, er sei für Nichteingeweihte gefährlich, rieten davon ab, zu eng mit ihm in Berührung zu kommen.

Ein Schüler des Rabbi Mosche-Leib von Sasow, ein gewisser Abraham-David, der künftige Rabbi von Bucsacs, wollte nach Berditschew reisen, um dort den Schabbat zu verbringen. Der Zaddik von Sasow fragte ihn: „Wirst du das Lachen zurückhalten können?" – „Ja, Rabbi." Aber Abraham-David überschätzte seine Kraft. Er verfiel während des Schabbatmahls in Raserei. Ohne Grund brach er in lautes Gelächter aus und konnte dreißig Tage und Nächte nicht mehr aufhören. Rabbi Mosche-Leib schrieb daher an seinen Freund in Berditschew: „Ich habe Euch eine Vase geschickt, sie war ganz; Ihr habt sie mir zurückgegeben, in tausend Scherben zerbrochen."

Diese Episode wurde nie völlig aufgeklärt. Die chassidische Chronik begnügt sich damit, festzustellen, daß sie gut ausgegangen ist. Levi-Jizchak, von Mitleid bewegt, habe die Strafe widerrufen; der Schüler sei genesen. Warum aber hatte er in Gegenwart des Meisters und der Seinen gelacht? Wie konnte er vor seinen Gastgebern so wenig Respekt haben? Der Besucher war schließlich nicht irgendwer; was hatte er also in Berditschew erblickt, entdeckt oder wahrgenommen, daß er im heiligsten Augenblick der Woche zu lachen begann, vor der hinreißendsten und hingerissensten Persönlichkeit des Chassidismus? Man wird es niemals erfahren.

(Levi-Jizchak bewunderte König Salomon, den weisesten unserer Herrscher. Warum? Weil er, wie im Midrasch steht, sämtliche Sprachen beherrschte? Weil er mit den Vögeln sprechen konnte? Nein. Weil er die Sprache der Narren verstand.)

Über einen Lebensabschnitt des Rabbi wird man nie die Wahrheit, die ganze Wahrheit erfahren. Diese Periode ist tabu, die chassidischen Texte spielen kaum darauf an. Den Symptomen nach zu schließen, dürfte Levi-Jizchak an einer schweren Depression gelitten haben, der wohl schon leichtere Anfälle vorangegangen waren. Wir wissen zum Beispiel, daß er eines Nachts, als er sich in der Straße der Färber befand, von unmenschlicher Traurigkeit befallen wurde, so daß er beinahe das Bewußtsein verlor. Wir wissen auch, daß ihn der Selbstmord eines armen kleinen Tempeldieners verfolgte, der sich am großen Leuchter der Synagoge erhängt hatte, in dem Wahn, Gott auf diese Art zu „ehren". Sicherlich begab sich der Rabbi auch deshalb so oft zu anderen Meistern, um diesen Gespenstern zu entfliehen, die ihn, nachdem er sie viele Jahre verdrängt hatte, schließlich überwältigten.

Er zog sich zurück, schloß sich von der Außenwelt ab und war plötzlich außerstande, seine offiziellen Funktionen zu erfüllen. Er verbrachte die Zeit damit, „sehr schnell in einem Büchlein zu lesen, das er nie aus der Hand legte". Niedergeschlagen, geistesabwesend betrachtete er die Menschen und seine Umgebung; sein Geist schien erloschen zu sein; er selbst verängstigt, gehetzt. Woran litt er? An Überanstrengung? Hatten die Hänseleien, die Prüfungen ihn schließlich doch zermürbt? War er von den Demütigungen erschüttert und zur Verzweiflung getrieben worden? Einige Meister, die berieten, ob und wie sie ihm helfen könnten, führten sein Leiden auf tiefere Ursachen zurück. Jizchak-Eisik von Komorn erklärte: „Es ist die Rache der Engel, er hat sie genötigt." Ein anderer meinte, es handle sich um eine Strafe: Levi-Jizchak habe in einem gewissen Augenblick zu Unrecht an seinen eigenen Kräften und an der Aufrichtigkeit seiner Anhänger gezweifelt. Ein dritter sagte, der Meister habe gewisse Grenzen überschritten; man könnte nicht ungestraft Geheimwissenschaft betreiben; die himmlischen Mächte herauszufordern sei gefährlich. Hat Levi-Jizchak sich Rechenschaft darüber gegeben, daß die Seele zur Feindin des Verstandes werden kann? Oder daß die Begeisterung oft nahe an den Abgrund führt? Daß abrupte Wandlungen

Wahnsinn auslösen können? Sollte er begriffen haben, daß seine Fürsprachen nicht das gewünschte Resultat zeitigten, daß Gott es vielleicht vorzog, sie nicht zu beachten, nicht darauf zu hören? Man weiß es nicht. Und was noch erstaunlicher erscheint: Man versucht es nicht einmal zu ergründen.

Gewiß, sein Fall steht nicht vereinzelt da. Wir haben es schon gesagt und werden es auch in der Folge sehen: Andere chassidische Meister erlitten ein ähnliches Schicksal: Baruch von Miedžybož, Nachman von Brazlaw, Elimelech von Lisensk, der Seher von Lublin und, wie einige behaupten, der Baal-Schem selbst; alle hatten in unterschiedlichem Maß mit der Melancholie zu kämpfen. Man kann es verstehen: Wenn man die Leiden der anderen mit ansieht, sieht man am Ende nur noch diese Leiden; wenn man die tausend Stimmen der Traurigkeit mit anhört, möchte man zuletzt taub und stumm sein. Aber Levi-Jizchak stellt einen Sonderfall dar: Sein Zusammenbruch wird stillschweigend übergangen – die Zensur ist fast absolut. Man könnte sagen, daß der Chassidismus ihn nicht als Gequälten, Gebrochenen, Besiegten zeigen wollte. Alle, nur ihn nicht. Er hatte kein Recht auf die Niederlage, nicht einmal auf eine vorübergehende. Alle durften Krisen durchmachen; er nicht. In der Legende muß er immer er selber sein, überschäumend vor Glauben, Kraft und Schaffensrausch.

Glücklicherweise dauerte seine Krise nicht lange, ein Jahr nur. Von einem Tag auf den anderen genesen, schloß er dieses Kapitel ab und wurde wieder er selbst. Und in den folgenden fünfzehn Jahren stürzte er sich wieder in den Kampf, um sein Volk vor Gefahren und Verleumdungen zu schützen; erst in jener Zeit erlangte der Kampf sein volles Ausmaß. Anders gesagt: Aus dem Zusammenbruch wurde ein Neubeginn. Nach dem Schweigen und der Einsamkeit, dem Schmerz der Enttäuschung gewann Levi-Jizchak eine verdoppelte Kraft, die ihre Wurzeln und ihren Höhepunkt in seinen Disputen mit Gott hatte. Das war höchstwahrscheinlich in der Zeit *zwischen* seiner Krise und seinem Tod. Seine Kühnheit, seine Offenheit entsprangen der Verzweiflung, desgleichen seine Revolte.

Zum ersten Mal verteidigte ein Rabbi den Menschen gegen seinen Richter, noch dazu von einer starken Position aus, an den hohen Feiertagen, in Anwesenheit der ganzen Gemeinde. Und damit jedermann den Inhalt seiner Worte verstehe, bediente der Rabbi sich nicht der heiligen Sprache, des Hebräischen, sondern des Jiddischen, manchmal sogar des Polnischen. Für den Kampf paßte ihm die heilige Sprache nicht. Nicht einmal für den Kampf mit dem Ewigen.

Andere vor ihm hatten ebenfalls Zwiesprache mit Gott gehalten. Aber keiner war so tollkühn gewesen, sich gegen Gott zu stellen. Niemand war so weit gegangen, Ihn zu verurteilen, Ihm zu drohen. „Sol Iwan blosen Schofar!" schrie Levi-Jizchak mitten in der Rosch-Haschana-Feier: Wenn Du den Feind vorziehst, der weniger leidet als wir, dann soll doch er Deinen Ruhm singen! Und der Rabbi hatte keinerlei Skrupel, Gott daran zu erinnern, daß auch Er sich von Seinem Volk die Leiden vergeben lassen müsse, die Er ihm auferlegt hatte. Daher die Pluralform *Jom Kippurim:* Die Bitte um Verzeihung beruht auf Gegenseitigkeit.

An einem Jom Kippur bemerkte Rabbi Levi-Jizchak einen Mann, der in der Synagoge schluchzte.

„Warum weinst du?" fragte er ihn.

„Ich kann nichts dafür, die Tränen rinnen von selbst. Ich war fromm und wohlhabend, mein Weib war gastfreundlich und treu. Plötzlich trat Er dazwischen und machte aus mir einen Trümmerhaufen. Ich verlor meine Frau, mein Heim. Jetzt bin ich elend und arm und habe sechs Kinder zu ernähren. Aber das ist noch nicht alles. Ich besaß ein Gebetbuch, das mir sehr viel bedeutete: Er hat es verbrennen lassen. Ich kann nicht mehr beten, nur noch weinen."

Der Rabbi ließ ihm ein völlig gleichartiges Buch bringen und fragte ihn:

„Wirst du beten?"

„Ja."

„Vergibst du Ihm jetzt?"

„Ja", sagte der Jude, ohne mit dem Weinen aufzuhören. „Heute ist Jom Kippur, ich muß verzeihen."

„Nun also, und Du hast jetzt das gleiche zu tun!" schrie Levi-Jizchak zu Gott. „Du mußt vergeben!"

Und er stimmte den ernsten, feierlichen Gesang des Kol Nidre an.

Ein anderes Mal schlug er Ihm einen Handel vor:

„Wir vertrauen Dir unsere Sünden an, und Du gewährst uns dafür Verzeihung. Im übrigen kommst Du gut dabei weg. Ohne unsere Sünden – was würdest Du denn anfangen mit Deiner Verzeihung?"

Zu Rosch-Haschana erzählte er folgende Geschichte: Eine Frau kommt zu spät in die Synagoge. Noch ganz außer Atem stellt sie fest, daß der Gottesdienst noch nicht begonnen hat. Da spricht sie zu Gott: „Ich möchte Dir danken, daß Du Deinen Kindern gesagt hast, noch ein bißchen zu warten. Was könnte ich Dir wünschen? Ich wünsche Dir, daß Du stolz auf sie sein mögest, wie ich es bin."

Einmal blieb er vom Morgen bis zum Abend stumm vor seinem Pult stehen, ohne die Lippen zu bewegen. Vorher nämlich hatte er Ihn gewarnt: „Wenn Du Dich weigerst, unsere Gebete zu erhören, spreche ich sie nicht mehr!"

Noch eine Geschichte: Es war Jom Kippur. Die Gläubigen, vom Fasten erschöpft, warteten, daß der Rabbi mit dem *Mussaf* beginne; er wartete gleichfalls. Eine Stunde verstrich, es verstrichen zwei; die Ungeduld wandelte sich in Angst. Diesmal übertrieb der Rabbi wirklich; es wurde sehr spät. Worauf wartete er noch? Endlich riß er sich aus seiner Meditation und sagte: „Es ist einer unter uns, der nicht lesen kann; das ist nicht seine Schuld. Da er zu sehr damit beschäftigt war, seine Familie zu ernähren, konnte er die Schule nicht besuchen, konnte nichts lernen. Aber er möchte singen. Auch spricht er in seinem Herzen: ‚Du bist Gott; ich bin nur ein Mensch. Du bist allmächtig, ich bin schwach und ungebildet. Alles, was ich kann, ist, die zweiundzwanzig Buchstaben der heiligen Sprache entziffern; ich geb' sie Dir, mach Du daraus Gebete; sie werden schöner sein als meine.'" Und der Rabbi erhob die Stimme: „Das, Brüder, ist der Grund, warum wir gewartet haben. Gott war dabei, die Gebete zu schreiben."

Während andere Mystiker mit Gott eine Beziehung auf

Du und Du unterhielten, erlaubte sich Levi-Jizchak, Ihm mit dem Abbruch dieser Beziehung zu drohen. Er liebte es, zu beweisen, daß man Jude sein könne mit Gott, in Gott und sogar gegen Gott; nicht aber ohne Gott.

Gott Fragen zu stellen, wie Abraham und Hiob es taten, genügte ihm nicht. Er verlangte Antworten, und wenn er sie nicht bekam, zog er daraus seine Konsequenzen. Gegen Gott zur Heiligkeit gelangen, darauf wollte er hinaus. „Wenn wir das Argument des Rabbi von Berditschew als richtig anerkennen", sagte Baruch von Miedżyboż, „dann gäbe es keinen Juden, dem gegenüber Gott sich nicht schuldig gemacht hätte."

Levi-Jizchak verfügte über gewichtige Argumente: „Seitdem Du den Bund mit Deinem Volk geschlossen hast, arbeitest Du hartnäckig darauf hin, ihn zu brechen, indem Du ihn auf die Probe stellst. Warum? Erinnere Dich: Auf dem Berg Sinai bist Du mit Deiner Thora hausieren gegangen wie ein Händler, der seine faulen Äpfel nicht loswerden kann. Allen Völkern hast Du Deine Gebote angepriesen; sie aber kehrten sich voll Verachtung ab. Nur Israel erklärte sich bereit, sie anzunehmen, Dich zu akzeptieren. Wo bleibt die Gegenleistung?"

Ein anderes Mal gab er folgenden erschreckenden Satz von sich: „Wisse, wenn Dein Reich nicht Gnade und Barmherzigkeit bringt, dann wissen wir, daß Dein Thron auf Betrug gegründet ist!"

Und er sagte: „Wenn ein Jude *Tefilin* (Gebetsriemen) auf dem Boden liegen sieht, dann stürzt er hin, um sie aufzuheben und zu küssen; steht es nicht geschrieben, daß wir *Tefilin* sind? Wirst du uns denn nie zu dir emporheben?"

Vor dem *Mussaf*-Gebet am Jom Kippur rief er aus: „Heute ist der Tag des Gerichts. David verkündet ihn in seinen Psalmen. Heute stehen alle Menschen vor Dir, auf daß Du über sie urteilst. Aber ich, Levi-Jizchak, der Sohn der Sarah aus Berditschew, ich sage und verkünde, daß Du es bist über den heute geurteilt wird! Deine Kinder werden es tun sie, die für Dich leiden, die Deinetwegen sterben, um Deinen Namen, Dein Gesetz und Deine Verheißung zu heiligen!" Oder: „Du trägst dem Menschen auf, die Waisen zu unterstützen. Auch wir sind Waisen. Warum weigerst Du Dich, uns zu helfen?"

Es ist mehr als wahrscheinlich, daß seine Depression ihre Ursache in den Verfolgungen hatte, denen sein Volk ausgesetzt war. Verwirrt, gepeinigt vom Geheimnis des kollektiven Schmerzes und des menschlichen Leids, ging er so weit, an einem Sederabend auszurufen: „Heute abend gedenken wir des Auszugs aus Ägypten. Vier Söhne befragen, dem Brauch gemäß, ihren Vater über den Sinn dieses Ereignisses. Nicht vier, nur drei, der vierte kennt nicht einmal die Frage. Dieser vierte, das bin ich. Fragen, Herr, habe ich so viele. Aber ich weiß nicht, wie ich sie stellen soll. Außerdem weiß ich, daß ich es nicht wagen werde. Und ich frage Dich auch nicht, warum wir überall und unter allen nur möglichen Vorwänden verfolgt und hingeschlachtet werden; aber ich möchte wenigstens wissen, ob Du es bist, für den wir leiden."

Trotz dieser öffentlichen Herausforderungen kam es niemandem in den Sinn, Rabbi Levi-Jizchak der Blasphemie zu beschuldigen. Aus zwei Gründen. Zunächst: Er verharrte nie lange im Zustand des Aufruhrs. Wenn er sein Herz ausgeschüttet hatte, kehrte er zu Gott zurück. Waren die Vorwürfe formuliert, die Drohungen ausgestoßen, nahm er – als freier, als befreiter Mann – die alte, majestätische Litanei des Kaddisch wieder auf. Die Fragen blieben offen, aber er konnte fortfahren. Er konnte von neuem beginnen und auf den Trümmern aufbauen. Und dann: Die jüdische Tradition, darauf wollen wir ausdrücklich hinweisen, erlaubt es dem Menschen, Gott alles zu sagen, sofern es gut für den Menschen ist. Durch die innere Befreiung des Menschen nämlich rechtfertigt sich Gott. Es kommt nur darauf an, in welchem Rahmen der Mensch mit Gott hadert. Innerhalb der Gemeinde kann er alles sagen. Löst er sich von ihr, verliert er dieses Recht. Die Revolte des Gläubigen ist nicht die des Renegaten; die beiden sprechen nicht im Namen desselben Leids.

So hat das Aufbegehren Levi-Jizchaks von Berditschew die Legende bereichert. Er steht nicht nur als Führer da, er ist uns näher als ein Meister: ein starker und mutiger, beinahe tollkühner Bruder, auf den wir uns verlassen können.

Und hier eine Geschichte, die mir ein Chassid im Reich der Nacht und der Finsternis erzählt hat:

Bevor er starb, schwor Rabbi Levi-Jizchak vor seinen Angehörigen, daß er, wenn er einmal dort oben sei, auf jede Ruhe verzichten und sich für die Beendigung des menschlichen Leids einsetzen werde. Um ihn daran zu hindern, Wort zu halten, machten die himmlischen Wesen einen Feuerengel aus ihm. Deshalb kommt der Messias noch immer nicht. „Und deshalb auch", fügte der Chassid hinzu, „sind wir hier, vergessen, verlassen, gleichsam ausgestoßen aus dem Gedächtnis Gottes und der Menschen. Diese Greuel wären nicht möglich, wenn Levi-Jizchak, unser Verteidiger, einschreiten könnte."

Die Fragen und Proteste, die Rabbi Levi-Jizchak von Berditschew einem brennenden Himmel entgegenschleuderte, haben ihn überlebt. Sie folgen uns, und dank ihnen haben wir noch die Kraft und den Mut, sie wiederzugeben, als wären es unsere eigenen.

Rabbi Elimelech und Rabbi Sussja

Als die beiden Brüder Rabbi Elimelech und Rabbi Sussja noch freiwillig ein anonymes Wanderleben führten, stiegen sie eines Nachts in einer Herberge ab, wo man gerade fröhlich und ausgelassen eine Hochzeit feierte.

Angeregt vom Wein und vom Trubel, beschlossen einige der Zechkumpane, die nach neuen Vergnügungen Ausschau hielten, sich an die beiden nichtgeladenen Gäste heranzumachen, die sich in einer dunklen Ecke hinter dem Herd verkrochen hatten. Ohne eigentlich zu wissen, warum, und ohne sich danach zu fragen, packten sie Rabbi Sussja, zwangen ihn, zu tanzen und herumzuhopsen, und verprügelten ihn, bevor sie ihn in seine Ecke zurückschickten. Eine Stunde später fingen sie neuerlich an, und nochmals und wieder, bis spät in die Nacht hinein.

„Warum wirst immer du, immer nur du gequält?" flüsterte Rabbi Elimelech.

„Das ist der Wille des Himmels", stöhnte Rabbi Sussja schwach.

„Ich habe eine Idee. Tauschen wir den Platz. Sie sind zu betrunken, um es zu bemerken. Du wirst sehen, das nächste Mal werden sie mich nehmen."

Er irrte. Denn genau in diesem Augenblick rief einer der Trunkenbolde:

„Aber das sind ja zwei! Und es kommt immer nur der eine dran! Kümmern wir uns doch ein bißchen um seinen Kumpel, ja?"

Rabbi Sussja sagte später zu seinem Bruder: „Siehst du? Alles steht geschrieben; wir können dagegen nicht an."

Rabbi Sussja und Rabbi Elimelech sind die beiden großen Gestalten des galizischen Chassidismus gegen Ende des achtzehnten Jahrhunderts.

Rabbi Elimelech strebte sein ganzes Leben danach, sich

im Leid zu vervollkommnen, das ihn jedoch – wie zum Spott – nicht heimsuchte; während Rabbi Sussja, ohne Unterlaß vom Schicksal verfolgt, sich für den Glücklichsten der Sterblichen hielt.

Rabbi Sussja war eine pittoreske, sehr farbige Gestalt, wurde wie ein Heiliger verehrt und war am Ende einsam wie jeder Heilige; sein Bruder hingegen gründete eine Schule. Ohne die beiden jedoch wäre der Chassidismus nie zu dem geworden, was er ist: Alle beide haben ihn entscheidend beeinflußt. Wenn jemand später ein vollkommener Rabbi werden wollte, mußte er sowohl Rabbi Sussja – die Fleisch gewordene Unschuld, die Demut in Person – sein als auch Rabbi Elimelech – die höchste Verkörperung von Autorität und Macht. Die Porträts der beiden Brüder leben vereint in der Erinnerung der Chassidim fort.

Eine Geschichte: Ein gewisser Elieser Lipman, ein reicher und mildtätiger Mann, begegnet einem Bettler, der auf das Dorf zusteuert. Er hält seine Kutsche an und fordert den Bettler auf, einzusteigen. Dieser lehnt ab: „Ich hab' heute noch nichts gemacht." – „Was verdienst du so am Tag?" – „Fünfundzwanzig Dukaten." – „Ich geb' sie dir, komm mit." Der Bettler weigert sich hartnäckig: „Wenn die Leute, die mir gewöhnlich die Tür öffnen, mich heute nicht sehen, werden sie sich um mich Sorgen machen." – „Das werden wir gleich haben. Ich werde selbst hingehen und es ihnen erklären." Da ließ der Engel seine Maske fallen und sagte: „Du verdienst eine Belohnung." Und fügte dann eilig hinzu: „Du hast nur noch ein Jahr zu leben. Ich sage es dir, damit du es ausnützt. Bring ein bißchen Ordnung in dein Leben." Elieser gab seine Tätigkeit als Kaufmann auf und widmete sich ausschließlich gottgefälligen Werken, und zwar so intensiv, daß ihm ein Aufschub von zwanzig Jahren gewährt wurde. Und er hatte fünf Kinder, von denen zwei berühmt wurden: Sussja und Elimelech.

Sussja wurde als erster vom Chassidismus angezogen und mußte sich sehr anstrengen, um seinen Bruder dazu zu bekehren. Von da an aber waren sie unzertrennlich.

Gemeinsam zogen sie nach Mesritsch, gemeinsam wurden sie vom Maggid empfangen, gemeinsam entschieden sie sich für eine dreijährige freiwillige Verbannung und Askese, und gemeinsam durchwanderten sie schließlich die polnischen Weiler und Dörfer, das Feuer der Lehre verbreitend.

Auf ihrer Wanderschaft, berichtet eine Legende, steckten sie die Grenzen des chassidischen Reiches ab; es umfaßte nur die Orte, die auf ihrem Weg lagen. In der Nähe von Krakau machten sie in einem abgelegenen Dorf halt, konnten dort aber nicht bleiben, nicht einmal für eine Stunde. Von einer geheimnisvollen Kraft getrieben, brachen sie in der Abenddämmerung wieder auf. Später, viel später, sollte dieser Ort in die jüdische Geschichte als ein Ort der Vernichtung eingehen: Er heißt Auschwitz.

Die beiden Brüder waren Schüler des Maggid; sie hätten also noch dessen Lehrer treffen können. 1717 geboren, war Elimelech dreiundvierzig Jahre alt, als der Bescht starb. Er hätte die Möglichkeit gehabt, das heimatliche Litauen zu verlassen und nach Miedžybož zu ziehen; Sussja desgleichen. Sie blieben zu Hause, und niemand weiß, warum. Ganz allgemein ist über die Jahre vor ihrer Bekehrung zum Chassidismus wenig bekannt. Sie hatten früh ihren Vater verloren und standen unter dem Einfluß ihrer Mutter, einer frommen, wenn auch ungebildeten Frau: „Die Gebete hatte sie auswendig gelernt; sie sprach sie mit solcher Inbrunst, daß die Schechina kam, um ihr zuzuhören", erzählte Sussja, der die Schechina überall sah. Er neigte zum Träumen, während sein Bruder sich für die Talmud-Exegese begeisterte. Trocken, schweigsam, legte Elimelech seine Bücher nur fort, wenn er zum Gottesdienst ging. Sussja dagegen durchstreifte den Wald, wo er sich seinem Schöpfer nahe fühlte, und ging über vor Bewunderung und Begeisterung.

Ein Gespräch zwischen den beiden Brüdern:

„Du hast eine recht seltsame Art, Gott zu dienen. Du vernachlässigst das Studium und unsere Gebräuche, du zeigst dich wenig in der Synagoge. Erkläre mir das, Sussja. Hilf mir, dich zu verstehen."

„Du und ich, wir lieben den König", sagte Sussja. „Ich bin ein niedriger Diener und sehe ihn nur von weitem, durch ein Loch in der Mauer. Du bist, dank deinem Wissen, der Prinz, den der König liebt. Um in seiner Nähe zu bleiben, mußt du auf deine Worte achten. Ich dagegen kann mich benehmen, wie ich will."

Sussja entdeckte – wahrscheinlich beeindruckt von einem chassidischen Liedersänger oder einem wandernden Geschichtenerzähler – den Weg des Bescht lange vor seinem Bruder, den er schließlich nach Mesritsch mitnahm.

Von allen Schülern des Maggid, sagte später Israel von Rižin, war Rabbi Sussja der einzige, der nicht die Reden des Lehrers wiederholte. Hier der Grund dafür: Sobald der Maggid den Mund öffnete, verfiel Sussja bereits in einen Begeisterungstaumel und stieß solche Schreie aus, daß man ihn hinausschicken mußte. Und wie hätte er wiederholen sollen, was er nicht gehört hatte?

Elimelech dagegen paßte sich der Atmosphäre von Mesritsch besser an. Er verstand es, zu schauen, zu hören, Wissen zu speichern. Als er später vor seinen eigenen Schülern das Bild des Zaddik entwarf, war es das Porträt des Maggid. Sussja ahmte niemanden nach.

Um „sich mit der Zeit und der Welt zu verbinden", liebte es Elimelech, eine Uhr zu tragen und auf die Zeit zu achten; Sussja war zu zerstreut, um den Ablauf der Stunden zu bemerken. Es war ihm ziemlich gleichgültig, ob es Tag oder Nacht war. Elimelech war genau, Sussja sorglos. So streng der eine war, so tolerant war der andere. „Groß, hager, mit Spitzbart, kurzer Weste und einem Gürtel aus Stroh", machte Elimelech einen furchterregenden Eindruck, selbst als er noch ein wandernder Büßer war. Anders Sussja. Wie Levi-Jizchak von Berditschew, war auch Sussja unfähig, bei seinen Mitmenschen Fehler zu entdecken, während sein Bruder verlangte, daß alle Menschen vollkommen seien. Der eine war sanft, der andere aggressiv. Elimelech predigte Strenge, Sussja Mitleid. Dennoch bilden sie in der Legende ein Paar. Man kann nicht an den einen erinnern, ohne den anderen zu erwähnen. Man fürchtet Elimelech, aber man liebt Sussja. Furcht und Liebe: die beiden Gefühle, die jeder Zaddik hervorrufen soll.

Nur – Sussja wies die Rolle des Zaddik zurück. Sussja: der

ewige Verlierer, das ewige Kind, das Opfer der Opfer. Mitglied der engsten Umgebung des Maggid, war er der einzige, der keine Krone trug, sich keiner wirklichen Autorität erfreute. Ehren taten ihm weh, mehr als Schläge; und Schläge bekam er so viele, daß er sie nicht mehr spürte.

Am Ende der Wanderjahre änderte Elimelech seine Lebensweise. Sussja nicht. Einem reichen Bauern, der beiden Obdach anbot, antwortete Sussja: „Ihr tut uns zuviel Ehre an, danke. Seht, es ist nicht das erste Mal, daß wir hier zu Besuch sind. Wir wohnten bei einem armen Pächter, der in uns Brüder im Unglück sah. Warum ladet Ihr uns heute ein? Weil wir nicht mehr zu Fuß wandern? Sind es Pferd und Kutsche, die Euch beeindrucken? Ladet das Pferd ein, wir gehen zu dem Pächter, wie einst."

Rabbi Schmelke von Nikolsburg und sein Bruder Rabbi Pinchas stellten dem Maggid folgende Frage: Es steht geschrieben im Talmud, daß der Mensch Gott für die guten wie für die schlechten Dinge danken soll; ist das nicht eine unmenschliche Pflicht? Wer hätte die Kraft, den Herrn für erduldetes Leid zu preisen?

„Geht doch und plaudert ein wenig mit Sussja", sagte der Maggid.

Sussja war bekannt in Mesritsch. Man wußte, daß er krank war, mit Unglück und Leid beladen; nichts war ihm erspart geblieben.

„Sussja, wie stellst du es an, dem Herrn zu danken? Machen dir deine Leiden nichts aus?"

„Meine Leiden?" fragte Sussja erstaunt. „Welche Leiden? Ich kenne keine. Ich bin glücklich, Sussja ist glücklich, in einer Welt zu leben, die von Gott geschaffen und zur Fröhlichkeit bestimmt ist; Sussja fehlt nichts, er braucht nichts; er hat alles, und sein Herz geht über vor Dankbarkeit."

Er hatte ihre Frage überhaupt nicht verstanden.

Bei einer anderen Gelegenheit hielt er es dennoch für nützlich, das Problem von Gut und Böse zu erklären, und er tat es auf seine Weise:

„Gewiß, das Leid existiert. Es kommt von Gott. Warum existiert es? Ich will es euch sagen: Der Mensch ist zu schwach, um die göttliche Barmherzigkeit, die absolut ist, zu ertragen oder zu empfangen. Deshalb, und nur deshalb bedeckt Gott sie mit einem Schleier, nämlich dem Schmerz."

In seiner Naivität konnte er sich das Böse nicht als einen Teil der Schöpfung vorstellen, da die Schöpfung Gottes Werk ist, und Gott ist Erbarmen. Gott lasse den Menschen leiden? Nur der leidet, der fern ist von Gott und von Gott gerufen wird. Es genügt, dies zu erkennen und zu weinen; und alles wird gut. Sussjas Frau macht ihrem Mann das Leben schwer? Er zeigt ihr sein tränenfeuchtes Kopfkissen; und sie hört auf, ihn zu quälen. Wenn sich die Frau rühren läßt, sollte Gott da unerbittlich bleiben? Nein, der Mensch hat nicht recht, wenn er sich beklagt.

Sussja kommt in eine Herberge und sieht Vögel in einem Käfig. Natürlich läßt er sie frei: Vögel sind da, um zu fliegen. Und natürlich ärgert sich der Wirt, der nicht derselben Meinung ist, und verprügelt ihn, und da steht Sussja wieder auf der Straße, sorglos und freudetrunken: Der Mensch ist dazu da, um glücklich zu sein, selbst wenn sein schmerzender Leib ihn seufzen macht.

Seiner Fähigkeit, glücklich zu sein, kommt nur seine Demut gleich. Es kam vor, daß er murmelte: „Herr, ich verdiene es nicht, meine Gebete an Dich richten zu dürfen, ich verdiene es nicht einmal, Dir meine Tränen darzubringen. Höre, ich werde pfeifen und sonst nichts tun."

In seinen eigenen Augen war er der schlimmste Sünder, die Ursache aller Heimsuchungen in der Welt. Man sagt, er habe täglich seine Handlungen und Gedanken in ein Notizbuch eingetragen; am Abend las er weinend das Geschriebene, bis die Tränen die Schrift verwischt hatten. Er wurde alt und sah darin ein Zeichen, daß er viel zu sühnen hatte. Rabbi Mendel von Kozk sagte von ihm: „Ebenso wie es Genies der Wissenschaft gibt, gibt es Genies der Demut; Rabbi Sussja ist eines."

Er hatte einen Bewunderer und Wohltäter in der Person eines Kaufmanns, der ihm ohne sein Wissen manchmal Silberstücke in die Tasche steckte. Und der Mann wurde dafür belohnt: sein Geschäft blühte. Da begann er zu rechnen. Wenn dieser arme Kerl all das bewirkt, gehe ich zu seinem Meister, der wird das noch besser können. Er ließ also sein

Almosen dem Maggid von Mesritsch zukommen. Am nächsten Tag ging sein Geschäft nicht. Da er sich nun nicht mehr auskannte, vertraute er sich Sussja an. Der erklärte ihm: Wenn du beim Schenken keinen Unterschied machst, tut Gott es auch nicht; wenn du aber spitzfindig wirst, wird Gott es auch.

Vor seinem Tod sagte Sussja: „Wenn ich vor dem himmlischen Gericht erscheine, wird man mich nicht fragen, warum ich nicht Abraham, Jakob oder Moses war; man wird mich fragen, warum ich nicht Sussja war."

Sein Bruder, der sich die gleiche Szene vorstellte, sah ihren Ausgang etwas optimistischer: „Man wird mich fragen, ob ich gerecht war; ich werde verneinen. Dann wird man wissen wollen, ob ich barmherzig war; auch da werde ich nein sagen. Habe ich mein Leben dem Studium gewidmet? Nein. Vielleicht dem Gebet? Auch nicht. Da wird der Höchste Richter lächelnd erklären: ‚Aber du sprichst die Wahrheit, und dank der Wahrheit wirst du teilhaben an der Welt, die da kommen soll.'"

Mit Rabbi Elimelech bricht eine neue Ära an: die Ära des Zaddiks. Oder, wenn man will, der Zaddikim – in der Mehrzahl. Die chassidische Bewegung, von den Ereignissen in Osteuropa erschüttert, hatte nichts von ihrer Kraft verloren, im Gegenteil. Nachdem sie den Verlust ihrer Gründer verwunden und einige Erbfolgekrisen überstanden hatte, breitete sie sich gleichmäßig weiter aus. Auf Wunsch des Maggid wurde sie dezentralisiert, und das war ein glücklicher Gedanke. Der Maggid hatte Änderungen vorhergesehen und entsprechende Maßnahmen ergriffen.

1772 hatten Katharina die Große, Maria Theresia und Friedrich der Große sich über die Teilung Polens geeinigt; das Land hat sich seither nicht mehr davon erholt. Diese Zerstückelung hatte alles umgestürzt. Getrennt durch neue Grenzen, können der Händler aus Lublin, der Wirt aus Selichow, der Schneider aus Brody und der Lehrer aus Schitomir nicht mehr die gleiche Bitte an denselben Rabbi stellen. Die Zeiten, da alle Aktivitäten an einem Ort abgewickelt wurden, in der alle Hoffnungen um einen Fürsprecher kreisten, sind vorüber. Glücklicherweise hatte der Maggid, der etwas früher im gleichen Jahr gestorben war, mehrere Schüler ausgebildet, die seine Nachfolge antreten konnten; und glücklicherweise sollte auch Rabbi Elimelech eine beträchtliche Anzahl von Schülern haben. Um sich zu festigen, mußte die Bewegung mehrere Ausstrahlungszentren besitzen. Deshalb ließ sich Rabbi Elimelech in Lisensk nieder. Und dort wiederholte sich, was zuvor in Mesritsch geschehen war. Lisensk wurde zur Schule der Zaddikim. Der Seher von Lublin, der Maggid von Koschnitz, Mendel von Riminow, der Apter Rabbi: alle kommen aus der Schule von Lisensk. Und sie alle will Rabbi Elimelech nach dem Vorbild seines Rabbis formen, nach jenem, von dem er die grundlegende Doktrin des Zaddikismus übernommen hat: nach dem Maggid, dem großen Maggid von Mesritsch.

Der Zaddik lebt, nach Rabbi Elimelech, in dieser vergänglichen Welt und zugleich auch in einer höheren, unwandelbaren; er gehört dem Himmel und den Menschen an. Düster oder heiter, gleichmütig oder besorgt, hochmütig oder mitleidsvoll – er hat das Recht auf Widersprüchlichkeit. Im Zustand der *Dwekut* – der Gemeinschaft mit Gott, in Gott – ist er der Erwählte, dem nichts verweigert wird, weder hienieden noch im Himmel. Gott zürnt? Er wird ihn zum Lächeln bringen. Gott will sich rächen? Er wird ihn zur Milde bewegen. Er weiß, wie man es macht. Stellt keine Fragen. Ein skeptischer Chassid ist kein Chassid. In dem Augenblick, da er über seinen Rabbi urteilt, ist es nicht mehr der Rabbi; der Rabbi übersteigt das Verständnis seiner Schüler. Wenn ihnen sein Benehmen seltsam erscheint, so deshalb, weil sie nicht die notwendigen Eigenschaften besitzen, um ihn zu verstehen. Ob er beschließt, zu heulen oder zu lachen, sich aufzuregen oder stumm vor sich hin zu brüten: Man darf nicht versuchen, ihn zu begreifen. Man muß ihn bewundern, sonst nichts. Jemanden zu haben, den man bewundern kann, darauf kommt es an. Die Beziehungen des Zaddik zu den höheren Sphären bleiben ebenso unbestimmbar wie sein Verhältnis zum Chassid. Sie beruhen auf Glauben, auf völliger Hingabe. Ob er die Armut der Armen oder die Armut der Reichen liebt, ob er Freude vortäuscht, obwohl er die ganze Nacht hindurch gejammert hat, ob er sich seiner Gaben rühmt oder seiner Demut, niemand hat das Recht, an ihm zu mäkeln. Was er macht, macht er gut. Was er tut, tut er für euch. Als ein höherstehender, beinahe vollkommener Mensch – denn sein Durst nach Vollkommenheit grenzt an die Vollkommenheit – nutzt er seine geheimnisvollen Kräfte, um in euch den Sinn für das Geheimnis zu wecken. Über seine eigene Person hinausgreifend, büßt er für die Sünden seiner ganzen Generation. Wenn er leidet, dann um dem Leiden Sinn zu verleihen; wenn er ißt, dann um den Akt der Ernährung des Körpers zu läutern. Er betet, er lebt für die anderen.

„Hätte man mich zwei Jahre lang in Ruhe gelassen", sagte Rabbi Elimelech, „dann hätte ich erreicht, daß der Messias kommt."

Auch er, wie der Bescht und der Maggid von Mesritsch, träumt von der Erlösung; das ist der Traum eines jeden Zaddik, seit jeher. Da der Zaddik das Heil des einzelnen im Zusammenhang mit der allgemeinen Erlösung sieht, ist er dazu berufen, eine entscheidende Rolle im Drama der Menschheit zu spielen, die gleiche, die der Messias im kosmischen Drama spielen wird. Diese beiden Rollen sind nicht völlig identisch, aber eng miteinander verbunden. Und das erklärt, warum der Zaddik die Verantwortung für das *Nichtkommen* des Messias übernehmen muß. Daher stammen auch die asketischen Tendenzen des Zaddik, wie sie sich bei Rabbi Elimelech manifestierten: Er tötete sein Fleisch mit tausenderlei Mitteln ab. Manchmal ließ er sich von seinem Diener auspeitschen. Und von Ameisen beißen. Oder er legte die Hand auf glühende Kohle.

„So viele Leute kommen, um mir ihr Leid zu klagen", sagte er. „Der eine ist krank, der andere unglücklich, der dritte kann seine Kinder nicht ernähren. Sie tun recht daran, zu kommen. Denn in Wahrheit bin ich verantwortlich für die Krankheit des einen, das Unglück des anderen und das Elend des dritten."

Die persönliche Verantwortung des Chassids ist deswegen aber nicht minder groß. Sie hat sich nur verschoben. Der Chassid ist verantwortlich dafür, was dem Zaddik geschieht. Für seinen Aufstieg wie für seinen Fall, für seine

Freuden wie für seine Prüfungen; für all das ist der Chassid verantwortlich. Zaddik und Chassid sind aufeinander angewiesen. Denn der Zaddik ist der Mann an der Macht; er ist, was der Chassid gerne sein würde, was er werden könnte.

Gewiß, jeder Mensch hat die Möglichkeit, vollkommen zu werden. Gewiß, der Zaddik verdankt seine Position nur sich selbst. Es handelt sich nicht um eine Gnade, um eine besondere Gunst. Wer lange genug und beharrlich genug an sich selbst arbeitet, zerreißt schließlich die Ketten. Die Herkunft ist dabei unwichtig, zumindest nach Rabbi Elimelech. Der einfachste Mensch ist so viel wert wie ein Nachkomme des Bescht. Gleich dem Bescht hinterließ übrigens auch Rabbi Elimelech sein Reich nicht seinen Söhnen, sondern seinen Schülern, die nur über die Ehrentitel verfügten, die sie sich selbst erworben hatten. Über die Titel und Würden, die jeder Chassid erreichen kann, wenn er nur will. Das alles ist richtig. Aber wenn er nicht will? Oder wenn die Zeit es nicht zuläßt? Oder wenn die Begeisterung nicht ausreicht? Dann steht ihm ein zweiter Weg offen: Er kann die Stufen der Vollendung und des Heils emporsteigen, indem er sich dem Zaddik anschließt, der dadurch selbst ein anderer wird. Wenn er kein Zaddik werden kann, wird er Chassid. Und der Zaddik wird vollkommen in dem Maße, wie der Chassid es ist; allerdings ist ein vollkommener Chassid mehr wert als ein Zaddik, der keiner mehr ist.

Nach alldem sieht man, daß die Beziehung Chassid–Zaddik im Reiche des Glaubens liegt. Und im Gegensatz zu dem, was man annehmen könnte, wird der Glaube an Gott durch diese Beziehung gestärkt.

(Die Leidenschaft für Gott am Hof von Lisensk ist sprichwörtlich. Das geht unter anderem aus einer Geschichte Mendels von Riminow hervor, der sich nicht bücken wollte, um auf offener Straße einen Golddukaten aufzuheben. „Wenn Gott will, daß ich ihn habe", sagte er sich, „dann werde ich ihn bekommen, ohne mich zu bücken.")

Weil der Chassid an Gott glaubt, glaubt er auch an den Zaddik, der ihn, ihrem stillschweigenden Vertrag entsprechend, näher zu Gott führen soll. Dieses Verhältnis wird durch den Bibelvers *Wajaaminu baadoschem uw-Mosche awdo* („und sie glaubten an Gott und an Seinen Diener Moses") illustriert: Weil sie an den einen glaubten, konnten sie auch dem anderen vertrauen und verdienten sich so das Wunder des Durchgangs durch das Rote Meer. Ein anderes Beispiel, ein anderes Wunder: Am Meeresufer angelangt, stimmte Moses einen Lobgesang auf den Gott Israels an. War er nicht ein Stotterer? Da er sich aber stark fühlte durch den Glauben des Volkes an ihn, entdeckte er, daß er singen konnte. Durch den Glauben an seinen Zaddik nimmt der Chassid teil an dessen Werk. Indem er ihn unterstützt, vergrößert er seine Macht. Der Zaddik kann Wunder tun, für den Chassid und dank ihm. Die talmudische Maxime *Hazaddik goser wehakadosch baruch hu mekajem* – der Gerechte befiehlt, und der Herr gehorcht – wird hier wörtlich genommen. Rabbi Elimelech vergleicht den Zaddik versehentlich oder unwissentlich mit dem Meister, dem der Herr, sein Diener, gehorcht; ein Vergleich, der ihm herbe Kritiken eintrug. Kann er anders als blasphemisch verstanden werden? Ja: Da Gott überall und in allem ist, sagt man in Lisensk, und da jede Handlung nach Seinem Willen geschieht, gilt dies auch für die „Befehle" des Zaddik; wenn er von Gott spricht, wenn er Ihm nein sagt, auch dann führt der Gerechte nur Gottes Willen aus. Damit steht er in der Tradition: Weil der Zaddik *wir* meint, wenn er *ich* sagt, weil er Interpret eines kollektiven Bewußtseins ist, kann er alles aussprechen, alles tun. „Ich erinnere mich ausgezeichnet an die Offenbarung auf dem Berge Sinai", sagte Rabbi Elimelech. „Ich sehe nicht nur mich selbst dort, sondern auch die Seelen zu meiner Rechten und zu meiner Linken." Das Wunder besteht nicht nur in dieser Erinnerung, sondern auch darin, daß er Seelen emporhob, indem er sie an seine Seele band.

Man versteht, warum in Lisensk, mehr noch als in Meseritsch, der Kampf gegen den Hochmut eine vorrangige Rolle spielte: Ein Funken Eitelkeit, armseliger Eitelkeit, und das Gebäude stürzte ein, welchem Zweck es auch diente.

Nichts ist schlimmer als Hochmut, sagte man in Lisensk. Der Hochmütige usurpiert den Platz und die Rolle des Schöpfers; er ist im vorhinein verloren. „Wehe dem", sagte

Rabbi Elimelech, „der den Weg des Hochmuts einschlägt, welcher der Weg der Selbstgefälligkeit ist. Man beginnt damit, sich selbst zu verzeihen, und verfault am Ende in der Lüge."

Rabbi Sussja fragte seinen Bruder: „Es steht geschrieben, daß die Seele Adams alle anderen Seelen enthielt, also auch die unseren. Wie erklärst du, daß du den ersten Menschen nicht gehindert hast, seine Sünde zu begehen?" Und Rabbi Elimelech antwortete: „Wenn Adam nicht gesündigt hätte, wäre er hochmütig geworden."

In der Mikwe, dem rituellen Bad, begegnete Rabbi Elimelech einem Juden, der aus Ungarn gekommen war, um den Schabbat bei ihm zu verbringen. „Du bist von so weit hergekommen, um diesen Angeber, diesen Nichtstuer, diesen Lügner zu sehen?" schrie Rabbi Elimelech, den der Fremde nicht erkannt hatte. – „Wie kannst du es wagen, einen Heiligen und Weisen Israels zu verleumden?" brauste der Ungar auf, schäumend vor Wut. An diesem Abend begegneten sie einander von neuem, diesmal aber im Bethaus des Zaddik, wo sich auch die Jünger versammelt hatten. Der Besucher, beschämt, begann zu schluchzen, um Verzeihung zu erlangen: „Ich hab' es nicht gewußt, sonst hätte ich das nicht zu sagen gewagt." Der Rabbi beruhigte ihn: „Trockne deine Tränen. Du hast mir deine Wahrheit gesagt, und ich dir die meine."

Zitieren wir eine ähnliche Anekdote, deren Held Rabbi Sussja ist: In einer Herberge wurde er von einem wohlhabend aussehenden Unbekannten für einen Habenichts gehalten und dementsprechend behandelt. Später erfuhr der Reiche, mit wem er es zu tun gehabt hatte, und eilte herbei, von Gewissensbissen geplagt: „Vergebt mir, Rabbi, sonst finde ich nie mehr Schlaf und Ruhe." Daraufhin lächelte Rabbi Sussja ihn an und schüttelte den Kopf: „Warum bittest du Sussja, dir zu verzeihen? Du hast ihm nichts getan! Nicht Sussja hast du beleidigt, sondern einen armen Bettler; geh hin und bitte überall die Bettler um Vergebung!"

Zwei Antworten, von denen die eine tiefere Demut verrät. Und zwar deshalb, weil Rabbi Elimelech komplizierter, zwiespältiger war als sein Bruder. Sussja war aus einem

Stück, immer derselbe, und wünschte sich kein anderes Schicksal als sein eigenes. Elimelech wollte Elimelech und Sussja in einem sein. Auch predigte er Freude, während er selber Askese übte. Der Zaddik in ihm führte ein Doppelleben: Nach außenhin setzte er den vom Bescht vorgezeichneten Weg fort, während er innerlich, in der Abgeschlossenheit, verborgene Pfade erkundete, die unsicheren Wege des Leids.

Seinen Schülern stellte er sich als Beispiel hin, ermutigte sie aber nie zur Kasteiung, zur Ablehnung des Lebens. Es ist Sache des Zaddiks, sich Gehorsam zu verschaffen und zu verbieten, daß man ihm über eine gewisse Grenze hinaus folge. Seine immanente soziale Mission ist nicht weniger heilig als die andere, die sein Geheimnis ist. Daher kann er in seiner Sorge, für jeden Verzweifelten dazusein, nirgends Trost oder Unterstützung finden, nicht einmal in der Beachtung der Vorschriften, nicht einmal in der Treue zur Vergangenheit.

Rabbi Elimelech hatte die in seiner Schule ausgebildeten Zaddikim gelehrt, am Leben ihrer Anhänger teilzunehmen, sich in deren Angelegenheiten zu mischen, ihre Heiraten zu vermitteln, ihre Streitigkeiten zu schlichten, Sammlungen zu organisieren, um ihre Schulden und Lösegelder zu bezahlen; er hatte sie die Kunst und die Notwendigkeit gelehrt, den Ratsuchenden beizustehen, die Selbstzufriedenen zu beunruhigen, die Gequälten zu trösten. Lisensk bedeutete Austausch, Teilung und totale Teilnahme. „Einsamkeit ist keine Lösung", sagte Rabbi Elimelech. „Man muß allein denken, nicht allein leben." Der Mensch ist dafür geschaffen, zu geben *und* zu empfangen, zu helfen und Hilfe anzunehmen. „In Lisensk", schrieb ein Schüler namens Sacharija-Mendel, „lieben die Chassidim einander mehr als der Mann seine Frau und der Vater seine Kinder. Sie leben in Harmonie, vertrauen und helfen einander mit allen Kräften. Was der Chassid besitzt, teilt er mit uns allen ..."

Rabbi Elimelech beschäftigte sich mit dem schlichten Chassid genauso wie mit dem wissenden Schüler. Dem Schüler gab er Theorien mit auf den Weg, dem Chassid praktische Ratschläge: ein Grundsatzprogramm aus siebzehn Punkten, die sich auf die täglichen Verrichtungen beschränken. Wie widersteht man am Morgen den Versuchungen, am Abend den Sünden? Wie überwindet man die Melancholie, den Katzenjammer? Die Ideen sind Sache des Zaddik. Der Chassid braucht einfache Antworten auf Fragen oder für Situationen, die nicht immer ganz einfach sind. Einem unglücklichen Vater, der fragt, warum Gott ihm eine Tochter gegeben habe, nicht aber die Mittel, sie zu verheiraten, antwortet Rabbi Elimelech: Komm, wir werden Ihm einen Prozeß machen.

Seine Teilnahme am Leben seiner Besucher war, wie es heißt, so groß, so tief, daß deren Gesichter davon gezeichnet waren – man sah es ihnen an. Niemand kam nach Lisensk, ohne etwas vom Blick des Rabbi mit nach Hause zu nehmen.

Rabbi Elimelech hatte kein friedliches Alter. Zuviel war ihm gelungen; sein Unterricht hatte schneller und reichere Früchte getragen, als er es gewünscht hatte.

Er, der wie sein Meister, der Maggid von Mesritsch, möglichst vielen Gemeinden Führer verschaffen wollte, fühlte sich ihnen plötzlich unterlegen, stark unterlegen. Im Gegensatz zum Maggid scheint er eifersüchtig gewesen zu sein. Er, der aus seinen Schülern Zaddikim machen wollte, empfand seinen eigenen Erfolg nun als unerträglich. Er, der seinen Lieblingsschüler Jaakob-Jizchak (den späteren Seher von Lublin) veranlaßt hatte, sich von seinem Einfluß zu lösen, ein eigenes Heim zu bauen, bereute dies jetzt. Die Legende hat einen erschütternden Aufschrei des alten Mannes bewahrt: „Ich möchte noch leben!"

Zu spät. Lublin übte bereits seine Anziehung aus. Und der Bruch zwischen Lisensk und Lublin war traurig, total.

Die Theoretiker des Chassidismus tun ihr Bestes, um diesen Bruch zu erklären, ja zu rechtfertigen, indem sie ihn mit dem *Bruch* zwischen dem Propheten Elias und seinem Nachfolger Elisa oder mit dem zwischen Moses und Josua vergleichen. Sie sagen: Um sich entfalten zu können, muß der Schüler sich vom Einfluß seines Lehrers freimachen.

Moses und Josua, Elias und Elisa konnten nicht zusammen herrschen, Rabbi Elimelech von Lisensk und der Seher von Lublin auch nicht.

Eine etwas zu simple Erklärung – und eine überflüssige. Das Judentum hat niemals behauptet, monolithisch zu sein. Seine Lehre ist eine Summe, eine Synthese; alle Strömungen sind darin vertreten, die der Meister ebenso wie die ihrer Schüler. Einmal gegeben, wurde die Thora Tausende Male auf tausenderlei Art aufgenommen; jeder Mensch trägt zu ihrer Bereicherung bei.

Die Gründe für den Groll Rabbi Elimelechs auf den Seher von Lublin sind nicht in den Theorien zu suchen, sondern im menschlichen Herzen. Denn Eifersucht – jede, auch die des Lehrers auf seinen Schüler, der ihn überleben wird – ist menschlich.

Und sie entzweit: Die chassidische Überlieferung spricht darüber verschämt, voll Verzweiflung. Rabbi Elimelech ist nicht mehr wiederzuerkennen: verbittert, mürrisch, krank; er verweigert die Nahrung, lehnt jeglichen Kontakt mit der Außenwelt ab. Er spricht kaum: und nach dem *Maariv*-Gebet überhaupt nicht mehr. Mißtrauisch wittert er überall Verrat. Er glaubt sich von Spionen, von Verrätern umringt; er zweifelt an seinen treuesten Jüngern, nennt sie Schmeichler.

An einem Samstagabend, nach dem Schabbatausgang, stürzt er zum Haus eines gewissen Reb David, um nachzusehen, ob er brav zu Hause sei; nein, er ist es nicht. Reb David, der den Schabbat beim Seher verbracht hatte, versuchte sich später zu rechtfertigen: „Ich wollte auf seine Schultern steigen, um an Euch, Rabbi, heranzureichen." Aber Rabbi Elimelech ist kein Dummkopf. Und die Legende fügt mit einem Anflug von Grausamkeit hinzu, daß Reb David im Jahr darauf gestorben sei.

Rabbi Elimelech scheint etwas gegen seine eigenen Kinder gehabt zu haben. Er vermachte ihnen nichts: „Sollen sie arm sein, sollen sie von Almosen leben; und wenn sie keine verdienen, dann sollen sie auch keine bekommen." Als er 1786 starb, verblaßte der Ruhm von Lisensk.

Trotz allem hatte er unbestreitbar Größe. Wenige Schulen lassen sich mit der seinen vergleichen. Man kann seine Ausstrahlung an der seiner Schüler ermessen, die ihn anbeteten. Der Seher selbst hat seinen Meister nie verleugnet, ebensowenig wie dessen Schüler, der *Jude von Pžyscha,* seinen Meister verleugnete, als er ihn verließ.

Aber das gehört zu einer anderen Geschichte.

Pfade

Rabbi Israel, der *Maggid von Koschnitz,* der große Wundertäter, erhielt sich nur durch ein Wunder am Leben. Mager und so schwach, daß er sich mehr als fünfzig Jahre lang zum Gottesdienst tragen lassen mußte, kam er nur zu Kräften, wenn er betete. Da aber war er wie verwandelt. Er sang und tanzte schwungvoll, mit Leidenschaft; sein Leib war verjüngt, wiederhergestellt. Den Rest der Zeit verbrachte er im Bett, eingemummt in dicke Decken, empfing Bewunderer und Schüler, legte Fürsprache für sie ein, wenn sie es brauchten, und er hatte oft Erfolg. Als Wundertäter hatte er nicht seinesgleichen.

Er heilte Leib und Seele. Kinderlosen Paaren „schenkte" er Kinder, „verteilte" die Reichtümer der Reichen unter den Armen, „versöhnte" die Toten und tröstete die Hinterbliebenen; Juden und Heiden sahen in ihm ihre letzte Chance, ihre letzte Hoffnung.

Man sagt, daß Fürsten und Generäle an seine Tür klopften, ihn um Rat baten, bevor sie einen Entschluß faßten oder in den Krieg zogen.

Jene, die an ihn glaubten – und es waren viele –, unternahmen nichts ohne seine Zustimmung. Manche kamen über Berge und Flüsse, nur um ihn kurz murmeln, ein Gebet sprechen zu hören. Und manche hielten ihn sogar für einen zweiten Israel Baal Schem-Tow.

Man erzählt: Als Rabbi Elimelech von Lisensk fühlte, daß seine Stunde gekommen war, gab er seinen letzten Willen bekannt. Er vermachte sein Gehirn Mendel von Riminow, seine Zunge Jeschua-Heschel von Apt, seine Augen Jaakob-Jizchak von Lublin und sein Herz Israel von Koschnitz.

Der Maggid von Koschnitz war das Herz seiner Generation. Er sagte:

„Was ist das, der Mensch? Ein Staubkorn, beladen mit Sünden, dem Nichts verfallen. Und doch ist er imstande, sich an Gott zu wenden, Ihn zu duzen – ist das kein Grund, dankbar zu sein?"

Und auch:

„Wer über sich selbst hinauswachsen möchte, kann das nur durch den anderen, mit dessen Hilfe und indem er selbst ihm hilft. Würden alle Kinder Israels einander die Hände reichen, dann könnten sie eine Kette bilden und den himmlischen Thron berühren."

Ein anderes Mal:

„Jeder Mensch muß aus Ägypten ausziehen, jeden Tag."

Eine Frau flehte ihn an, für sie zu beten; sie wünschte sich ein Kind.

„Meine Mutter war genauso unglücklich wie du, und das aus demselben Grund", sagte er zu ihr. „Bis zu dem Tag, an dem sie den Baal Schem-Tow traf. Sie schenkte ihm einen Mantel. Ein Jahr später wurde ich geboren."

„Danke", sagte die Besucherin strahlend. „Ich werde handeln wie Eure Mutter. Ich schenke Euch einen Mantel."

Der Maggid von Koschnitz lächelte:

„Nein, das würde nichts nützen. Siehst du, meine Mutter kannte diese Geschichte nicht."

Adam, der Ahnherr des Menschengeschlechts, erschien ihm im Traum:

„Du hast für dich gebetet – für deine Reinheit –, und dein Gebet wurde erhört. Jetzt bete für mich."

Er sagte:

„Die Größe der Thora besteht darin, daß sie sich jeden Tag ändert, und deshalb schöpft der Mensch aus ihr täglich neue Befriedigung."

In seiner Jugend blieb er bis spät in die Nacht hinein auf; er studierte. Sein Vater aber verdächtigte ihn, seine Zeit mit Spiel und Müßiggang zu vertun. Manchmal schlug er ihn sogar, um ihm die Faulheit auszutreiben; Israel ertrug die Schläge schweigend.

Später, als er schon berühmt war, fragte man ihn, warum er denn seinem Vater nicht seine Schuldlosigkeit bewiesen habe.

„Es ist nicht jedem gegeben, für die Thora leiden zu dürfen", antwortete er.

Gott gegenüber sah er sich als Bote:

„Sende mich irgendwohin oder gib mir irgendeinen Auftrag, ich bin bereit."

Er wiederholte diese Worte auch dann noch, als er bereits ans Krankenbett gefesselt war.

Sein Lieblingsgebet – und auch das meine:

„Herr der Welt, wisse, daß die Kinder Israels zuviel leiden; sie verdienen die Erlösung, sie brauchen sie. Wenn Du dies aber aus einem Grund, der mir unbekannt ist, nicht willst, noch nicht willst, dann erlöse doch die anderen Völker, die anderen Nationen, aber schnell!"

Man nannte sie die „heiligen Brüder": Rabbi Schmelke (Diminutiv von Samuel) war Rabbiner in Nikolsburg, der jüngere, Rabbi Pinchas, hatte das gleiche Amt in Frankfurt inne.

Anläßlich seiner Amtseinführung veranstaltete man für Rabbi Pinchas einen feierlichen Empfang, in dessen Verlauf mehrere Redner sein Lob sangen. Plötzlich sah man, wie sein Gesicht einen schmerzlichen Ausdruck annahm.

„Woran denkt Ihr?" fragte man ihn.

„Ich habe den seltsamen Eindruck, meinem eigenen Begräbnis beizuwohnen", sagte er.

Während einer Zeremonie zu seinen Ehren, die in Nikolsburg stattfand, bemerkte man Rabbi Schmelke, wie er ganz leise zu sich selbst sprach:

„Ich sage dem Mund, er soll wiederholen, was die Ohren hören; und da hat alles einen höhnischen Klang."

Die beiden Brüder erfreuten sich besonderen Ansehens,

sogar in antichassidischen Kreisen. Der Bannfluch gegen die Schüler des Maggid von Mesritsch traf sie kaum; sie waren zu bedeutende Talmudgelehrte, als daß man sie aus der Gemeinde hätte ausschließen können; ihre halachischen Werke haben Geschichte gemacht. Aber die Legende erinnert sich ihrer nicht als Lehrer, sondern als Meister des Chassidismus.

Man erzählt: Es war einmal ein Schammes, der die Gläubigen weckte und zum Gebet rief. Schmächtig, schwächlich kratzte er an Türen oder Fenstern, sonst tat er nichts. Die Leute sprangen erschreckt aus den Betten und begannen eilig zu beten.

„Diese Kraft“, sagte der Schammes, „habe ich von Rabbi Schmelke. Ich war früher in seinen Diensten, und er hat mich die Kunst gelehrt, die Menschen aufzurütteln, ohne Lärm zu machen.“

Wer mit aufgehaltener Hand zu Rabbi Schmelke kam, ging beschenkt wieder fort. Eines Tages, als der Rabbi selbst keinen Groschen mehr hatte, gab er einem Bettler einen Ring, den er auf dem Tisch gefunden hatte. Das Schmuckstück gehörte seiner Frau, die, als sie die Geschichte hörte, mit lauter Stimme zu jammern begann: „Es ist furchtbar! Hast du denn nicht gewußt, daß dieser Ring kostbar ist, ein Ring mit einem Diamanten?“

Daraufhin eilte Rabbi Schmelke aus dem Haus, um den Bettler einzuholen, und schrie:

„Wisse, Freund, der Ring ist kostbar! Laß dich vom Juwelier nicht hineinlegen! Verkauf ihn nicht zu billig!“

Er sagte:

„Der Reiche braucht den Armen mehr als der Arme den Reichen. Leider weiß das weder dieser noch jener.“

Er erzählte:

„Eingedenk des Talmudwortes, wonach es genügt, daß alle Menschen bereuen, damit der Messias komme, beschloß ich, in diesem Sinn auf sie einzuwirken. Ich war sicher, daß es mir gelingen würde. Aber wo beginnen? Die Welt ist so groß. Ich würde mit dem Land anfangen, das ich am besten kannte: mit meiner Heimat: Aber es ist riesengroß, mein Land. Gut, beginne ich also mit der Stadt, die mir am nächsten liegt: mit meiner Stadt. Aber sie ist groß, meine Stadt, ich kenne sie kaum. Schön, ich fange also in meiner Straße an. Nein: mit meinem Haus. Nein: mit meiner Familie. Also gut, ich werde mit mir selbst anfangen."

Begleitet von seinem treuen Schüler Rabbi Mosche-Leib von Sasow, kam er auch nach Wien und wurde von der Kaiserin Maria Theresia in Audienz empfangen.

„Warum siehst du mir nicht gerade in die Augen?" fragte ihn die hohe Frau.

„Ich kann meinen Blick nicht vom Boden lösen, Majestät. Der Mensch kommt aus der Erde und kehrt wieder zur Erde zurück."

Bevor er starb, bat er seine Angehörigen, nicht zu weinen: „Der Tod ist für mich kein Unbekannter. Und zwar deshalb nicht, weil meine Seele die Seele des Propheten Samuel ist. Wie er, gehöre ich dem Stamm Levi an. Wie er, werde ich – heute – im Alter von zweiundfünfzig Jahren sterben. Aber ihn nannte man Samuel, während ich Schmelke bleiben werde. Ist das ein Grund zum Weinen?"

Rabbi Jaakob-Jizchak war fast blind, aber in Lublin nannte man ihn den *Seher*. Zwischen zwei Depressionen predigte er Freude. An der Spitze eines geradezu königlichen Hofstaats stehend, bediente er arme Landstreicher mit eigener Hand. Von seinen Schülern – vierhundert an der Zahl, der Überlieferung nach – verlangte er lückenlose Disziplin; er, der es in seinen Lehrjahren gewagt hatte, sich einen Rebellen zu nennen.

Eine schillernde, verwirrende Persönlichkeit. Zeugenberichten zufolge verbreitete er Furcht. Seine seltsamen, ungleichen Augen – das rechte sehr groß, das linke zusammengekniffen – konnten angeblich „von einem Ende der Welt zum anderen" sehen und die düsteren Abgründe der

Seele durchforschen. Er brauchte seinen Blick nur auf seinen Gesprächspartner zu richten, um zu wissen, ob dieser ein Nachkomme Kains oder Abels war. Eine Gabe, die ihn bedrückte, wie er öffentlich versicherte. Er hatte sogar seinen Meister gebeten, sie ihm wieder wegzunehmen. Er wollte nicht sehen, was die Welt ihm zu zeigen hatte. Darum sah er so schlecht; er grollte seinen Augen.

Man erzählt, er habe in seiner Jugend freiwillig sieben Jahre mit geschlossenen Lidern verbracht. Und er sei im Wald spazierengegangen und habe sich in Ameisenhaufen gesetzt. Eines Tages, nachdem er einen sehr hohen Berg bestiegen hatte, wollte er sich in den Abgrund stürzen.

„Aber warum, Großvater?" fragte ich.

„Versuch nicht, es zu verstehen. Man liebt den Seher, oder man liebt ihn nicht. Man soll nicht versuchen, zu verstehen, warum."

„Wer hat ihn gerettet?"

„Ein Freund, der ihn am Gürtel festhielt."

Und mein Großvater fügte hinzu:

„Der Seher hat ihm das nie verziehen."

Er wurde von Melancholie verzehrt und wußte nicht, wie er sich dagegen wehren sollte. Er hatte alles versucht. Er hatte die Schwermut für „geächtet" erklärt; die schlimmste Sünde, sagte er, sei der Trübsinn. Aber der Trübsinn befiel ihn immer wieder, packte ihn, bedrängte ihn. Er schokkierte seine Bewunderer, als er sich mit einem Ungläubigen anfreundete, einem Lebemann, der in ganz Lublin bekannt war.

„Ich habe ihn gern", sagte der Zaddik. „Ich habe ihn gern, weil er fröhlich ist."

Sein erster Meister, Rabbi Schmelke von Nikolsburg, hatte recht gehabt. Er hatte ihn zu Rabbi Sussja geschickt und ihm ein kurzes Empfehlungsschreiben mitgegeben: „Versuche, ihn die Freude zu lehren."

„Nicht leicht", erklärte mir mein Großvater und zwinkerte mir zu. „Freude lernt man nur bei den Chassidim, nicht bei den Meistern."

Dennoch nahm die Bedeutung des Sehers, trotz seiner Depressionen, in den Augen der Umwelt unaufhörlich zu.

Von Schabbat zu Schabbat wurde sein Einfluß stärker. Man kam nach Lublin, um zu studieren, zu meditieren, Buße zu tun, die heiligen Schriften zu studieren, sich ein Innenleben zu schaffen. Man kam, um zu bleiben, und man kam, um wieder wegzugehen.

Er sagte:

„Wie seltsam, all diese Leute, die von so weither kommen. Sie sind traurig bei ihrer Ankunft, aber wenn sie abreisen, ist ihr Herz leichter; sie sind heiter und vertrauensvoll, während ich ..."

Eine lange Pause:

„... während ich schwermütig bin und es bleibe; mein Feuer ist schwarz, es leuchtet nicht."

Aber das sahen seine Schüler nicht oder wollten es nicht wahrhaben; vielleicht war es bequemer so. Zu sehen, daß sein Feuer brannte, genügte ihnen.

Seine Schüler, die von ihm auf den Weg der Vollkommenheit geführt wurden, verehrten ihn mit einer Bewunderung, die an Kult grenzte. Man fragte einen von ihnen: „Da ihr so zahlreich seid, so mächtig, einen Meister mit so einzigartigen Gaben besitzt, warum laßt ihr dann nicht den Messias kommen?"

Und der Schüler, sehr ernsthaft, antwortete, ohne mit der Wimper zu zucken: „Die Frage ist berechtigt, aber, sehen Sie, in Lublin lebten wir in einer solchen Ekstase, daß wir die Härte des Exils kaum verspürten."

„Die Suggestivkraft des Sehers war außergewöhnlich und ging über den individuellen Rahmen hinaus. Seine Kämpfe focht der Seher allein aus; seine Siege aber teilte er mit allen seinen Gefährten und Schülern.

Deshalb war er auch bei seinen Zeitgenossen so angesehen und hochgeschätzt. Der Maggid von Koschnitz und Rabbi Mendel von Riminow waren seine Verbündeten, Rabbi Bär von Radoschitz, Rabbi Naftali von Ropschitz seine ergebenen Kantoren. Als Rabbi Baruch von Miedžybož ihn an einem Schabbat empfing, fragte er ihn:

„Man sagt mir, daß Ihr hellseht; wo sind wir?"

Und der Zaddik von Lublin antwortete:

„Ich sehe uns im Heiligen Land, wir ziehen in Jerusalem

ein, und jetzt eben überschreiten wir die Schwelle des Tempels."

Und beide sahen dasselbe Bild.

In Augenblicken der Verzweiflung sagte er:

„Weh über die Generation, deren Führer ich bin."

Und:

„Wenn die Leute zu mir kommen, dann deshalb, weil ich nicht verstehe, warum."

Oder:

„Der Frevler, der weiß, daß er ein Frevler ist – der ist mir lieber als ein Gerechter, der weiß, daß er gerecht ist."

Da er von den Menschen verlangte, sich mit ihrem Schicksal abzufinden und nicht in fremden Gewässern zu fischen, sagte er:

„Viele Wege führen zur Vollkommenheit. Dem Menschen steht es frei, seinen eigenen Weg zu wählen; und wenn er all seine Kräfte daransetzt, wird dieser Weg zur Wahrheit, zur einzigen Wahrheit werden."

Sein bester Schüler, der *Jude von Pžyscha* – wir werden später noch mehr von ihm hören –, nahm ihn beim Wort und verließ ihn. Und begann, einen neuen Weg zu lehren, einen revolutionären. So schloß sich der Kreis; wie sein Meister, Rabbi Elimelech von Lisensk, fühlte der Seher sich verraten, verlassen, bestohlen.

Doch im Gegensatz zu Rabbi Elimelech setzte er den Kampf fort. Er versenkte sich nicht in seine persönliche Tragödie, überließ sich nicht dem Selbstmitleid, sondern ging mit doppelter Kraft ans Werk. Mehr noch: Er fügte seinem Werk eine neue, universelle Dimension hinzu. Er begnügte sich nicht mehr damit, seinen Schülern zu helfen, sondern beschloß, zum Wohltäter der gesamten Menschheit zu werden, ein Ende zu setzen allen Leiden, allen Konflikten, allem Verrat, mit einem Wort: dem Exil.

Mit seinen beiden Freunden und Verbündeten, dem Rabbi Mendel von Riminow und dem Maggid von Koschnitz – nun zu seinen Komplizen geworden –, arbeitete er die Pläne bis ins kleinste Detail aus. Die einzelnen Aufgaben und Rollen wurden verteilt, und alles wurde streng geheimgehalten. Leider schlug dieses mystische Komplott fehl – auch dieses! Die drei Verschwörer wurden bestraft; sie starben noch im gleichen Jahr (1814/15).

Sechs Monate vor seinem Tod stürzte der Seher, während er in der Abgeschlossenheit seines Zimmers meditierte, aus dem Fenster; ein seltsamer Sturz; man sprach davon wie von einem göttlichen Fluch.

„Das war das Werk Satans", sagte mein Großvater, „die Rache Satans."

Nach Ansicht meines Großvaters, der den Seher liebte, war dieser zu nahe ans Ziel herangekommen. Satan konnte nicht anders, als ihn aus dem Fenster stürzen.

Eine Hypothese, die weder den ersten Selbstmordversuch des späteren Sehers noch sein Leiden, noch den Zeitpunkt berücksichtigt: Der Sturz ereignete sich am Abend des Simchat-Thora-Festes.

„Das Leben des Sehers gehörte den Massen, die ihn anbeteten", erklärte mein Großvater. „Sein Tod gehört nur ihm allein. Man muß ihn respektieren, ehrerbietigen Abstand halten."

Gut. Die Legende möge also triumphieren. Wieder einmal Satan, der Schuldige vom Dienst. Damit läßt sich alles erklären, aber nichts lösen. Satan also war es, der dem Seher einen Stoß versetzt, seinen Sturz verursacht hat. Überhaupt scheinen Einzelgänger Satan besonders anzuziehen.

Das Rätsel bleibt. Für jene, die Genaueres darüber wissen wollen, werden wir bei einer anderen Pilgerfahrt darauf zurückkommen. Der Seher hat seinen Platz unter den großen Meistern; eine Skizze wie diese – wenngleich an dieser Stelle unerläßlich – wird ihm nicht gerecht. Wir haben nur den Schleier gezeigt, ihn aber kaum gelüftet.

Draußen, in Lublin, tanzte und sang man. Man feierte das Gesetz, man berauschte sich an Erinnerungen und an der Hoffnung. Besiegt lag der Seher am Boden, sein Leib schmerzverkrümmt. Das Fest war in vollem Gange.

Rabbi Israel von Rižin

Als Rabbi Israel Baal Schem-Tow fühlte, daß seine Stunde nahte, versprach er den Schülern, die sich an seinem Bett versammelt hatten, daß er, sobald er im Himmel sei, all seine Kräfte einsetzen werde, um den Messias zu den Menschen zu schicken. Am gleichen Tag noch bat er um ein Treffen mit ihm. Und seine Bitte wurde erfüllt; einem Baal Schem-Tow verweigert man nichts. Aber diese Begegnung erfüllte ihn mit solcher Freude, hob seine Seele in solche Höhen empor, daß er sein Versprechen vergaß.

Von diesem Mißgeschick erfuhr sein Schüler, der große Maggid von Mesritsch, und zog daraus eine nützliche Lehre.

„Ich werde mich vor der Ekstase hüten", schwor er, bevor er seine Seele aushauchte. „Ich werde nicht darum bitten, den Erlöser zu sehen. Ich werde zu allen gehen, allen zusetzen, außer ihm; und so wird er zur Erde hinabsteigen."

Um diesen Plan zu vereiteln, machte man ihn zum Engel, und er erinnerte sich nicht mehr, was er den Menschen dort unten versprochen hatte.

„Ich werde mich nicht hineinlegen lassen", erklärte Rabbi Levi-Jizchak von Berditschew. „Ich werde keiner Versuchung nachgeben, mich keinem Urteil beugen. Ich werde mich weigern, die Menschen zu verlassen und das Paradies zu betreten. Nie werde ich aufhören, dem Richter der Richter, dem Vater der Opfer in den Ohren zu liegen, ich werde ihm sagen, was seine Pflicht seinen Kindern gegenüber ist, die weniger starrsinnig sind als er! Ich werde ihm alles sagen, was ich auf dem Herzen habe, ich werde ihm erzählen ..."

Er machte solchen Lärm, rief einen solchen Tumult hervor, daß man Gewalt anwenden mußte, um ihn ins Paradies zu befördern.

„Habt keine Angst", sagt Rabbi Israel von Rižin (der diese Geschichte erzählt), „seid ruhig. Ich werde widerstehen können. Ich werde nicht vergessen."

Der Erzähler gesteht, daß er eine ganz besondere Schwäche für Rabbi Israel von Rižin hat. Für meinen Großvater, der ein Chassid aus Wischnitz war, lag Rižin nahe; für mich auch. Wischnitz ist nur eine Zweigstelle von Rižin, und Rižin, das ist ...

„Was ist Rižin, Großvater?"

„Rižin, das ist das Haus von Rižin; das Wunderbare ist dort alltäglich und stets sichtbar. Rižin, das ist ein Königreich der Freude, das ist Jerusalem fern von Jerusalem."

Seine Stimme klang sehnsüchtig:

„Ach ja, der Rižiner ..."

Lächelnd wiederholte mein Großvater diese Worte mehrmals; er lächelte immer, wenn er vom ersten Rabbi von Rižin sprach, allgemein *der Rižiner* genannt. Und mir schlug das Herz höher beim Zuhören.

„Selbst das ärmste Land hat seinen König; dieser König trägt das Antlitz des Rižiners. Es tut mir leid, daß ich ihn nicht gekannt habe. Ich bin zu spät auf die Welt gekommen ... Zehn Jahre nach seinem Tod ... Mir scheint, *unser* Rabbi ist ihm ähnlich ... Gewiß, derselbe Saft nährt den Stamm und den Zweig. Aber der Zweig ist nicht der Stamm."

Großvater unterbrach seine Rede, nachdenklich. Er lächelte jemandem zu, und ich versuchte vergeblich zu erraten, wem. Aber in meiner Erinnerung bleibt dieses Lächeln mit dem Rižiner verbunden.

Sein Bild heraufbeschwören heißt: seine Geschichte erzählen. Eine verwirrende, ergreifende Geschichte, schön und dicht, wenn auch von trügerischer Einfachheit. Sie kennzeichnet das Ende einer Epoche und den Anfang einer neuen. Nach dem Rižiner war die chassidische Bewegung nicht mehr das, was sie vorher gewesen war; nach ihm kündigte sich der unvermeidliche Verfallsprozeß an. Man entfernt sich von der Quelle, der Durst ist gestillt.

Das geschieht überall dort, wo der Mensch in einer Sehnsucht nach Läuterung sich zu erheben, sich zu befreien trachtet. Man geht einen Schritt weiter, man besingt die Freundschaft und ruft die Liebe an, man löst sich von allem Mittelmäßigen und Niedrigen, lehnt die Dummheit, die Bosheit, die Häßlichkeit, die Lüge und die billigen Lösungen ab; man will revolutionär sein, verläßt die ausgetretenen Pfade, man ist bereit, sich am Universum zu messen und an den Mächten, die es beherrschen. Scheitert man, ist es gut. Man hat nur den Einsatz verloren; am nächsten Tag fängt man von neuem an. Unglücklich ist nur der Gewinner. Nichts korrumpiert eine revolutionäre Bewegung so sehr und so nachhaltig wie der Erfolg. Denn nach der ersten Reihe, den Reinen, den Pionieren, kommt die zweite. Die dritte kämpft aus Gewohnheit weiter, die vierte aus Trägheit. Das Wesentliche weicht dem Oberflächlichen, der Zweck den Mitteln. Man ringt nicht mehr in höheren Sphären, der Schwung ist verlorengegangen. Man schlägt sich um einen Titel, um eine Stellung. Ideen werden durch Schlagworte, Ideale durch Formeln ersetzt. Das ist das Schicksal jedes Abenteurers, keine Überraschung ist ewig, keine Leidenschaft von Dauer. Im Morgengrauen verschwinden die Propheten der Nacht. Keiner Schule ist es je gelungen, die frische Kraft und die helle Vision ihrer Vorläufer, die strengen Ansprüche ihrer Gründer lebendig zu erhalten. Nichts ist so schwierig, wie einen Traum zu bewahren, der sich bereits in der Wirklichkeit niedergeschlagen hat. Nichts ist gefährlicher für den Sieg, den des Geistes miteingeschlossen, als der Sieg selber. Wenn Moses sein Volk vierzig Jahre lang durch die Wüste führte, so vielleicht deshalb, weil er die Authentizität des ersten Sieges über Pharao und über sich selbst bewahren wollte. Man siegt nicht ungestraft. Man zahlt für die gewonnenen Schlachten, und oft ist unsere Unschuld der Preis. Wie auch immer die Triumphe ausfallen, sie schaffen stets Situationen, die sie in Frage stellen.

In dieser Hinsicht, in dem engeren und ungleich harmloseren Rahmen des revolutionären, wenn auch gewaltlosen Chassidismus, kann die Geschichte des Rabbis von Rižin als Illustration und Warnung dienen.

Israel von Rižin, 1797 geboren, war das Lieblingskind des Chassidismus und dessen letztes unbestrittenes Oberhaupt. Vielleicht, weil er der Urenkel des großen Maggid von Mesritsch war? Er erfreute sich einer besonderen, privilegierten Stellung. Er war unantastbar, er hatte keine Feinde, nicht einmal Gegner. Man liebte ihn, man verlangte nicht mehr, als ihn zu lieben. Man verzieh ihm alles: seinen Hang zur Zurückgezogenheit, seine lückenhafte Bildung, seinen Hochmut und im allgemeinen den von ihm gewiesenen neuen Weg, so verschieden von jenem, den ein Jahrhundert zuvor der Baal-Schem in den Karpaten eingeschlagen hatte.

Schon als Kind wurde er verwöhnt – ein Prinz, der mit Ehren überhäuft wurde. „Ich war sieben Jahre alt, als ich Wien besuchte", sagte er. „Ich wurde dort mit solchem Pomp empfangen, daß mich seither nichts mehr beeindrukken konnte." Nur das Beste war gut genug für ihn. Er kleidete sich mit Eleganz, er wählte die teuersten Kleidungsstücke. Er war schön und reich, und er liebte die Schönheit ebenso wie den Reichtum. Was er sich wünschte, bekam er; man gab jeder seiner Launen nach. In späteren Jahren besaß er ein Palais mit Dienern, Stallungen und Verwaltern; in seiner Synagoge in Sadigor war Platz für dreitausend Gläubige. Seine Privatgemächer erregten den Neid der Edelleute. Er schwamm förmlich in Luxus; überall glänzte Gold, die Kandelaber waren aus Kristall; Geschirr und Gedecke für Pessach waren aus Porzellan und Silber. Der Rabbi reiste mit einem Gefolge, das manchmal aus hundert Personen bestand: Sekretäre, Köche, Kutscher, Musikanten und Freunde. Rižin war ein Tempel und der Rabbi ein König. Jeden Schabbat versuchte man dort, die Pracht des einstigen Jerusalem heraufzubeschwören. Die Gesänge erinnerten an die Lieder der Leviten, die Mahlzeiten an die Opferzeremonien am Altar. Und die Chassidim strömten zu Tausenden nach Rižin und später nach Sadigor, nur um dabeizusein, um das lebende Symbol des Reiches Israel, den Fürsten und seinen Glanz zu sehen, den Herrscher auf dem Thron, stolz und glücklich, wie er die Opfergaben entgegennahm und seinen Segen erteilte. Und, so merkwürdig dies auch klingen mag, niemand nahm Anstoß, niemand empörte sich; der Rižiner stand über aller Kritik, über jedem Urteil.

Unter den Pilgern, die nach Rižin zogen, findet man berühmte Meister: Hersch von Riminow, Jizchak-Meir von Ger, Jizchak von Worke, Chaim von Czanz und sogar einen Rabbiner wie Samson-Raphael Hirsch aus Frankfurt – ein Denker, der dem Chassidismus sehr fern stand. Keiner muckte auf. Alle kehrten beeindruckt, ja sogar bezaubert von der Persönlichkeit des Rižiners nach Hause zurück.

Gewiß, ihnen wurde klar, wie sehr seine Auffassung vom Chassidismus sich von der ihren, die sie von ihren Meistern übernommen hatten, unterschied. Früher, in den Zeiten des Baal-Schem und des Maggid, in Miedžybož und in Mesritsch, in Tschernobil und in Berditschew, versuchte man die Armut anders zu bekämpfen als durch Reichtum, die Traurigkeit anders zu vertreiben als durch Feste. Der frühe Chassidismus befaßte sich nicht mit Äußerlichkeiten; Komfort war Nebensache. Der Baal-Schem lebte im Elend, desgleichen seine Schüler. Sie predigten Freude trotz Armut, Hoffnung trotz Ungerechtigkeit, trotz Unglück. Sie predigten Nachsicht, Großmut gegen den Nächsten, Strenge gegen sich selbst. Man lebte für seinen Nächsten, man half ihm, zu erkennen, sich selbst zu erkennen, zu leben und zu überleben in der Realität brennender Bedürfnisse und Wünsche. Früher hatte Chassidismus Einfachheit, Klarheit, Begegnung bedeutet; Rückkehr zur Natur, zur unverhüllten Schönheit, zur Verinnerlichung, zur Identifikation. Ein Chassid sah einen Baum und wurde dieser Baum; er hörte ein Hirtenlied und wurde dieses Lied und dieser Hirte; das war seine Art, sich Ihm zu nähern, Ihm, der bewirkt, daß die Wesen sind. Der Chassid von einst brauchte keine Schlösser und Domestiken, um sich in Gottes Schöpfung zu Hause zu fühlen. Es ist kein Zufall, daß die Helden des Baal-Schem die Bettler waren. Der Bescht wollte zeigen, daß es wichtiger ist, sich selbst zu besitzen, als Güter zu besitzen, wichtiger, sich zu beherrschen, als zu herrschen.

In Rižin aber gab die Aristokratie den Ton an. In Rižin mußte Größe sichtbar sein, um anerkannt zu werden. Dort verehrte man die Maske, nicht das Antlitz; das Spiegelbild, nicht das Geheimnis hinter dem Spiegel.

In diesem Zusammenhang drängt sich eine Frage auf: Was wollte der Rižiner erreichen? Was hoffte er zu vollbringen, zu gewinnen oder zu beweisen? War es eine Herausforderung, ein Spiel? Was spielte er, und vor allem, warum ließ man ihn spielen?

Es ist eine Tatsache: Man hätte ihn kritisieren, ihn tadeln können wegen seiner Lebensweise, wegen der ökonomischen und sozialen Kluft, die er zwischen sich und seinen Anhängern aufriß; seine Extravaganzen hätten eine ideologische Opposition hervorrufen können, imstande, ihn der Ketzerei, der Zerstörung der chassidischen Tradition, in der alles Geistigkeit ist, zu beschuldigen. Aber niemand klagte ihn an, niemand zog ihn zur Rechenschaft. Als Gründer eines neuen Zweiges der Bewegung war er frei in seinen Taten und Worten; er war im vorhinein freigesprochen.

Man erzählt: Rabbi Abraham-Jeschua Heschel von Apt, der berühmteste und einflußreichste Zaddik jener Zeit, rief ein eintägiges Fasten aus, zum Zeichen der Solidarität mit einer Gemeinde, die sich in Not befand. Am gleichen Tag lud der Rabbi von Rižin seine Kantoren und Musiker ein, für ihn zu singen und zu spielen. Der Zaddik von Apt ärgerte sich nicht im geringsten. Er bemerkte: „Er hat seine eigenen Methoden, niemand kann sie verstehen."

Für ihn wie für alle Welt war der Rižiner ein Sonderfall.

Aber wiederholen wir die Frage: Wieso diese Bevorzugung? Diese Immunität? Nur, weil er illustre Ahnen hatte? Oder weil er sehr rasch eine reale Macht innerhalb der Bewegung verkörperte, eine Macht, mit der andere *Häuser* rechnen mußten? War da nicht noch etwas anderes? Wenn ja, was?

Seine Popularität jedenfalls nahm fortwährend zu. Seine fanatischen Anhänger sorgten dafür. Die Legende des Rižiners übte magische Anziehungskraft auf die Massen aus; sie sprach die Phantasie jener an, die auf der Suche nach Höherem waren. Rabbi Israels Biographie, vom Volk ausgeschmückt, wurde zur Lebensbeschreibung eines Heiligen, eines Propheten, eines Fürsten in Israel. Seine Seele, sagte man, war eine der vier, die Moses auf die Erde herabgeholt hatte, als er mit der Thora zurückkam; die anderen drei waren Schimon bar Jochai, Jizchak Luria und Israel Baal Schem-Tow.

Der Rižiner behauptete, dreimal den Himmel verlassen zu haben, um unter den Sterblichen zu leben. Das erste Mal als junger Prinz in Judäa, das zweite Mal als junger Priester im Tempel. Und das dritte Mal jetzt.

Er war noch ein Kind – fünf Jahre oder zehn, die Meinungen gehen auseinander –, als er in Anwesenheit seines mächtigen Protektors, des Zaddiks von Apt, seinen rituellen Gürtel fallen ließ. Der alte Zaddik bückte sich, hob ihn auf und gürtete den Jungen, während er den Umstehenden erklärte: „So erfüllt man das Gebot der *Glila,* des Gürtens der heiligen Thorarollen." Und bei einer anderen Gelegenheit: „Der Rižiner hat nichts von dem vergessen, was der Engel ihn vor der Geburt gelehrt hat."

Das erklärt vielleicht, warum er als junger Schüler nicht lernen wollte. Sein Lehrer, berichtet die Chronik, beklagte sich oft, daß sein berühmter Schüler widerspenstig, um nicht zu sagen rebellisch war. Mangel an Interesse, an Ehrgeiz? Unwahrscheinlich. Sein Ehrgeiz war eher zu groß: Er wollte stets alles besser, schneller, mit Hilfe von Abkürzungen machen; zeigen, daß er „die Thora direkt von Gott" erhalten hätte. Später war er so selbstsicher, daß er glaubte, das Lernen nicht mehr nötig zu haben. Er brauchte die Worte nur auszusprechen, und sie waren voll Bedeutung und Wahrheit. Er führte Rabbi Mosche von Savran, der ihn besuchte, in seinen Stall und zeigte ihm stolz seine herrlichen Hengste; und der fromme, heilige Mann erklärte seinen Freunden dann folgendes: „Die Sätze des Rižiners verbargen einen allegorischen Sinn. Als er von den Pferden sprach, meinte er die himmlischen Wagen, Symbole der mystischen Beziehungen zwischen dem Herrn und der Schöpfung."

Die – ziemlich seltenen – öffentlichen Ansprachen des Rižiners zeichneten sich weder durch Vielseitigkeit noch durch Länge aus. Einige Kommentare zur Thora, ein paar geniale Einfälle; man erinnert sich vor allem dieser Worte:

„Wie soll man den Weisen vom Narren unterscheiden, wenn beide schweigen? – Dem Weisen ist es nicht unangenehm, zu schweigen." Oder: „Seht euch um. Jedes Kunstwerk wird eifersüchtig bewacht, während der Mensch – das Kunstwerk Gottes – im Staub liegt." Aber selbst seine Bewunderer erkannten, daß seine Stärke in seiner Person, in seiner Persönlichkeit lag; er wirkte durch seine Anwesenheit und nicht durch seine Reden.

Ein gewisser Jaakob-Jossef von Korez teilte ihm seine Absicht mit, sich als Lehrer in einem abgelegenen Weiler niederzulassen. „Was?" rief der Rabbi aus. „Noch ein Dorfschullehrer? Ich will das nicht, ich brauche das nicht. Ich möchte, daß du reich wirst." Und so stark war der Glaube des Chassid an seinen Rabbi, daß er sich dem Geschäftsleben zuwandte und in wenigen Jahren ein riesiges Vermögen erwarb.

Bestand darin die Macht des Rižiners? Daß er seine Getreuen bis an die Grenzen ihrer Kräfte drängte, und noch darüber hinaus? Hatte er es notwendig, sich wie ein König zu gebärden, um dieses Ziel zu erreichen? Der Baal-Schem in seiner Holzhütte bewirkte bei seinen Schülern Wandlungen, Veränderungen, die – in anderer Weise – tiefer waren. Im Prinzip hätte die Anhäufung von Reichtümern beim Rižiner die Gefühle einer ganzen Gesellschaftsklasse verletzen müssen. Das war nicht der Fall, im Gegenteil. Je mehr sein Reichtum zunahm, desto mehr Arme und Benachteiligte kamen an seinen Hof. Was zog sie an? Die Neugier? Die Möglichkeit der Verklärung? Das Bedürfnis nach Flucht vor der Wirklichkeit? Daß sie ihn liebten, ihn anbeteten, beweist, daß sie es nötig hatten, jemanden wie ihn zu lieben und anzubeten. Vielleicht empfanden sie das Verlangen, einen Juden wie einen Fürsten leben zu sehen – Widerschein vergangener Herrlichkeiten, Fortsetzung einer strahlenden Epoche. Der Rižiner verkörperte in ihren Augen das, was sie einst in ihren Träumen gewesen waren. Es gab so viel Elend um sie herum, hinter jeder Tür, es war so große Angst in ihren Herzen, daß es ihnen wohltat, einen Juden zu sehen, dem alles nach Wunsch ging, der wie ein König lebte. Es war ihre Illusion, ihr Fest.

Anderseits mußte man doch irgendeine Rechtfertigung für sein exzentrisches Benehmen finden. Also sagte man: „Armer Rabbi. Unter seinen kostspieligen Gewändern ist er mit Stroh bekleidet. Wir feiern ihn, aber sein Herz ist voll Trauer." Und man schüttelte den Kopf: „Armer, armer Rabbi. Seine Lackschuhe haben keine Sohlen; er geht durch den Schnee, er blutet, er leidet selbst dann, wenn er glücklich scheint." Der Beweis? Er aß nicht in der Öffentlichkeit, schlief jede Nacht nur drei Stunden, sprach wenig; er suchte die Einsamkeit, floh den Lärm. Er meditierte ständig, seine Gedanken bewegten sich in anderen Welten. Aber seine Häuser? Seine Schätze? Er *mußte* sie annehmen. Um den Versucher zu täuschen. Wo lauert der Versucher auf den Gerechten? In der Synagoge, im Bethaus, im Armenasyl; überall, nur nicht in einem Fürstenpalast oder unter den kostbaren Kleidern eines Mannes, in dem der Geist eines rührigen Geschäftsmannes, nicht die Seele eines Zaddik zu wohnen scheint. Satan schleicht um die Niedrigen herum, sucht sie zu verderben; die Eitlen, die schon verdorben sind, interessieren ihn nicht. Deshalb, so sagte man in Rižin, war der Rabbi verpflichtet, sich mit Gold zu behängen und sich hochmütig zu benehmen.

Den Hochmut hatte er wahrscheinlich von seinem Vater, Rabbi Schalom-Schachne, dem Enkel des Maggid von Mesritsch, geerbt.

Wenn Gott nach Ansicht Mendels von Kozk „sich dort befindet, wo man ihn einläßt", dann war er für Rabbi Schalom-Schachne dort, „wo ich bin". Und dem Baruch von Miedžybož, der ihm vorschlug, ihre Kräfte zu vereinen, um gemeinsam über die Welt zu herrschen, soll er geantwortet haben: „Ich komme ganz gut allein zurecht."

Der Rižiner hatte also Vorbilder. Autoritär, hoheitsvoll vertrug er keinen Widerspruch. Ihn zu verstimmen war gefährlich. „Ich sage und verkünde", rief er aus, „wer Übles über mich redet, wird ein Gezeichneter sein, in dieser Welt und in der anderen!" Wenn man ihn beleidigte, geriet man in Gefahr, Sicherheit, Verstand, Leben zu verlieren.

Er verlangte von einem Kaufmann, er möge die Summe, die er für wohltätige Zwecke spendete, erhöhen.

„Rabbi", erwiderte der Spender, „ich mische mich nicht in Eure Angelegenheiten, mischt Ihr Euch nicht in die meinen."

„Wir werden schon sehen", sagte der Rižiner.

Der Mann machte Bankrott.

Eine andere Version derselben Geschichte: „Wenn du deine Handlungsweise nicht änderst, wirst du nicht reich bleiben ..."

„Und Ihr werdet nicht Rabbi bleiben."

„Wir werden schon sehen", sagte der Rižiner.

Und der arme Reiche erfuhr, was es heißt, frech zu sein – und was es heißt, arm zu sein.

Den Menschen, die sich drängten, um ihm nahezukommen, sagte er:

„Warum strengt ihr euch so an, ganz in meiner Nähe zu sein? Genügt es euch nicht, daß ihr mit mir in einem Raum seid, unter demselben Dach?"

Die Jünger des *Seraphin Uri von Strelisk,* die nach dem Tod ihres Meisters nach Rižin eilten, herrschte er an:

„Wenn ihr hier bleiben wollt, bleibt, aber unter einer Bedingung: Lernt leise zu beten, mit Ehrfurcht."

Zu einem Kind, das in Tränen ausbrach, weil der Rabbi nicht so aussah, wie es gedacht hatte – wie ein Engel mit sechs Flügeln nach der Beschreibung des Talmud –, sagte er sanftmütig:

„O doch, ich habe die Flügel; ich habe sechs Söhne."

Und dennoch, trotz seines Ruhms und seines Prunks, war sein Leben von Tragik überschattet. Der Sohn, der auf die schiefe Bahn geriet. Die zweiundzwanzig Monate, die er im Gefängnis verbrachte. Die Flucht vor der Welt, die Widerwärtigkeiten, die Jahre der Unsicherheit, die Last der Verantwortung. Wie sein Vater und sein Großvater, hatte er kein glückliches Alter. Das heißt, er hatte überhaupt kein Alter, Von seinem Großvater sagte er: „Er kam, tat seine Arbeit und kehrte wieder zurück. Wozu sich hier unten lange aufhalten?" Auch er lebte rasch und so intensiv wie möglich; er blieb nicht lange „hier unten".

Als er sieben Jahre alt war, feierte man seine Verlobung; mit dreizehn heiratete er und mit sechzehn bestieg er den rabbinischen Thron. Als er vierzig war, wurde er in der Festung von Kiew eingekerkert. Die summarische Anklage reichte von Verrat bis Beihilfe zum Mord. Er hätte an einer Verschwörung teilgenommen, deren Ziel es gewesen sei, ihn zum König der Juden zu machen und die beiden Spitzel zu ermorden, die ihn angezeigt hatten; achtzig jüdische Würdenträger wurden zugleich mit ihm festgenommen.

Die Verhaftung des Rižiners erregte großes Aufsehen. Seine Gläubigen setzten Himmel und Hölle in Bewegung. Man klopfte an alle Türen, man scheute keine Kosten. Man versuchte, Gouverneure, Minister und den Klerus zur Intervention zu bewegen. Einem der Anhänger gelang es, sich beim Zaren persönlich Gehör zu verschaffen. Der Zar soll Zweifel bekommen und den Befehl gegeben haben, ihm den Angeklagten vorzuführen. Es wird erzählt, daß der Zar sich anschickte, dem Rižiner die Freiheit zu geben, als ihre Blicke sich trafen; der Zar fand, der Rabbi habe „die Augen eines Revolutionärs“, und schickte den „Verschwörer“ in seine Einzelzelle zurück. Die Chronik erwähnt, er habe dort oft geweint, „aber niemals vor einem Fremden“.

Er wurde gegen Kaution freigelassen, floh nach Österreich, wechselte Namen und Nationalität. War er nun Österreicher? Nein – Türke! Aber in seine Papiere ließ er, zum Erstaunen der Beamten, eintragen, er sei Bürger von ... Jerusalem.

Seine Unannehmlichkeiten dauerten an. Er blieb ein gehetzter Mann. Die russische Regierung unternahm alle Anstrengungen, um seine Auslieferung zu erreichen. Sein Fall wurde zu einer komplizierten internationalen Angelegenheit. Metternich interessierte sich, der britische Botschafter verfolgte aufmerksam jede neue Entwicklung; St. Petersburg reklamierte, forderte, drohte. Österreich blieb fest. Die Anwesenheit des Rabbis auf österreichischem Territorium erwies sich in der Folge als segensreich für den Handel. Der Rižiner hatte sich auf einem Gut in der Nähe von Sadigor niedergelassen, und dank ihm prosperierte das ganze Gebiet. Die Wirtschaft florierte. Sogar die Ungläubigen hatten also guten Grund, zu beten, daß der Rabbi in Freiheit bleiben möge.

Unter den Juden erreichte die Popularität des Rižiners neue Höhen. Durch die Aureole des Martyriums wurde seine Position noch mehr gestärkt, sie war nun unangreifbar. Der puritanischste der Chassidim konnte ihm seine königlichen Privilegien nicht vorwerfen – er hatte dafür bezahlt. Selbst ein Fanatiker der Askese und der Wahrheit und Feind jeder kompromittierenden Handlung wie der Rabbi von Kozk erkannte ihn an. Nur der Auserwählte Gottes kann Zielscheibe und Opfer des Zaren werden. Gott wirkt durch den, der unschuldig leidet. Wenn die Bestrafung das Kennzeichen einer höheren Macht trägt, dann gilt dies auch für die Belohnung. Wer wegen nichts und wieder nichts fast zwei Jahre im Gefängnis verbrachte, hat neue Rechte, sobald er frei ist; auch das Recht, zu sagen, daß das vornehme Leben eine neue, noch unbekannte Dimension der erlittenen Prüfung darstellt. Verweigert man ihm dieses Privileg, dann lehnt man es ab, sich auf die Seite des Leidenden, auf die Seite des Leidens zu stellen.

Immer mehr Menschen strömten nach Sadigor. Um den, der von so weit herkam, der solche Erinnerungen mit sich trug, zu sehen, zu berühren. Fügt zu alldem noch die fesselnde Persönlichkeit dieses Mannes hinzu. Wer ihn einmal gesehen hatte, konnte ihn nicht vergessen. Er flößte Ehrfurcht ein, ein Gefühl, das man für einen König empfindet, der aus den Tiefen emporgestiegen ist. Alles an ihm war majestätisch. Selbst seine melancholischen Mienen, seine aufmunternden Gesten, seine Verschämtheit. Seine leidvolle Vergangenheit wurde zu einem vermittelnden Band. Einem Menschen, der große Schmerzen erduldet hat, öffnet man sich leichter. Und dann besaß er die Gabe, Worte zu finden, die Vertrauen erweckten und ermutigten. Er verstand es, mit Menschen umzugehen. Häufig empfing er nichtjüdische Persönlichkeiten, die gekommen waren, ihn um Rat zu fragen. Unter anderen besuchte ihn der Marschall Wittgenstein (1828), der mit ihm gerne über die Ereignisse sprach, die Europa von Grund auf erschüttert hatten.

Schriftsteller und Geschäftsleute, Landwirte und Handwerker, hungernde Familienväter und kranke Frauen, für sie alle war Sadigor ein gastlicher Ort – und wenn auch nur für einen Schabbat, für eine Begegnung.

Galt der Rižiner als Wunderrabbi? Nicht wirklich, eher als ein Weiser. Berühmt für seine Intelligenz und nicht für seine Kräfte, war er zu modern, zu liberal, um sich in Zauberkunststücken zu gefallen. Als er erfuhr, daß ein paar Strolche Juden seiner Stadt mißhandelt hatten, begnügte er sich nicht damit, für seine Glaubensbrüder zu beten, sondern befahl den Jungen, sich in Selbstverteidigungsgruppen zusammenzuschließen. Von seinen Anhängern wollte er, daß sie gesund und normal seien und keine Komplexe hätten. Um ein gutes Beispiel zu geben, turnte und ritt er und spaltete jeden Morgen Holz.

Und schließlich besaß er eine Eigenschaft, die ihn in den Augen seiner Bewunderer noch menschlicher machte: Humor.

Ein Mann sagte zu ihm:

„Rabbi, ich möchte Buße tun, aber ich weiß nicht wie."

„Aber sündigen konntest du?"

„Das war leicht. Zuerst habe ich gesündigt und dann habe ich gewußt, wie man's tut."

„Großartig. Mach es jetzt genauso. Büße zuerst, dann wirst du wissen, wie's geht."

Rabbi Meir von Przemyslany sandte ihm ein kurzes Schreiben: „Der Brauch will es, daß man an zwei Tagen des Wochenfestes *Kreplach* ißt. Aber wie viele soll man essen? Kein Buch sagt das. Eines wäre zuwenig, drei zuviel, zwei aber ist eine gerade Zahl, und wir wissen, daß gerade Zahlen Unheil bringen. Was sollen wir tun?" Dem Rižiner saß der Schalk im Nacken. Er empfahl dem Mann, ein *Krepl* zu essen – aber es sollte so groß sein wie zwei.

Als Pragmatiker befahl er seinen Schülern, keine Zeit auf Unmögliches zu vergeuden und die Gegenwart nicht zugunsten einer fernen, abstrakten Zukunft zu vernachlässigen. Er riet ihnen, lieber einander zu helfen, als danach zu trachten, künftige Generationen zu retten; lieber mit beiden Beinen auf der Erde zu stehen, als über den Wolken zu schweben. Er verlangte von ihnen, ihre Mittel sollten ebenso sauber sein wie ihre Ziele, ja noch sauberer. Oft illustrierte er seine Gedanken mit Gleichnissen. Das Thema, das dabei immer wiederkehrte: Ein Wanderer verirrt sich im Wald; es ist finster; er hat Angst, und ein Unwetter bricht los; der Dumme betrachtet die Blitze, der Weise den Weg, den sie erhellen. Die Aufgabe des Wanderers besteht darin, die bewohnte Welt wiederzufinden, nicht sie zu ändern.

Man fragt ihn:

„Wie soll man Gott dienen, ohne zu lügen?"

„Folgendermaßen", antwortete er: „Stellt euch vor, ihr seid Seiltänzer. Ihr geht über ein Seil, das über einen Abgrund gespannt ist. Um euch im Gleichgewicht zu halten, was tut ihr da? Wenn der Körper in die eine Richtung strebt, stemmt ihr euch in die andere."

Und:

„Bei euren täglichen Verrichtungen erinnert euch an folgendes: Was verboten ist, das unterlaßt; was erlaubt ist, tut ohne Hast."

Er war schlagfertig, bissig, und manchmal machte er sich über sich selber lustig.

„Der Talmud", sagte er, „vergleicht den Versucher mit einem König, der über unsere Leidenschaften herrscht. Ist er alt? Ja, er ist älter als der Mensch. Ein Narr? Worin besteht seine Verrücktheit? Das habe ich erst im Gefängnis verstanden. Er war dort mit mir zusammen. Ich sagte zu ihm: ‚Bist du verrückt? Was machst du hier? Ich habe keine Wahl – aber du?'"

Der Rižiner hatte für Maimonides nichts übrig. Erstens, weil Maimonides ein Philosoph war und er nicht. Und zweitens ...

„Ich werde euch sagen, warum. Theoretisch müßte ich ihn schätzen, weil er die gefährlichen Ideen des Aristoteles ablehnt. Aber denkt euch einen Juden wie ich oder ihr, der diese Ideen bei Maimonides liest und dann einschläft, bevor er noch zu der Stelle kommt, wo Maimonides sie verwirft!"

Wie alle chassidischen Meister, sah er überall Gott.

„Der Mensch", sagte er, „kann gar nicht anders, als Seinen Willen erfüllen. Sogar die Ungläubigen gehorchen Ihm. *Er* ist es, der ihrem Leugnen einen Namen gibt. Glücklicherweise sind sie sich dessen nicht bewußt. Wären sie es, würden sie vor Reue zugrunde gehen."

Trotz seiner Wendigkeit und Schlagfertigkeit zog er in drei Rededuellen den kürzeren.

Das erste Mal in einer Auseinandersetzung mit einem Fährmann, der ihm half, aus dem zaristischen Rußland zu flüchten. Dieser Mann trug den Rižiner auf seinen Schultern durch den Fluß. An der Grenze – in der Mitte des Stromes – blieb er stehen und sagte:

„Rabbi, wenn Ihr wollt, daß ich weitergehe, dann rate ich Euch, mir sofort eine Eintrittskarte ins Paradies zu versprechen."

Der Rižiner verstand: Es war weder der Ort noch die Zeit für eine Diskussion; er fügte sich.

Das zweite Wortgefecht fand anläßlich der Verlobung seines Sohnes mit der Tochter des Rabbi Hersch von Riminow statt. Vor Dutzenden illustrer Gäste und Hunderten von Bewunderern begann der Rižiner zu sprechen.

„Es ist Brauch, daß die Eltern des jungen Paares, bevor sie den Kontrakt unterzeichnen, sagen, wer sie sind und wer ihre Vorfahren waren. Wisset also, daß mein Großvater Rabbi Abraham Meilach war, ein Heiliger, ein Engel unter den Menschen. Sein Vater war der große Maggid von Meseritsch, ein direkter Nachkomme Jehuda Hanassis, Jochanaans des Schusters und König Davids. Und Ihr, Rabbi von Riminow, aus welcher Familie stammt Ihr?"

„Oh, ich bin weder Sohn noch Enkel eines Rabbis", antwortete Hersch von Riminow. „Mein Vater war ein einfacher Schneider, arm, aber ehrenhaft. Er lehrte mich weder die tiefen Geheimnisse des Sohar noch die unsterblichen Wahrheiten der Thora; aber er brachte mir etwas bei, das ich für meinen Beruf gut brauchen kann. Ja, er sagte mir, daß es wichtig ist, das Neue nicht zu verderben und das Alte auszubessern."

Der Rižiner steckte den Schlag ein, lächelte und sagte nichts.

In der dritten Episode hatte er Rabbi Meir von Przemyslany zum Gegner. Die beiden trafen sich unterwegs. Rabbi Meir reiste in einem bescheidenen Wägelchen; davor trabte ein unansehnlicher, kümmerlicher Gaul. Rabbi Israel fuhr in einer prächtigen Karosse, die von vier feurigen Pferden gezogen wurde. Dem Rižiner war nicht ganz wohl beim Anblick Rabbi Meirs in dem ärmlichen Fahrzeug, und er glaubte, sich rechtfertigen zu müssen.

„Die Straßen sind schlecht, es ist regnerisch. Ein einziges Pferd würde nicht genügen, um mich aus dem Schlamm zu ziehen."

„Ich verstehe", antwortete der Rabbi von Przemyslany. „Der Schlamm ist eine Gefahr, und Ihr braucht Eure Pferde. Aber seht, Rabbi von Rižin, Meir hat nur ein einziges Pferd, und außerdem gibt er acht, sehr acht, daß es nicht in den Schlamm gerät."

Auch diesmal zog es der Rižiner vor, zu schweigen.

Gewöhnlich aber war er es, der das letzte Wort hatte, und das nicht nur in gewöhnlichen Gesprächen. Manche nehmen sogar an, daß er der Mensch sein wollte, der das letzte Wort in der Geschichte und das erste Wort danach zu sprechen hatte; anders gesagt, er träumte davon, den Messias zu verkörpern.

Hielt er sich wirklich für geeignet, diese Rolle zu übernehmen? Manche seiner Bemerkungen scheinen darauf hinzudeuten. Zum Beispiel: „Alle Zaddikim sprechen von der Erlösung am Ende der Zeit, ich aber schweige. Es ist wie bei einer Hochzeit. Die Eltern eilen geschäftig umher, die Gäste machen Lärm. Der Bräutigam aber hält sich abseits, ernst und gefaßt. Und er schweigt."

Die Theorie, daß er der Messias sein wollte, würde seine Vorliebe für Luxus erklären, für Pracht und Reichtum, für seine Launen, seine eigenwilligen, exzentrischen Forderungen; seine Prunksucht wäre auf die Tatsache zurückzuführen, daß der Messias nicht nur der Erlöser, sondern auch der König der kommenden Welt sein würde.

Ich gestehe, daß ich, ein Enkel des Dodje Feig, eines Chassids aus Wischnitz, dieser These nicht zustimmen kann.

Der Rižiner war zu intelligent, zu klarsichtig, um ein Spiel zu spielen, dessen Gefahren er kannte. Er kannte das Ende, das einem falschen Messias droht. Der wahre Messias benimmt sich nicht wie der Messias. Er zeigt nicht in der Öffentlichkeit, was geheim bleiben muß, er vergnügt sich nicht damit, Eindruck zu machen, nicht auf diese Art. All das wußte der Rižiner.

Wie also soll man sein Gleichnis von der Hochzeit verstehen? Vielleicht sah er sich selbst nicht als Bräutigam, sondern als Gast, als ein besonderer Gast, der dem Bräutigam, dem Messias nahesteht. Deshalb sprach er so oft von ihm, öfter als die anderen chassidischen Meister. Es genügt, die chassidische Literatur nachzulesen, um zu erkennen, daß der Chassidismus von Rižin der messianischeste von allen ist.

Vielleicht hat der Rižiner verstanden, daß nur der Messias die Juden der Zukunft vor dem Schicksal retten konnte, das ihnen drohte. Als letzter der großen Meister der ersten Generation steht er in einer Reihe mit dem Maggid und dem Baal-Schem; wie sie, bemühte er sich, Einfluß auf die Zukunft auszuüben. Seine Fehler und Mißerfolge machen ihm Ehre; es sind die Fehler eines Kämpfers, der Gott nötigen wollte; da mußte er unterliegen.

Buchstäblich besessen von der messianischen Verheißung, begriff der Rižiner, daß der Mensch zu schwach bleiben würde, um eine Änderung im Weltmaßstab herbeizuführen. Deshalb wandte auch er sich schließlich gegen Gott. Nach dem Beispiel des Großvaters von Spola und Levi-Jizchaks von Berditschew nahm er an Seinen Streitigkeiten mit den Menschen teil, und wie sie stellte er sich auf die Seite des Menschen.

Er sagte: „Es steht geschrieben, daß wir *wegen unserer Sünden aus unserem Land verjagt wurden.* Und ich sage, daß dies falsch ist. Die Verbannung ist unseren Sünden vorangegangen. Bring uns zurück, und Du wirst sehen, daß kein Jude Lust haben wird, zu sündigen."

Ein anderes Mal: „Laß das Exil aufhören, denn das Exil selbst ist eine Sünde, die gefährlichste von allen."

Und ferner: „Sei unser Vater, und wir werden Deine Diener sein; wir werden aber nur dann Deine Diener sein, wenn Du unser Vater bist."

Gewiß, wir finden hier den Tonfall Levi-Jizchaks von Berditschew wieder. Nur daß der Rižiner sich weniger demütig an Gott wandte.

„Ich bin kein Sklave, der den König um Gnaden bittet", sagte er. „Ich komme, um Probleme und Staatsaffären zu erörtern."

Eines Tages rief er aus:

„Herr der Welt, wie viele Jahre kennen wir uns schon? Also gestatte mir, mein Erstaunen auszudrücken: Was hast Du für eine Art, die Welt zu regieren? Es ist höchste Zeit, daß Du Dich Deines Volkes erbarmst! Und wenn Du Dich weigerst, mich anzuhören, dann sage mir: Was habe ich hier zu schaffen auf dieser Deiner Erde?"

Bei einer anderen Gelegenheit:

„Warum kommt denn der Messias nicht? Warum läßt er auf sich warten? Glaubt er, daß die künftigen Generationen besser sein werden, verdienstvoller? Er irrt! Sie werden schlechter sein!"

Kraft seiner Intuition las er die Zukunft, ahnte sie voraus. Er wußte, was zu erwarten war. Die Welt geht ihrem Untergang entgegen, der Mensch seinem Verderben. In einer entmenschten, verdorrten Welt, die sich der Sehnsucht und dem Heil verschließt, wird die Unordnung eine kosmische sein, desgleichen die Schuld. Wenn das Ende der Zeit kommt, werden Gut und Böse sich miteinander versöhnen, eins werden. Man wird nicht mehr unterscheiden können das Licht von der Finsternis, die Abenddämmerung vom Morgengrauen, das Schweigen vom Wort, das Wort von der Wahrheit, die Wahrheit von der Angst und die Angst vom Tod.

Der Rižiner war eine tragische Gestalt. Er fühlte das Vergebliche seiner Bemühungen. „Ein Tag wird kommen", sagte er, „da die Unwissenheit herrscht. Die Mittelmäßigen werden sich wohl fühlen auf Erden und in der Geisteswelt, während der Mensch mit Seele, mit Gewissen überall ein Fremdling und nirgends zu Hause sein wird. Der frömmste und gelehrteste Jude wird nicht mehr imstande sein, einen einzigen Psalmenvers herzusagen. Ich sage es euch: So muß es sein, so wird es sein."

Eine andere Prophezeiung: „Der Tag wird kommen, an dem alle Völker die Juden hassen werden, mit solcher Leidenschaft und solcher Heftigkeit, daß die Opfer keine andere Wahl haben werden, als sich im Heiligen Land niederzulassen. Und Weh über uns und Weh über sie, denn das wird der Anfang der Erlösung sein."

Er erklärte, warum er die Leute gerne verheiratete, sich jedoch weigerte, Fürsprache bei Gott einzulegen, damit sie auch Kinder hätten: „Ich sehe voraus", sagte er, „daß die Menschen vom nächsten Jahrhundert an so häßliche, so abstoßende Seelen haben werden, daß es nicht auszuhalten sein wird. Nun gut, wir müssen nehmen, was man uns gibt; aber darum bitten, nein!"

Die frappierendste seiner Visionen: „Ein Tag wird kommen, da der Mensch nicht mehr seinen Nächsten hassen wird, sondern sich selber; ein Tag wird kommen, da alle Dinge ihren Zusammenhalt verlieren, es wird keinen Zusammenhang mehr geben zwischen dem Menschen und seinem Gesicht, zwischen dem Wunsch und seinem Gegenstand, der Frage und der Antwort."

Und dann die folgende Geschichte, die er gerne erzählte:

Ein junger Schüler des großen Maggid von Mesritsch heiratete die Tochter eines erbitterten Gegners des Chassidismus, der ihn zwang, zwischen seiner Familie und seinem Rabbi zu wählen. Der Schwiegersohn mußte schwören, nie mehr nach Mesritsch zurückzukehren. Aber nach einigen Monaten, einigen Jahren vielleicht, erlag er, heimwehkrank, seiner Sehnsucht: Er ging zu seinen Gefährten und zu seinem Meister zurück. Als er wieder heimkam, führte ihn sein Schwiegervater vor den Rabbiner des Ortes, der, nachdem er das Gesetzbuch und die entsprechenden Werke konsultiert hatte, sein Urteil fällte: Der Schwiegervater sei im Recht; der Schwiegersohn sei eidbrüchig geworden und müsse sich auf der Stelle scheiden lassen. Der junge Chassid fügte sich und fand sich am nächsten Tag auf der Straße. Ohne Mittel, ohne Hilfe, ohne irgend etwas. Untröstlich verweigerte er jede Nahrung, schleppte sich von Asyl zu Asyl und starb bald darauf.

„Nun gut", fuhr der Rižiner fort, „wenn der Messias kommt, wird der junge Chassid einen Prozeß anstrengen gegen seinen Schwiegervater und gegen den Rabbiner, die beide an seinem frühen Tod schuld waren. Der erste wird sagen: ‚Ich habe dem Rabbiner gehorcht.' Der Rabbiner wird sagen: ‚Ich habe dem Gesetz gehorcht.' Und der Messias wird sagen: ‚Der Schwiegervater hat recht, der Rabbiner hat recht, und das Gesetz hat seine Gründe!' Dann wird er den jungen Kläger küssen und zu ihm sagen: ‚Aber ich, was habe ich denn mit ihnen zu schaffen? Ich bin für die gekommen, die unrecht haben.'

Die Idee und der Traum vom Kommen des Messias waren in Rižin so tief verankert, daß der Rabbi – oder sein Sohn David-Mosche von Chartkow, die Meinungen gehen da auseinander – in seiner Wohnung einen besonderen Raum einrichten ließ, den man das „Zimmer des Messias" nannte; er stellte dort seine kostbarsten Gegenstände hinein, und niemand hatte Zutritt.

Mit der Zeit aber muß der Rižiner gefühlt haben, daß er sterben würde, ohne den „Bräutigam" begrüßt zu haben. Traurigkeit überkam ihn. Er spürte, daß sein Ende nahte, und das bedrückte ihn sehr, bedrückte ihn bis zur Verzweiflung.

Auch hatte ihn das Erlebnis der Gefängnishaft gezeichnet; er war verschlossener geworden, zog sich noch mehr zurück. Seine Anhänger empfing er nur noch an den Feiertagen. Wie sein Urgroßvater, der Maggid von Mesritsch, feierte er den Gottesdienst allein in seinem Zimmer. In einem benachbarten Raum beobachteten die Gläubigen einen seiner Vertrauten, der mit einer Geste Beginn und Ende dieser oder jener Bibelstelle, dieses oder jenes Gebetes bezeichnete.

Man weiß wenig über seine letzten Augenblicke – nicht so viel wie über den Tod seines Sohnes Rabbi Nachum. Dieser wusch sich einige Stunden, bevor er in Agonie verfiel, von Kopf bis Fuß, legte sein Schabbat-Gewand an, streckte sich auf seinem Bett aus und bat seine Freunde, zu singen;

er sang mit ihnen bis zu dem Augenblick, da sie zu singen aufhörten.

Sein Vater hatte mehr Zeit sich vorzubereiten. Am Vorabend des Jom Kippur, sagt man, blieb er auf der Schwelle der Synagoge stehen, berührte die *Mesusa* und murmelte: „Laß mich ein Sühneopfer für die gesamte Gemeinde Israel sein." Er verschied einen Monat später, im Jahre 1850, vierundfünfzig Jahre alt.

Heute, hundertzwanzig Jahre später, erscheint uns diese Gestalt rätselhafter denn je.

Die Gewohnheiten des Rižiners, sein Benehmen, seine Talente, seine Neigungen, die Anziehung, die er auf die Menschen ausübte, sein Hang zum Prunk und zum Theatralischen bleiben ein Geheimnis für den Forscher und für den Chassid – für alle, die wie ich an seine Größe glauben.

Daß er gutes Essen und andere irdische Genüsse um ihrer selbst willen geliebt hat, erscheint mir unvorstellbar. Gewiß, er war weder ein Gelehrter noch ein Asket, sondern eine Persönlichkeit, eine Führernatur; alle Zeugnisse stimmen darin überein. Ein Rabbi wie er wird nicht vom Luxus als solchem angezogen. Ich möchte lieber glauben, daß seine Ambitionen nichtmaterieller Natur waren. Vielleicht wollte er etwas beweisen, jemanden herausfordern – aber man weiß nicht, was oder wen. Vielleicht wollte er nicht, daß man es erfahre. Vielleicht suchte er sein Geheimnis durch die Fassade und hinter der Fassade zu vertiefen und fortzusetzen. Ebensowenig, wie man die extreme Askese des eigenbrötlerischen Rabbis von Kozk versteht, begreift man die übermäßige Vorliebe für das bequeme Leben beim Rižiner. Vielleicht verhüllen beide Haltungen dasselbe Geheimnis.

Er häufte Silber und Gold nicht für sich selbst auf, so viel ist sicher. Ein strenger Meister wie Rabbi Chaim von Czanz sagte: „Der Rabbi von Rižin ist jeden Augenblick bereit, sich als Opfer für das Volk Israel anzubieten." Für den, der seine Handlungen und Worte in ihrer Gesamtheit untersucht, kann es keinen Zweifel geben: Der Rabbi von Rižin richtete den Blick in die Ferne, er dachte und handelte stets in Begriffen einer kollektiven Erfahrung; seine Pläne gingen weit über die Grenzen des Besitzes hinaus. Ihn interessierte das Werden, das Werden des Menschen, das Werden der Seele.

Der Prunk, die Pracht, der Aufwand an seinem Hof? Vielleicht wünschte er seine armen Schüler zu trösten, zu begeistern, indem er ihnen zeigte, daß der Traum Wahrheit werden konnte, vor ihren Augen; daß die Realität der Verbannung nicht die königliche Vision der Erlösung ausschloß; vielleicht wollte er ihnen eine Zuflucht bieten, ein Königreich im Exil, und sie daran erinnern, daß das Königtum auch eines der Attribute Gottes, daß der Gott Israels zugleich der König Israels ist, ein König, dessen Reich, so oft überrannt und vernichtet, trotz allem unzerstörbar bleibt. Vielleicht wollte er ihnen beweisen, was Aharon von Karlin sagte: „Wir alle sind Fürsten, und die schlimmste Sünde ist es, dies zu vergessen."

Hatte er noch höhere Ziele, einleuchtendere Rechtfertigungen? Möglich. Der Verzicht enthält eine Freude, eine Ekstase, die der Luxus nie bieten kann. Die Askese bringt Visionen hervor, die kein Reichtum der Welt auszulösen vermag. Wäre es möglich, daß der Rabbi von Rižin den Luxus aus Verzweiflung gewählt hat, oder, eher noch, weil er die Verzweiflung kennenlernen und schließlich überwinden wollte? Daß er versucht hätte, seine sämtlichen Wünsche zu befriedigen, um am Ende bei der Wunschlosigkeit anzulangen? Daß er danach getrachtet hätte, alle Hindernisse zu nehmen, alle Grenzen zu überschreiten, um seinen Vorläufern, dem Maggid und dem Baal-Schem, zu gleichen? Wäre es möglich, daß er gelitten hätte bei dem Gedanken, nie so sein zu können wie sie? Daß er versucht hätte, ihnen zu zeigen, wie er – trotz der Ehren, trotz seines Reichtums und des äußeren Scheins – ihren Spuren folgte? Daß sich hinter den Äußerlichkeiten ein Geheimnis verbarg? Ist das der Grund, warum er so oft vom Messias sprach? Um ein für allemal mit dem Schein Schluß zu machen?

Das alles sind Hypothesen. Für mich bleibt Israel von Rižin ein Geheimnis; er spottet der Erklärung. Sosehr ich seine Persönlichkeit liebe, so sehr stört mich etwas an ihm. Es erscheint mir billig, zu sagen, daß man sich im Elend zu leicht läutert und daß das wahre Verdienst darin bestehe, inmitten der Menge allein zu leben, einfach zu bleiben trotz des Ruhms, arm zu sein im Reichtum. Ich habe ein instinktives Mißtrauen gegen materiellen Gewinn, begleitet von geistigen Alibis. Das Bühnenbild droht, Personen und Handlung zu beeinflussen; die Mittel wirken auf das Ziel ein. Jedes Spiel läuft Gefahr, zum Selbstzweck zu werden.

Bleibt die Frage: Wer war Israel von Rižin? Ein Dichter, ein tragischer Visionär, der zu einer so erschütternden Hellsichtigkeit verurteilt war, daß sie ihm fast zum Fluch wurde. Der Rižiner wußte, daß er der letzte seiner Reihe war. Er wußte, daß der Chassidismus nach ihm anders sein würde. Die künftigen Schüler würden die Meister haben, die sie verdienen, und alle würden leben und zugrunde gehen in einer Welt, die sie nicht verdienten. Er wußte auch, er mußte es wissen, daß es nicht genügt, den Messias zu rufen, damit er komme.

Echos

Bevor die Seele des Rabbi Hersch von Sidatschow auf die Erde geschickt wurde, trat Satan vor das himmlische Gericht, um Klage zu führen:

„Man darf diese Seele nicht zu den Menschen lassen; sie würde Heilige aus ihnen machen. Das wäre mein Ende. Mit einem Hersch von Sidatschow als Gegner habe ich keine Chance. Ich erhebe Einspruch, ich verlange Gerechtigkeit ..."

Nach der Beratung erklärte das Tribunal:

„Dein Argument ist richtig, aber wir können nicht mehr zurück. Unsere Beschlüsse sind unwiderruflich. Diese Seele, die dir Angst macht, wird in Hersch von Sidatschow wohnen. Doch um dich zu beruhigen: Eine andere Seele wird zu einem Mann gesandt werden, der nach außenhin alle Eigenschaften und Tugenden eines Rabbis haben soll; die Menge wird ihn bewundern und loben. Und mit Ausnahme dieses Gerichts und deiner selbst wird niemand wissen, daß dieser Mensch nicht von unserer heiligen und göttlichen Autorität getragen ist, sondern von der deinen."

(Wie soll man das wissen? Woran erkennt man den Reinen? Wie kann man sicher sein? Ich erinnere mich, diese Fragen an meinen Großvater gerichtet zu haben. Er lächelte spöttisch: „Aber man ist niemals sicher, es ist auch nicht gut, sicher zu sein; infolgedessen hängt alles vom Chassid ab. Er ist es letztlich, der den Rabbi rechtfertigen muß.")

Rabbi David Slates, ein Schüler des Sehers von Lublin, weigerte sich, Rabbi zu werden. Er wollte unbedingt Schüler bleiben. Nach dem Tod des Sehers schloß er sich den Jüngern des Rabbis von Sidatschow an, dann jenen Rabbi Meirs von Przemyslany, und schließlich denen Rabbi Israels von Rižin.

Man erzählt: An einem Schabbat lud der Seher ihn ein, den üblichen Segen am Ende des Mahls zu sprechen. David versuchte sich zu drücken. „Ich befehle dir, zu gehorchen!" schrie der Seher: „Wer eine höhere Stufe erreicht, hat nicht mehr das Recht, sich seiner Pflicht zu entziehen." David gehorchte. Aber in der Folge fanden seine Schüler jedesmal, wenn sie ihn besuchen kamen, um Fürsprache oder Ratschläge zu erbitten, sein Zimmer leer; er war bei einem Meister – als Chassid.

(„Wenn du älter bist", sagte mein Großvater zu mir, „wirst du sehen, daß es schwieriger ist, einen Chassid zu finden als einen Rabbi. Glauben machen ist leichter als glauben. Geben ist leichter als nehmen." Und mein Großvater fügte hinzu: „Der Chassid ist mehr zu beneiden als sein Meister.")

Ein Ausspruch Rabbi Mendels von Riminow: „Unnütze Worte sprechen heißt einen Mord begehen."

Rabbi Mosche von Ujhely wartete sein ganzes Leben lang auf den Messias; er ging abends nie zu Bett, ohne seine Söhne zu ermahnen:

„Wenn er kommt, weckt mich auf der Stelle!"

Gegen Ende seines Lebens, gramgebeugt, sprach er folgendermaßen zu Gott:

„Herr, der Welt, ich habe keine Kraft mehr, ich bin am Ende. Du mußt uns den Messias schicken. Du hast keine Wahl. Glaube nicht, daß ich ihn für mein eigenes Heil erbitte. Wenn Du es wünscht, bin ich bereit, auf alles zu verzichten, bis auf den letzten Lichtfunken und Freudentropfen. Glaube mir, ich bin bereit, mein Leben und meine Seele zu opfern, die Schrecken der ewigen Nacht auf mich zu nehmen, wenn das der Preis ist für die Erlösung Israels. Ich weiß, Herr der Welt, daß ich der Letzte der Letzten bin, aber ich liebe die Wahrheit, und ich sage: Wenn ich gewußt hätte, daß meine Haare weiß werden, bevor ich den Erlöser erblicke, hätte ich dieses Leben nicht leben können. Du hieltest mich durch die Hoffnung aufrecht, durch die Verheißung, durch den Glauben. Du hast mich von einem Tag auf den anderen vertröstet, von einer Stunde zur anderen. Du hast mich genarrt. Ist es denn wirklich so klug, so barmherzig, sich über einen armen Mann wie mich lustig zu machen, frage ich Dich?"

(Ich erinnere mich. Großvater hatte mich gesegnet: „Mögest du erleben, daß der Messias der Verbannung und der Herrschaft des Bösen ein Ende macht." Ein Segen, der sich beinahe erfüllt hätte. Es war Nacht. Ich fühlte, wie ich in ein fremdartiges, fernes Königreich entrückt wurde. Im Schatten der Flammen begannen sich dort die Verbannten zu sammeln, die von überall herkamen. Sie sprachen alle Sprachen und erzählten dieselbe Geschichte. Als ich sie alle unter demselben brennenden Himmel versammelt sah, sagte das Kind in mir: Der Messias wird aus der Nacht auftauchen, der Messias des Schreckens, der Messias des Todes. Ich dachte an meinen Großvater, und ich zitterte für ihn, für mich und für unsere Segenssprüche.)

Ein Ausspruch des Rabbis Chune von Koloschitz: „Ich habe vor nichts und niemandem auf dieser Welt Angst, nicht einmal vor einem Engel, nicht einmal vor dem Engel, der

Furcht einjagt; nur das Seufzen eines Bettlers bringt mich zum Zittern."

Rabbi Mosche-Leib von Sasow sagte zu seinem Freund Rabbi Uri von Strelisk: „Du bereist die Länder von einem Ende der Welt zum anderen und raffst Geld zusammen, um einen Menschen aus dem Gefängnis zu befreien, eine Waise zu verheiraten, einer Witwe zu helfen. Ich weiß, ich weiß das alles. Aber ich habe kein Geld; ich habe nie welches gehabt. Ich würde dir gerne helfen, nur weiß ich nicht, wie. Gerne würde ich etwas für dich tun, weiß aber nicht, was. Warte! Ich hab's! Ich weiß, was ich tun, wie ich dir helfen kann: Uri, mein Freund, Rabbi von Strelisk, ich werde für dich tanzen!"

(Ich versuche, mir meinen Großvater in dem Zug vorzustellen, der ihn wegführte. Es scheint, daß es dort welche gab, die tanzten, sangen, mit Inbrunst beteten, mit Freude, als erwarteten sie ein Wiedersehensfest. Und er? Ich versuche, ihn zu sehen, es gelingt mir nicht. Ich werde also niemals wissen, ob mein Großvater Dodje Feig, der Chassid aus Wischnitz, singend und tanzend in den Tod gegangen ist, singend und tanzend für einen Mann, für ein Kind oder für eine Geschichte, die er nicht mehr erzählen konnte.)

Wenn der große Rabbi Israel Baal Schem-Tow sah, daß ein Unheil sich ankündigte für das jüdische Volk, dann ging er gewöhnlich an einen bestimmten Ort im Wald, um sich zu sammeln; er zündete dort ein Feuer an, sprach ein bestimmtes Gebet, und das Wunder geschah – das Unglück kam nicht.

Später, als der Schüler des Baal-Schem, der berühmte Maggid von Mesritsch, aus den gleichen Gründen bei den himmlischen Mächten intervenieren mußte, begab er sich an denselben Ort im Wald und sprach: „Herr der Welt, höre mich an. Ich kann kein Feuer anzünden, aber ich bin noch imstande, das Gebet zu sprechen." Und das Wunder geschah.

Später ging auch Rabbi Mosche-Leib von Sasow in den

Wald, um sein Volk zu retten, und sagte: „Ich kann kein Feuer anzünden, aber ich weiß, wo die Stelle ist, und das müßte genügen." Und es genügte: auch diesmal geschah das Wunder.

Und schließlich kam die Reihe an Rabbi Israel von Rižin, das Unheil abzuwenden. In seinem Sessel sitzend, stützte er den Kopf in beide Hände und sprach zu Gott: „Ich bin außerstande, das Feuer anzuzünden, ich kenne das Gebet nicht, ich könnte nicht einmal die Stelle im Wald wiederfinden. Alles, wozu ich fähig bin, ist, diese Geschichte zu erzählen. Das müßte genügen." Und es genügte.

(Heute reicht es nicht mehr. Beweis: Das Unglück wurde nicht verhütet. Vielleicht wissen wir nicht mehr, wie man die Geschichte erzählt? Sollten wir alle schuldig sein? Selbst die Überlebenden? Vor allem die Überlebenden?)

Rabbi Nachman von Brazlaw

Der König rief eines Tages seinen Ratgeber zu sich und vertraute ihm seine Ängste an:

„Ich habe in den Sternen gelesen, daß alle, die von der nächsten Ernte essen, dem Wahnsinn verfallen werden; was sollen wir tun, Freund?"

„Nichts einfacher als das, Sire", antwortete der Ratgeber. „Wir werden die Ernte nicht anrühren. Die Ernte des Vorjahrs ist noch nicht aufgezehrt. Es steht Ihnen frei, sie zu beschlagnahmen, es ist genug für Sie da. Und für mich."

„Und die anderen?" fragte der König. „Die Untertanen des Reiches? Die treuen Diener der Krone? Die Männer, die Frauen, die Narren und die Bettler, du hast sie vergessen! Vergißt du auch die Kinder?"

„Ich vergesse niemanden, Sire. Aber Ihr Ratgeber muß Realist sein und allen Möglichkeiten Rechnung tragen. Wir haben nicht genug Vorräte, um alle zu ernähren und zufriedenzustellen. Es ist gerade nur genug da für Sie und für mich."

Da verdüsterte sich das Antlitz des Königs, und er sprach:

„Deine Lösung mißfällt mir. Gibt es keine andere? Um so schlimmer. Ich lege keinen Wert darauf, mich von den anderen zu unterscheiden, noch weniger, mich gegen sie zu stellen; ich weigere mich, normal zu bleiben inmitten eines Volkes, das nicht mehr bei Sinnen ist. Wir werden also auch wahnsinnig werden, du und ich, wie die anderen, gemeinsam mit den anderen. In einer wahnwitzigen Welt ist es sinnlos, von außen her zuzuschauen: Die Narren werden uns für Narren halten. Indessen möchte ich doch, daß ein Abglanz unseres gegenwärtigen Ruhmes und unserer Sorge erhalten bleibe. Ich möchte die Erinnerung an diesen Schritt, an diese Entscheidung, lebendig erhalten. Wenn der Augenblick kommt, möchte ich, daß du und ich uns dessen bewußt sind."

„Wozu, Sire?"

„Es wird uns helfen, du wirst sehen. Auch unseren Freunden könnten wir helfen. Wer weiß, vielleicht werden die Menschen dank uns später gegen den Wahnsinn ankämpfen können, selbst wenn es für uns zu spät ist."

Und der König legte den Arm um die Schultern des Freundes und fuhr fort:

„Wir werden auf unseren Stirnen das Zeichen des Wahnsinns tragen. Und jedesmal, wenn ich dich ansehe, jedesmal, wenn du mich ansiehst, werden wir wissen, daß wir verrückt sind."

In einem fernen Land lebte ein Prinz, der den Verstand verlor und sich für einen Truthahn hielt. Er hockte unter dem Tisch, völlig nackt, und wies die königlichen Speisen zurück, die man den Gästen in den goldenen Schüsseln des Palastes auftrug. Er nährte sich nur von Körnern, wie die Truthühner sie fressen. Der König ließ in seiner Verzweiflung die besten Ärzte, weithin berühmte Spezialisten, kommen; alle erklärten, nicht helfen zu können; desgleichen die Magier, die Mönche, die Wunderheiler und Wundertäter; alle ihre Bemühungen blieben vergeblich.

Eines Tages kam ein Weiser an den Hof. „Ich glaube, ich kann den Prinzen heilen", sagte er schüchtern. „Erlaubt Ihr, daß ich es versuche?" Der König gab seine Zustimmung, und der Weise legte zur allgemeinen Überraschung seine Kleider ab, kroch unter den Tisch zu dem Prinzen und begann zu glucken wie ein Truthahn.

Mißtrauisch fragte ihn der Prinz: „Wer bist du? Was machst du?" – „Und du?" gab der Weise zurück. „Wer bist du und was treibst du hier?" – „Siehst du's denn nicht? Ich bin ein Truthahn!" – „Nein, so etwas!" sagte der Weise, „wie seltsam, dich hier zu treffen!" – „Wieso seltsam?" – „Ja, siehst du es denn nicht? Wahrhaftig nicht? Daß auch ich ein Truthahn bin – ein Truthahn wie du?"

Die beiden Männer schlossen Freundschaft und schworen, einander nie mehr zu verlassen.

Und dann begann der Weise, den Prinzen durch sein Beispiel zu heilen. Zunächst zog er ein Hemd an. Der Prinz traute seinen Augen nicht. „Bist du verrückt? Vergißt du, wer du bist? Willst du etwa ein Mensch sein?“ – „Weißt du“, antwortete der Weise in besänftigendem Ton, „glaube vor allen Dingen nicht, daß ein Truthahn, der sich wie ein Mensch kleidet, aufhört, ein Truthahn zu sein.“ Der Prinz beruhigte sich. Am nächsten Tag kleideten sich beide ganz normal. Der Weise ließ sich einige Speisen aus der königlichen Küche bringen. „Was machst du, Unseliger!“ protestierte der Prinz ganz entsetzt. „Wirst du jetzt essen wie *sie*?“ Sein Freund beruhigte ihn: „Glaube ja nicht, daß ein Truthahn, wenn er wie die Menschen ißt, mit ihnen, an ihrem Tisch, zu sein aufhört, was er ist; glaube insbesondere nicht, daß es für einen Truthahn genügt, sich wie ein Mensch zu benehmen, um ein Mensch zu werden; du kannst alles zusammen mit den Menschen machen, in ihrer Menschenwelt, und trotzdem der Truthahn bleiben, der du bist.“ Und der Prinz ließ sich überzeugen und lebte wieder wie ein Prinz.

Der Autor dieser Märchen ist Rabbi Nachman von Brazlaw, dessen Geschichten zu den zauberhaftesten der chassidischen Literatur zählen und eine Welt für sich bilden: Der träumende Mensch geht über seine Träume, über seine Wünsche hinaus, begibt sich auf die Suche nach Phantasie und Erlösung, getragen von der ungeheuren Sehnsucht nach dem Heiligen und Wunderbaren.

(Sein Werk erinnert an Kafka; einige sehen in ihm einen Vorläufer, ja sogar einen Inspirator des Prager Dichters.

Eine verführerische und sogar plausible Hypothese. Durch mehr als ein Jahrhundert getrennt – Rabbi Nachman wurde 1772 geboren –, scheinen die beiden Dichter von den gleichen Themen besessen zu sein; sie haben den gleichen realistischen und zugleich traumhaften Stil. Ihre Helden leben ihr Leben, indem sie es sich vorstellen, und ihren Tod, indem sie ihn erzählen.

Eine weitere frappierende Übereinstimmung: Der Zaddik aus der Ukraine und der Prager Romancier hatten ähnliche Schicksale. Beide starben jung: der Rabbi mit achtunddreißig, der Schriftsteller mit einundvierzig Jahren. Dieselbe Krankheit raffte sie dahin: Lungenkrebs. Beide hatten verlangt, daß man ihre Schriften verbrenne. Und jeder besaß einen treuen Freund, einen ergebenen Vermittler, einen Apostel, dem wir die Erhaltung ihrer Werke verdanken. Was Max Brod für Kafka war, das war Rabbi Nathan für Rabbi Nachman.

Aber im Gegensatz zu Kafka legte Rabbi Nachman Wert darauf, seine Lehre zu erhalten, ja zu verbreiten. „Aus meinen Märchen macht Gebete", sagte er zu seinen Freunden. „Gebete, keine Reliquien."

Bevor er starb, befahl er, seine Aufzeichnungen ins Feuer zu werfen, „um sie wieder dort hinauf zu senden". Rabbi Nathan glaubte, gehorchen zu müssen, und fügte sich. Es fehlte ihm der Wagemut eines Max Brod. Die Erzähler ähneln einander mehr als ihre ergebenen Freunde und Schüler.)

Noch eine Geschichte: die Geschichte vom Boten des Königs, der seinen Auftrag nicht auszuführen vermochte.

Der König hatte einem weisen, aber skeptischen Mann einen Brief geschickt. Dieser Weise, der in einer fernen Provinz wohnte, weigerte sich, das Schreiben anzunehmen. Er dachte zuviel nach, dieser Mann; er komplizierte die Dinge, indem er das Leben komplizierte. Er verstand nicht, was der König von ihm wollte. „Warum sollte sich der Herrscher, der so mächtig und so reich ist, ausgerechnet an mich wenden, der ich doch weniger als nichts bin? Weil er mich für einen Philosophen hält? Es gibt bedeutendere. Ist da noch ein anderer Grund? Welcher?"

Da er keine Antwort auf seine Fragen fand, zog er es vor, an ein Mißverständnis zu glauben. Schlimmer: an einen Betrug. Und noch schlimmer: an einen Scherz. „Dein König", sagte er zu dem Boten, „existiert nicht." Aber der Bote beharrte: „Ich bin hier, hier ist der Brief; ist denn das kein ausreichender Beweis?" – „Der Brief beweist überhaupt nichts, im übrigen habe ich ihn nicht gelesen. In der Tat, woher hast du ihn eigentlich? Vom König persönlich?" – „Nein", gestand der Bote. „Ein Page hat ihn mir überbracht, im Namen des Königs." – „Bist du sicher? Sicher, daß er von unserem Herrscher stammt? Hast du den König wenigstens gesehen?" – „Nein. Dazu bin ich zu gering." – „Also, wie willst du dann wissen, daß der König der König ist? Siehst du? Du weißt darüber nicht mehr als ich."

Und ohne das Siegel aufzubrechen, beschlossen der Weise und der Bote, sich vorerst Gewißheit zu verschaffen. Sie würden bis ans Ende der Welt gehen, jeden Sterblichen befragen, und eines Tages würden sie die Wahrheit wissen.

Auf dem Marktplatz trafen sie einen Soldaten. „Wer bist du und was treibst du?" – „Ich bin Soldat; ich stehe im Dienst des Königs." – „Welches Königs?" – „Desjenigen, dem wir den Treueid geschworen haben; dieses Land gehört ihm. Wir sind alle da, um ihm zu dienen." – „Weißt du, wie er aussieht?" – „Nein." – „Du hast ihn also nie gesehen?" – „Nie."

Die beiden brachen in Lachen aus. „Seht euch den an! Dieser Mann in Uniform beharrt darauf, jemandem zu dienen, den er niemals gesehen hat und niemals sehen wird!"

Etwas weiter begegneten sie einem Offizier: Ja, er würde für den König sterben; nein, er habe niemals die Ehre gehabt, ihn zu sehen, weder von nah noch von fern.

Ein General: die gleichen Fragen, die gleichen knappen Antworten, klipp und klar. Auch er dachte nur an den Dienst am König, er lebte nur für ihn und durch ihn; aber auch er konnte sich nicht rühmen, den König je gesehen zu haben.

„Siehst du?" sagte der skeptische Weise zu dem Boten. „Die Leute sind naiv und leichtgläubig, und ganz schön dumm; sie leben mit der Lüge und haben Angst, es zuzugeben; sie machen uns lachen, uns, die wir uns nicht vor der Wahrheit fürchten."

(Und sie lachen, sie lachen mit solcher Verzweiflung, daß sie schließlich verstehen; sie erkennen, daß es einen Zusammenhang gibt zwischen der Stimme und dem Ruf, zwischen dem Menschen und seinem Weg; sie verstehen schließlich, daß ihre Verzweiflung nicht absurd ist, daß sie vielleicht das Band darstellt, das sie mit dem König verbindet.

Der König ist bei Rabbi Nachman nicht der Feind des Weisen, ebensowenig wie der Weise der Feind des Königs ist. Alle ersehnen eine Metamorphose, um ihrem Schicksal zu entgehen. Aber während Kafkas Held in einer schmutzigen Welt lebt, die von schwarzer Gewalt und unerbittlicher Häßlichkeit beherrscht wird, erwirbt sich der Held Rabbi Nachmans die Gunst des Königs.

Alle Figuren Rabbi Nachmans müssen Hindernisse überwinden, Mauern überklettern, Fremde für sich gewinnen – und es gelingt ihnen; ihre Geschichten gehen gut aus, sie enden nie in der Verneinung, sondern stets in der Bejahung. Wenn das Abenteuer zu Ende ist, erkennen sie seinen Sinn. Inmitten des Geheimnisses, das sie und nur sie erwartet, wissen sie, daß es keineswegs unheilbringend ist, im Gegenteil: Es bedeutet Befreiung und Rettung. Nichts in der Phantasiewelt Rabbi Nachmans ist wirklich absurd; alles verbündet sich letztlich mit dem Menschen.)

Rabbi Nachman – oder die chassidische Phantasie, das Fest des Wortes, die Apotheose der geflügelten, inspirierten, berauschenden Legenden. Rabbi Nachman – oder die Flucht ins Imaginäre, in die Gefahr und ins Lachen.

Eine Persönlichkeit, deren Komplexität einen zum Träumen verführt oder einem die Lust zum Träumen austreibt. Sein Leben, reich an Heldentaten, stand im Zeichen des Paradoxen und des Fiebers, bewegte sich auf Gipfelhöhen und in Abgründen, war voller Halluzinationen und niemals gesichert.

Er war ein Urenkel des Baal-Schem und stritt mit fast allen Großen, die sich auf den Bescht beriefen. Ein Meister im Denken, kleidete er seine Weltanschauung in Märchen, Meisterwerke der Gattung, nicht in Theorien. Für einen Kabbalisten war er zu offen, für einen Rabbi zu verschlossen. Asket und Feind des Zweifels, verkehrte er in sogenannten emanzipierten Intellektuellenkreisen, deren Beruf und Zeitvertreib im Zweifeln, im Genuß und im Kampf bestand. Rabbi Nachman war intolerant in Glaubensdingen, spielte aber Schach mit Freidenkern: Ihr Glaube ans Nichts regte ihn an. Er war krank und verabscheute die Ärzte; er war arm und verachtete die Reichen. Er verbot seinen Schülern die Lektüre philosophischer Werke. Maimonides inbegriffen, er selbst aber hatte sie alle gelesen. Hochmütig zu den einen, demütig zu den anderen (und stets zu den Falschen), war er immer ein anderer und dennoch derselbe; man könnte dieses Phänomen eine Wesensspaltung nennen: Der Heilige benimmt sich manchmal wie ein Komödiant.

All das wissen wir dank Rabbi Nathan, seinem Biographen, Hagiographen und Vertrauten. Der Meister vertraute ihm seine intimsten, vom Fieber durchglühten Gedanken an; er berichtete ihm von seiner qualvollen Kindheit, seiner Jugend und seinen Krisen, seinen Angstzuständen, die von Ekstasen gefolgt waren. Detaillierte Episoden, ergreifende, oft ungeschickt skizzierte Bilder; die Fakten, der Satzbau tragen das Zeichen der Echtheit.

Wir wissen also, daß Rabbi Nachman ein unruhiges, verstocktes Kind war, das Geheimniskrämerei liebte; ein schlechter Schüler, der oft weinte, sich bei Gott über Gott beklagte; zerrissen, gequält, lief er manchmal nach Hause; er glaubte zu ersticken. Gern besuchte er das Grab des Baal-Schem; von dort kam er dann erschöpft zurück, mit brennenden Augen.

Als er heranwuchs, entdeckte er seinen Körper und mußte seine Wünsche bekämpfen; ein zermürbender Kampf, von dem in den Aufzeichnungen Rabbi Nathans oft die Rede ist. Aber er ging siegreich daraus hervor. „Für mich sind ein Mann und eine Frau gleich", sagte er später. „Ich reagiere auf beide in derselben Weise." Und ein anderes Mal: „Von nun an fürchte ich die Frau nicht mehr, als ich den Engel fürchte."

Ein intensives Leben mit „Abstürzen und schwindelhaften Höhenflügen", von Fasten und Schlaflosigkeit gekennzeichnet. Er litt stumm – „die Zähne so sehr zusammengebissen, daß sie ein Stück Holz hätten zermalmen können" –, und es kam vor, daß er „schrie und mit tiefer Stimme heulte". Ein bewegtes Leben, von Blitzen durchzuckt, voll von schmerzlichen und erhebenden Einsichten. „Es gab Tausende, Zehntausende Höhe- und Tiefpunkte", erzählt später Rabbi Nathan. „Manchmal geschah es, daß er arbeitete, hoch hinaufgelangte und dann wieder tief hinabstürzte, und das unzählige Male an einem einzigen Tag."

Vor Rabbi Nathan hatte er einen Freund namens Reb Schimon; sie studierten zusammen. Eines Tages forderte er ihn plötzlich auf, mit ihm nach Ungarn zu gehen, um dort unerkannt und in Armut zu leben. „Hier kennen mich zu viele Leute", sagte er, „man respektiert mich wegen meiner Abstammung. In Ungarn wird man sich nicht schämen, mir Leid zuzufügen." Aber die Reise kam nicht zustande. „Sinnlos, wegzufahren", erklärte er seinem Gefährten, „auch dort werde ich verfolgt werden."

Er hatte richtig gesehen. Mit dreizehn war er verheiratet und schon berühmter als die großen geistigen Führer; früher oder später mußte er bei ihnen auf Widerstand stoßen. „Nur ein Strohsack erregt keinen Widerspruch", bemerkte er später einmal.

Rabbi Nachman war sprunghaft, sehr verletzlich, von lebhafter und frühreifer Intelligenz: er empfand, er nahm das Leben wie eine Verwundung. Auch dies wissen wir von Rabbi Nathan.

Eine merkwürdige Persönlichkeit, dieser Rabbi Nathan, genannt Nathan von Nemirow. Ihn als bloßen Augenzeugen oder als Hofschreiber von Brazlaw abzutun, hieße seinen Eigenwert unterschätzen. Es war als Schüler nicht weniger originell denn sein Lehrer als Rabbi. Jeder erreichte auf seine Weise die Vervollkommnung seines Wesens. Wie der Interpret nur für den Rabbi lebte, so drückte der Meister sich nur durch seinen Biographen aus. Dieser sagte vom Werk des Rabbi: „Ihr werdet darin das Gehirn des Meisters finden, nur der Mund ist der meine."

Rabbi Nathan war tatsächlich mehr als ein Instrument, das zeigte sich beim Tod Rabbi Nachmans. Dessen bevorzugter Mitarbeiter, der erste unter seinesgleichen, wurde beinahe als selbständiger Rabbi angesehen. Man fragte ihn um Rat, bat ihn um seinen Segen, nahm an seinen Gebeten teil. Man sagte: Sein Gebet ist ein Kommentar zum Gebet. Er selbst, unendlich gläubig und bescheiden, lehnte jede andere Rolle außer der des Schülers ab. Er erklärte: „Die ganze

Welt ist verrückt, und ich bin es mit ihr; aber ich habe das Glück gehabt, einen klar denkenden Menschen zu kennen." Er sagte auch: „Glücklich derjenige, dessen Augen die Augen Rabbi Nachmans gesehen haben, glücklich derjenige, der meine Augen gesehen hat, in denen Rabbi Nachmans Augen sich gespiegelt haben." Was hatte ihn dazu getrieben, zum Rabbi von Brazlaw zu gehen? „Ein Traum", sagte er. „Im Traum ging ich zum Bäcker, um dort Semmeln zu kaufen. Auf dem Weg blieb ich stehen, von heftigem Kummer gepackt: Ist das das Ziel meines Lebens? Bei dem einen Semmeln zu holen, um sie anderen zu geben? Nichts anderes, nur das? In diesem Augenblick erschien vor mir ein Mann und sagte: ‚Wenn du willst, daß ich dir helfe, schließ dich mir an.' Es war Rabbi Nachman."

Rabbi Nachman nahm ihn herzlich auf. „Schon seit langer Zeit kennen wir uns, aber es ist das erste Mal, daß wir einander begegnen." Geblendet, bewegt, besiegt, wurde der Besucher ein anderer Mensch.

Für ihn war es ein Blitz aus heiterem Himmel. Er verzichtete auf Reisen, vernachlässigte seine Geschäfte und seine Familie; er führte kein eigenes Leben mehr, um sich besser dem Leben seines Meisters anzupassen. „Wäre die ganze Erde mit Dolchspitzen übersät, ich würde mit Freuden von einem Ende zum anderen über sie hinweglaufen, um das heilige Antlitz des Rabbi zu sehen."

Seine Aufgaben: die Lehren des Rabbi zu sammeln – seine Tischreden, seine Gedankensplitter und zufälligen Aussprüche, seine Träume, seine Launen, seine Anekdoten; sie aufzuzeichnen, zu redigieren, herauszugeben. Eines Tages ehrte ihn Rabbi Nachman folgendermaßen: „Jeder von euch hat seinen Anteil an meinen Märchen", sagte er zu seinen Vertrauten, „aber du, Nathan, hast den größten Anteil daran."

Ein Kompliment? Nein. Eine Feststellung. Dank dem Talent, der Aufmerksamkeit und der Wachsamkeit Rabbi Nathans sind die Gedanken und Legenden seines Meisters auf uns gelangt. Rabbi Nathan war fanatisch genau und übergab seine Aufzeichnungen dem Autor, damit er sie korrigiere und kommentiere. Daher können wir heute die eine oder andere Geschichte gewissermaßen auf zwei Ebenen lesen: wie sie erzählt wurde und wie der Erzähler sie gehört hat. Besser noch: Rabbi Nathan, der an die zukünftigen Leser dachte, gab sich keineswegs damit zufrieden, ein ausgewähltes Stück für sie aufzuschreiben; er fügte seine eigenen erklärenden Beobachtungen hinzu und schilderte gelegentlich auch die Umstände, die zur Entstehung der Erzählung geführt hatten. Ihm ist es zu danken, daß der Leser der Geburt einiger der Geschichten Rabbi Nachmans beiwohnen kann.

Rabbi Nathan präzisiert auch, wann und warum Rabbi Nachman beschloß, Erzähler zu werden. 1806 erklärte Rabbi Nachman: „Ich sehe, daß meine Ideen keinerlei Wirkung auf euch haben, ich werde euch also Geschichten erzählen; und zwar auf jiddisch, damit ihr nicht die Ausrede habt, mich nicht zu verstehen." Später sagte er auch: „Wenn man den Leuten glaubt, sind die Geschichten zum Einschlafen da; ich erzähle die meinen zum Aufwecken." Und ein anderes Mal: „Ich erzähle euch auch meine Träume, denn ein Traum ist nichts anderes als eine geträumte Geschichte; die Geschichte eines Traumes aber ist mehr als ein Traum."

Fünf Jahre nach dem Tod des Meisters wurde Rabbi Nathan dessen Herausgeber und Drucker. In Rußland verboten – sie wurden für zu traurig und deprimierend gehalten –, erschienen die Schriften Rabbi Nachmans in Polen. Der Herausgeber schrieb in seinem Vorwort: „Halte inne und bestaune diese Wunder. Wenn du ein Mensch bist, wenn du eine Seele hast, dann kannst du nicht umhin, die Zähne zusammenzubeißen und dein Leben in beide Hände zu nehmen; die Haare werden dir zu Berge stehen, denn du wirst staunend Worte lesen, die selbst das härteste Herz erweichen. Jedes Wort verbirgt hier eine tiefe Absicht, jede Person ist mit einer alten Wahrheit verbunden."

Rabbi Nachman selbst hielt seine Erzählungen für heilig; er sah darin Inspiration, ja sogar Offenbarung. Auch heute noch wiederholen seine Schüler sie – nach einem besonderen Gebet – und suchen darin Geheimnisse, die nur Eingeweihten zugänglich sind. Sie wiederholen sie wie Beschwörungen und läutern sich selbst, indem sie das Wort läutern, das den Wesen und den Stimmen in der Zeit und in der Welt Namen gibt.

Ich erinnere mich, daß ich als Kind diese Geschichten las und, hingerissen, sie zu verstehen glaubte. Jetzt lese ich sie wieder, immer noch hingerissen, verstehe sie aber nicht mehr. Manche erscheinen mir zu einfach, andere zu komplex, und einige beides zugleich. Gelegentlich trügt der Schein, gelegentlich bleibt das Gerüst unsichtbar. Je mehr ich lese, desto mehr habe ich den Eindruck, auf der Stelle zu treten, nicht bis ans Ende zu gelangen. Es wird immer ein Niemandsland bleiben, ein dunkles Gebiet, zu dem ich keinen Zugang finde. Ich werde nie bis zum Erzähler vordringen; ich werde weder sehen, was er gesehen hat, noch was er nicht sehen wollte, ich werde seine Abenteuer nicht nacherleben, selbst wenn mir das bei den Erlebnissen seiner Helden und ihrer Opfer manchmal gelingt.

Seine Geschichten? Jede setzt sich aus mehreren Erzählungen zusammen. Sie sind wie konzentrische Kreise, deren fixes Zentrum sich in den Tiefen der menschlichen Seele befindet: im Ich des Ichs, im Bewußtsein, das sich Ruhe und Frieden schafft, in der Erinnerung innerhalb der Erinnerung. Und überall wohnen Fürsten und Weise, Gehetzte, die einander suchen, sich eines im anderen suchen, der Pest Entronnene, Flüchtlinge, Vertriebene, Boten und unschuldige Kinder, Waisen und Bettler, die über die Straßen der Welt irren und sich in einer Höhle oder in einem Palast wiederfinden, glücklich vereint nach den Abenteuern, die sie – manchmal unbewußt – bestanden haben. Wenn wir ihnen folgen, stürzen wir uns ins Übernatürliche, und dennoch wird das Wort *Wunder* nie ausgesprochen. Denn in der Welt Rabbi Nachmans scheint alles wunderbar zu sein, auch das Alltägliche. Bei ihm ist der ärmste Mensch, das primitivste Wesen mit besonderen Kräften ausgestattet; es singen und lachen die Dinge, der Wald, die Bäume, die Tiere und der kühle Morgenwind.

Kühner als der kühnste Surrealist, einzig seiner Intuition vertrauend, schafft Rabbi Nachman frei und impulsiv; er verschmäht jede Logik, die der Vernunft und die der Tatsachen; er gehorcht keinem Gesetz, unterliegt keinem Einfluß. „Die Zeit existiert nicht", behauptet er, wenn er von seinen Erzählungen oder auch von der Wirklichkeit spricht; er geht sogar so weit, die Zeit von der Schöpfung auszuschließen. Ihm zufoge hätte Gott den Menschen alles gegeben, bis auf die Zeit.

In seinem Werk berücksichtigt Rabbi Nachman also in keiner Weise den Begriff der Dauer, auch nicht den des Ortes. Die Einheit der Handlung? Er zieht ihr die souveräne, ungebundene, unwiderstehliche Phantasie vor, die auf Grenzen pfeift, auf alle Grenzen, auf die des Denkens und wie auf die der bewohnten, aber verfluchten Länder. Seine Figuren verlassen einander ständig, ohne Grund, um sich hinter anderen zu verbergen; man weiß nicht mehr, wer welche Rolle spielt und für wie lange. Die Wechselfälle reihen sich in willkürlicher Folge und Verflechtung aneinander, und willkürlich und abrupt kommt auch die Lösung, als sei der Erzähler am Ende seiner Geduld und wolle plötzlich aufhören, um eine neue Geschichte zu beginnen. Jede Fabel, episch im Ton, in schnellem, stampfendem Rhythmus, enthält zehn andere Fabeln; jede Szene ist ein Mosaik, von dem wiederum jedes Steinchen eine Erzählung, eine Szene für sich darstellt. Man verliert sich leicht darin. Es sind zu viele *Maassioth betoch maassioth,* zu viele Geschichten innerhalb der Geschichten Rabbi Nachmans. Man verliert schließlich den Faden. Man versteht nicht mehr, wo der Erzähler hinauswill. Wie die Helden der Geschichten, weiß der Leser oder Zuhörer nicht mehr, wo er ist und was ihm bevorsteht; er ist ratlos, verirrt in einem fremden Land.

Auf den ersten Blick erscheint das überraschend, denn Rabbi Nachman versteht es, sich Disziplin aufzuerlegen, wenn er will und es für notwendig hält. Er ist ein zu guter Handwerker, um beim Aufbau einer Erzählung zu pfuschen. Wenn er trotz der Abschweifungen, trotz der Verstreuung der Personen unsere Aufmerksamkeit bis zum Ende fesselt, dann deshalb, weil er sein Handwerk von Grund auf beherrscht. Wie kommt es aber, daß er, der in den wenigen wichtigen, nebensächlichen Episoden jedem Stimmungsmerkmal, jedem Detail – der Farbe einer Wolke, einer Dämmerung, dem Staunen eines Greises, dem Grinsen eines Gaffers – so viel Bedeutung beimißt, das Gerüst, die Struktur des Ganzen vernachlässigen kann? Warum gibt es so viele Lücken? Warum Fäden, die in verschiedene Richtungen zugleich führen? Warum wird die Handlung zehnmal unterbrochen und siebenmal wieder zusammengeflickt? Die Antwort ist in der Frage enthalten: Man findet die gleichen – scheinbaren – Schwächen in allen seinen Märchen, sie ziehen sich durch sein ganzes Werk; sie müssen also gewollt sein und seine Auffassung von der Entstehung und der Überlieferung von Legenden wie auch seine Auffassung vom Erzähler ausdrücken.

Es ist, als wollte er zeigen, daß es für den Menschen wichtiger ist, das Mysterium seiner Existenz zu erzählen, als das Geheimnis des Ursprungs der Welt. Die Gefahr, das Übel liegt nicht im unaufhaltsamen Nahen des Todes, sondern in der Zersplitterung. Der Mensch strebt mehr als einem Ziel zu, lebt auf mehr als einer Ebene, liebt und verzweifelt auf mehr als eine Art, aus mehr als einem Grund; und er weiß nicht, ob sein Handeln sich im Hauptstrom oder in Nebenarmen bewegt, ob sein Ich ihn befreit oder verdammt, ob Bewußtsein Segen oder Fluch ist. Das Schicksal des Menschen, aus lauter Fragen bestehend, heißt Zersplitterung. Jeder Teil enthält das Ganze und bedroht es, jeder Bruch beweist, daß der Mensch die zerbrechlichste und zugleich zäheste aller Kreaturen ist.

Wenn sich Rabbi Nachman mehr mit dem einzelnen Menschen als mit der Menschheit befaßte, so deshalb, weil der einzelne ihn mehr interessierte, seine Beziehungen zu Erde und Himmel enthalten ebenso viele Geheimnisse wie Himmel und Erde selbst. Wenn Rabbi Nachman die episodischen Ereignisse miteinander verknüpft und das Gewebe locker beläßt, dann deshalb, weil ihm der Augenblick mehr bedeutet als die Jahre, das unendlich Kleine mehr als das unendlich Große, die Wechselfälle des Lebens mehr als ein Leben ohne Überraschung.

Geben wir seine schönste – und dunkelste – Erzählung wieder, die *Geschichte von den sieben Bettlern.* Es war seine Lieblingsgeschichte, man weiß es; denn bevor er sie vor dem Publikum erzählte, gestand er Rabbi Nathan: „Ich werde demnächst eine Geschichte erzählen, die seit der Erschaffung der Welt nur ein einziges Mal vernommen wurde, vor der Zerstörung des Tempels. Selbst die Propheten kannten sie nicht. Nur der kannte sie, der sie in Worten faßte." Und er fügte hinzu: „Man müßte in die Stadt gehen, bis nach Brody, in die große Synagoge, auf die Bema steigen und die Leute auffordern, in Scharen zu kommen ..."

Es war einmal ein König, der zugunsten seines Sohnes abdankte. Die Krönung des neuen Königs wurde mit Pomp und Prunk gefeiert. Man sang in den Straßen, man trank auf den Plätzen. Komödianten und Musikanten, fahrende Sänger und Gaukler unterhielten die Hofleute; andere belustigten das Volk von früh bis spät und bis zum nächsten Morgen. Am Höhepunkt der Lustbarkeiten wandte der alte König sich zu seinem Sohn und sagte: „Ich lese in den Sternen, daß du eines Tages deinen Thron verlieren wirst; versprich mir, deswegen nicht traurig zu sein; versprich mir, fröhlich zu bleiben, dann werde ich's auch sein; aber meine Fröhlichkeit wird eine seltsame Fröhlichkeit sein."

Der neue König war gut, wohltätig und ruhmreich. Als Mäzen und Kenner förderte er die Künste und Wissenschaften. Er wünschte sich glückliche Untertanen. Wer Geld wollte, dem gab er. Wer nach Ehren strebte, dem ließ er sie zuteil werden. Was das Königreich so an Weisheit und Liebe gewann, büßte es an militärischer Macht ein; die Krieger verlernten ihr Handwerk und verloren die Lust, sich zu bewähren, indem sie töteten oder den Tod herausforderten. Und der König versank in Melancholie. Er fragte sich ohne Unterlaß: Was mache ich hier? Wo ist mein Platz auf dieser Welt? Er kannte sich selbst nicht mehr.

In einem anderen Land jedoch befiel eine große Furcht die Bewohner, und sie ergriffen die Flucht. Als sie einen Wald durchquerten, gerieten ihnen zwei Kinder abhanden, ein Knabe und ein Mädchen, die weinten und schrien, weil sie Hunger hatten. Da kam ein Bettler des Weges, der einen Ranzen am Rücken trug. Sein Blick war leer. Die Kinder sagten ihm allerlei Artigkeiten, und er gab ihnen Brot. „Woher kommt ihr, Kinder?" – „Wir wissen es nicht." Er wollte weitergehen, sie aber flehten ihn an, sie doch mitzunehmen. Er weigerte sich. Da sahen sie, daß er blind war. Als er sie verließ, wünschte er ihnen: „Seid wie ich."

Am nächsten Tag, als sie wieder Hunger hatten, weinten und schrien sie von neuem. Ein zweiter Bettler kam ihnen zu Hilfe; er war taub. Wie der erste lehnte er es ab, die Kinder mitzunehmen, wünschte ihnen aber dasselbe wie jener. Am dritten Tag war es ein Stotterer, der ihnen Brot und seinen Segen gab: „Seid wie ich." Der vierte Bettler hatte einen verdrehten Hals, der fünfte war bucklig; der sechste hatte keine Arme mehr, der siebente keine Beine. Und jeder wünschte ihnen, sie mögen sein wie er.

Dann traten die Kinder hinaus aus Nacht und Wald, und nachdem sie Bettler geworden waren, suchten sie Städte und Jahrmärkte auf. Man bemitleidete sie. Sie machten Karriere und erlangten Berühmtheit. Man beschloß, sie miteinander zu verheiraten. Die Verlobung fand an einem Markttag statt. Die Hochzeit sollte am Geburtstag des Königs gefeiert werden. In einer riesigen, mit Laubwerk geschmückten Höhle, vor wuchtigen Steinen als Tischen, würden alle sitzen und sich satt essen an den Resten von der königlichen Tafel, die man den Armen zu geben pflegt. Und alle würden singen und singen.

Aber die Neuvermählten gedachten der vergangenen Zeiten im Wald, und es tat ihnen leid, daß ihre ersten Wohltäter, die sieben Bettler mit dem großen Herzen und dem merkwürdigen Segensspruch, nicht dabei waren. Sie noch einmal wiederzusehen, nur ein einziges Mal, war ihr sehnlichster Wunsch. Und plötzlich erschien am Eingang der Höhle der erste Freund, der blinde Bettler: „Ich bin gekommen, um an eurer Hochzeit teilzunehmen und euch mein Geschenk zu überbringen ..." Und er begann, ihnen eine Fabel zu erzählen: „Ich bin nicht blind, die Welt ist es. Im übrigen bin ich weder alt noch jung: Ich habe noch gar nicht begonnen, zu sein. Der große Adler hat es mir bestätigt ..."

Am nächsten Morgen, dem zweiten Tag der Festwoche, erschien der zweite Bettler vor den Neuvermählten, die sich schweigend der Erinnerung hingaben: „Ich bin nicht taub, aber meine Ohren nehmen nur das wahr, was dieser Welt fehlt. Die einen beweinen das Fehlen des Glücks, die anderen beglückwünschen sich, weil das Unglück ausbleibt. Diesem Fehlen gegenüber bin ich allerdings taub – darin liegt meine Stärke. Und die Bevölkerung der Stadt des großen Überflusses hat es mir bestätigt ..." Am dritten Tag kam der dritte Bettler, der Stotterer, und sagte: „Ich stottere keineswegs; im Gegenteil, ich bin Redner von Beruf; aber ich möchte nur das Vollkommene ausdrücken. Außerdem bin ich Sänger, und mein Gesang enthält die Weisheit der Weisheit. Der wahrhaft begnadete Mann hat es mir bestätigt ..." Und er fing an, ihnen eine Geschichte zu erzählen:

In der Mitte der Welt steht ein Berg, und auf dem Berg befindet sich ein Felsen, und aus dem Felsen strömt eine Quelle. Jedes Ding aber hat ein Herz, ein Herz, das ein vollständiges Lebewesen ist, mit einem Gesicht und Händen, Beinen, Augen und Ohren. Und dieses Herz glüht, es brennt danach, zur Quelle zu gehen, ans andere Ende der Welt, auf die andere Seite des Abgrunds. Das Herz hat zweierlei Unglück: Die Sonne quält es, trocknet es aus; um zu überleben, betrachtet es die Quelle. Aber je mehr es sie betrachtet, desto stärker wird sein Wunsch, sich ihr zu nähern. Sowie es sich aber dem Berg nähert, verschwindet dessen Gipfel vor seinen Augen, und mit ihm die Quelle. Da aber verläßt die Seele unser Herz, denn es lebt nur von der Liebe zu dieser Quelle. Und wenn das Herz stehenbliebe, würde die ganze Welt zunichte. Also hält es sich fern, auf der anderen Seite, beschützt von einem Vogel mit ausgespannten Schwingen, dazu verurteilt, die Quelle zu betrachten, und es weiß stets, daß es sich nie mit ihr vereinigen wird.

Und so weiter. Die Neuvermählten hatten das Glück, den vierten Bettler wiederzusehen, und den fünften, und den sechsten. Jeden Tag hörten sie eine andere Geschichte.

Doch beim sechsten Tag der Hochzeitswoche hielt Rabbi Nachman in der Erzählung inne. Später gestand er Rabbi Nathan, daß die Geschichte des siebenten Bettlers erst nach dem Kommen des Messias erzählt werden würde.

Was den Ausgangspunkt der Erzählung betrifft, hat man ihn längst vergessen. Ja, was wurde aus dem König, der zu Lebzeiten seines Vaters gekrönt worden war? Hat er seinen Thron verloren? Ist er der Trauer verfallen, oder aber ist es ihm gelungen, die „seltsame Freude" seines Vaters zu wahren?

Unwichtig. Für Rabbi Nachman zählt die Fabel hinter der Geschichte, die Legende, die aus der Fabel hervorgegangen ist, der Traum, der im Traum vergraben liegt. Der König ist weniger wichtig als die Vagabunden, die Bettler mit ihren außergewöhnlichen Gaben; Wesen, die über Pferde, über Töne und Blicke herrschen. Gute, selbstlose, verständnisvolle Wesen, bereit, bedrängten Prinzen zu Hilfe zu eilen, Prinzessinnen, die aus ihrem Schloß entführt wurden, oder Greisen, die man um ihre Kindheit gebracht hat. Sie wissen, was sie suchen, wohin sie gehen sollen; und sie sagen es. Sobald sie die Szene betreten, bereichern sie uns mit ihrer Geschichte, ihrem Talent. Einer ist da, der versteht, alle Laute zu deuten: Ein anderer weiß, wo Tag und Nacht einander begegnen. Und ein Dritter hört, wie der Mond der Sonne sein Leid klagt.

Eine wundersame, magische Welt, vom Wort beherrscht, vom Wort verherrlicht. „Das Wort kann das Gewehr zum Schweigen bringen", sagt Rabbi Nachman. Und auch: „Man kann dem Wort Leben einhauchen durch das Wort." Das Wort bricht die stärksten Tore auf. Das Wort ist die erregendste aller Entdeckungen, und auch die schrecklichste.

Es steht geschrieben, sagt Rabbi Nachman, daß die Gerechten das Wort Gottes befolgen. Man müßte das anders lesen: Die Gerechten „machen das Wort Gottes". Eine wörtliche Übersetzung, die nach Ansicht des Meisters bedeutet: Die Gerechten schaffen die Sprache, in der Gott seine Welten erschafft. Wenn die Propheten Gottes Wort weitergeben, so sind es die Gerechten, die es als erste empfangen haben. Oft in Form von Geschichten. Jedes Wort ist eine

Geschichte, sagte man in Brazlaw. Zum Beispiel die Thora. Oder der Talmud. Oder der Sohar. Die Geschichte des Gesetzes ist ebenso wichtig wie das Gesetz selbst. Und es ist tiefer als die Kommentare dazu.

Soll man in den Legenden Rabbi Nachmans eine Absicht, einen mystischen Inhalt suchen? Die Schule von Brazlaw antwortet darauf mit Ja. Der König sei Gott, der unglückliche Prinz das Volk Israel, die Prinzessin die Schechina, die Thora oder der Messias. Die Fabel sei nur Illustration, Gefäß. Die Personen und ihre Schicksale stammen aus einer uralten, heiligen und unerschöpflichen Quelle. Hinter ihren ephemeren, vom Erzähler erfundenen Beziehungen stehe eine übergeordnete, zeitlose Bedeutung.

Ein Beispiel: Es war einmal ein Prinz, der den Palast seines Vaters verlassen mußte. Monate, Jahre verflossen. Krank vor Heimweh, wußte er nicht, wohin er sich wenden sollte. Die Verbannung war bedrückend, der Kummer zermürbend. Der Prinz verlor den Boden unter den Füßen, er wurde ein anderer Mensch, verschloß sich der Freude, der Erwartung. Und da kam ein Bote, um ihm einen Brief seines Vaters zu überbringen. Sein Schmerz wurde dadurch aber nur stärker, da der Brief ihn daran erinnerte, woher er kam und was er verloren hatte. Was hätte er nicht alles darum gegeben, wieder zu seinem Vater zurückkehren zu dürfen, ihn zu umarmen, einen Zipfel seines königlichen Gewandes zu berühren! Er weinte still, faßte sich dann aber plötzlich, als er dachte: Ich habe kein Recht, traurig zu sein, mich wegen meines Schicksals zu bemitleiden. Habe ich nicht einen kostbaren, einzigartigen Brief in meiner Hand? Die Schrift des Königs spiegelt ja den Willen des Königs wider, *ist* also der König ... Und lächelnd küßte er das Schreiben. Der Brief bewies ihm, daß sein Vater lebte, er verband ihn mit ihm; erstens, weil dieser Brief geschrieben und abgesandt worden war, und zweitens, weil der König der König ist, und der Sohn, wenn auch in der Verbannung, immer noch Prinz.

Der Sinn dieser Parabel ist augenfällig: Um das Exil zu ertragen, braucht Israel sich nur mit und in der Thora zu trösten, sich eng an den Buchstaben und den Willen Gottes zu halten.

Denn, sagt Rabbi Nachman bei einer anderen Gelegenheit, jeder Mensch wird seiner Art und seinem Rang entsprechend gerufen. Gott ruft den einen mit einem Schrei, den anderen mit Gesang oder Flüstern. Es ist wie mit dem Hirten und dem Lämmlein; solange das Lamm sich nicht zu weit entfernt, hört es die Flöte des Hirten, der wiederum das Glöcklein des Tieres vernimmt; sowie es aber sich zu weit entfernt, hört es nichts mehr und wird nicht mehr gehört.

Wer ist der Hirte, wenn nicht Gott? Wer das Lamm, wenn nicht Israel? Das Glöcklein ist die Thora, die dem einen wie dem anderen die Gefahren der Entfernung und der Trennung in Erinnerung ruft.

Eine Symbolik, die manche zeitgenössische chassidische Meister anscheinend nicht besonders geschätzt haben. Daß ein Rabbi seine Zeit und die Zeit seiner Gläubigen darauf verschwendete, Fabeln zu ersinnen, mochte ja zur Not noch angehen, aber daß er darin nicht Heilige oder Wunderrabbis auftreten ließ, sondern Prinzen und Hirten, namenlose Bettler und Ritter, Weise und Boten – die nicht einmal im landläufigen Sinn Juden waren –, das mußte Entrüstung hervorrufen. Wenn Rabbi Nachman wenigstens da und dort, um die Empfindsamen nicht zu verletzen, einige traditionelle chassidische Legenden eingeflochten hätte – solche, die die Macht des Zaddiks und den Glauben der Jünger rühmten –, dann wären die Erzählungen wohl freundlicher aufgenommen worden. Aber Rabbi Nachman war starrsinnig. Er bestand auf seinen Prinzen und Bettlern.

Seine Kritiker beschränkten sich nicht auf seine literarischen Produkte. Sie warfen ihm auch sein Benehmen im allgemeinen vor. Seinen „schlechten Umgang", seinen leidenschaftlichen Individualismus, seine betonte Vorliebe für das Geheimnisvolle, Zweideutige, seine Verachtung der öffentlichen Meinung. Man geißelte ihn wegen seiner Kontakte zu den heimlichen Frankisten, die in Fortsetzung des Denkens und der Gepflogenheiten ihres verstorbenen Oberhaupts an die Erlösung durch das Böse glaubten.

Gewiß, in Brazlaw verstand man zu erklären, zu rechtfertigen, was der Meister tat. Um einen Mann aus dem Dreck zu ziehen, steigt der Gerechte zu ihm hinein, in denselben Dreck. Um die Verirrten zurückzuführen, muß man sein Heim verlassen, seine Bequemlichkeit aufgeben und die Unglücklichen dort suchen, wo sie sind. „In jedem Menschen wohnt ein Teil des Messias." In jedem Menschen, an jedem Ort. Die Kabbala sagt es, die Mystiker wiederholen es. Um die Menschheit zu befreien, muß man die Funken sammeln, alle Funken, und sie der ursprünglichen Flamme zuführen. Ein Messias, der nur die Gerechten retten würde, wäre kein wahrer Messias. Man muß auch an die anderen denken, man muß sie vorbereiten. Mehr als die Heiligen bedürfen die Ungläubigen der Erlösung. Deshalb habe Rabbi Nachman es gewagt, allein so vielen Gefahren gegenüberzutreten, auf so unwirtlichem Terrain.

Eine klassische Erklärung, die aber Rabbi Nachmans Gegner nicht befriedigte; sie hatten noch andere Gründe, ihm böse zu sein. Der *Großvater von Spola,* der anfangs Rabbi Nachman sehr gern gehabt hatte, wandte sich gegen ihn an dem Tag, da dieser sich in seiner Stadt niederließ, wie um ihn zu ärgern. Andere stießen sich an seiner Lebensweise, die sich von der ihren unterschied. Rabbi Nachman war berühmt wie sie, wollte aber anders sein. Er verwarf, was sie schätzten, verschmähte, worauf sie stolz waren. Sicherheit, Ehre – er lachte darüber. Er umgab sich mit jungen Leuten und mied die Alten wie auch die Reichen, und zwar aus den gleichen Gründen: Von den einen meinte er, sie seien „mit Traurigkeit", von den anderen, sie seien „mit Schulden" beladen. Allgemein aber respektierte man die Greise wegen ihrer Weisheit und die Reichen wegen ihrer Freigebigkeit. Mehr noch: Er riet seinen Schülern zu einsamer, stummer Meditation, abseits der Gemeinde – was der chassidischen Tradition, für die gemeinsames Leben und Gebet unerläßliche Voraussetzungen für das Heil sind, zu widersprechen schien. Der traditionalistische Chassidismus sagt: Das Ich verwirklicht sich, indem es im kollektiven Ich aufgeht. Rabbi Nachman sagt: Es ist besser, zuerst am individuellen Ich zu arbeiten, indem man es von den übrigen absondert. So widmete auch jeder Chassid von Brazlaw täglich eine

Stunde der Sammlung in der Einsamkeit, fern vom Getriebe, fern sogar vom Rabbi. Seit dem Baal-Schem jedoch galten die Bande zwischen dem Chassid und dem Rabbi als unzerstörbar und notwendig – notwendig, damit der Rabbi Rabbi sei und der Chassid Chassid. Mit welchem Recht leugnete Rabbi Nachman, ein Urenkel des Baal-Schem, indem er Einsamkeit und stummes Gebet empfahl, den Wert jener Bande?

Es kam vor, daß Rabbi Nachman für Wochen fortging und seine Schüler ratlos, seine Familie unversorgt zurückließ. Er verabscheute Gewohnheiten und Besitz; sie hemmen die Freiheit. Er wanderte von Ort zu Ort; er liebte die Bewegung, den Wechsel. Man weiß, daß er den Einfall hatte, „meine Frau zu nehmen und weit weg zu ziehen, um am Rande zu leben, manchmal auf den Markt zu gehen, die Leute zu beobachten und zu lachen über die Dinge, die sie tun". Er fürchtete die Langeweile mehr als die Krankheit, die Wiederholung mehr als die Sünde. Die Engel wiederholen niemals ihre Litaneien, sagte er unter Berufung auf den Talmud. Und er erklärte: Es sind niemals dieselben Engel, die den Herrn loben, der Herr wechselt sie jeden Tag aus. Daraus zog er die Lehre: Wer sich wiederholt, mißfällt Gott und entfernt sich von ihm.

Das waren Vorschriften und Forderungen von einer Strenge, die Krisen ohne Ende hervorrufen mußte. Rabbi Nachman, der stets in Angst lebte, erschreckte die Menschen durch den brüsken, unvorhersehbaren Wechsel seiner Launen. Er verglich das menschliche Denken, das Bewußtsein mit einem ewig schwingenden Pendel und fiel von einer Ekstase der Mitteilsamkeit in die schwärzeste Depression, von der *Gadlut hamochin,* der überschwenglichen Raserei, in den tiefsten Abgrund, die *Katnut hamochin.* Wenn er fröhlich war, kannte seine Freude keine Grenzen: Die Geschichte von den sieben Bettlern erzählte er, „um zu zeigen, wie man sich freut". War er traurig, dann riß er die ganze Welt mit in die Verzweiflung.

Als er einmal an seinem Fenster stand, das auf den Marktplatz ging, bemerkte er einen seiner Schüler, einen gewissen Chaikel, der es sehr eilig zu haben schien. Er rief ihn an und lud ihn ein, zu ihm zu kommen: „Chaikel, hast du heute morgen den Himmel gesehen?" – „Nein, Rabbi." – „Und die Straße, Chaikel, hast du heute morgen die Straße gesehen?" – „Ja, Rabbi." – „Und siehst du sie jetzt noch?" – „Ja, Rabbi, ich sehe sie." – „Sag mir, was du erblickst." – „Menschen, Pferde, Wagen, geschäftige Kaufleute, aufgeregte Bauern, Männer und Frauen, die kommen und gehen, das sehe ich." – „Chaikel, Chaikel", sagte Rabbi Nachman träumerisch, „in fünfzig Jahren, in zweimal fünfzig Jahren, wird es hier eine Gasse geben wie diese da und einen ebensolchen Markt. Andere Wagen werden andere Händler heranbringen, die andere Pferde kaufen und verkaufen werden. Aber ich werde nicht mehr da sein, und du wirst nicht mehr da sein. Ich frage dich also, Chaikel, wozu läufst du so, daß du nicht einmal Zeit hast, auf den Himmel zu schauen?"

Einer seiner Anhänger hat uns das folgende Gebet überliefert: „Du, Herr der Welt, kennst das Ausmaß meiner Unwissenheit, da ich doch nicht einmal weiß, ob ich eines Tages sterben werde. Hilf mir. Mach, daß ich es weiß, daß ich mir dessen bewußt werde. Mach, daß ich weiß, daß der Tod mich erwartet, daß ich ihm nicht entgehen kann und daß ich ihm allein gegenübertreten muß; allein, ohne Freunde, ohne irgend jemanden, allein und verlassen von meinen Erinnerungen, meinen Wünschen und Leidenschaften. Mach, daß dieses Bild in mich eindringt. Das grausige Bild eines vertrockneten Leichnams."

Und vom Schicksal des Menschen hat Rabbi Nachman uns folgendes Bild hinterlassen; ein zum Tod Verurteilter, der auf einem Karren sitzt. Der Karren wird von zwei Pferden gezogen, die ihren Weg kennen, den Weg zum Galgen; die beiden Pferde heißen *Tag* und *Nacht,* und sie laufen, sie galoppieren!

Kein Rabbi vor ihm hat in solchen Ausdrücken von Leben und Tod gesprochen; keiner hat seinen Schülern eine ähnlich alptraumhafte Vision vermittelt.

Ein Rabbi sollte stark und fest, seiner selbst und seiner Kraft sicher erscheinen; ein Meister sollte eine starke Stütze, ein Fels, eine Burg sein, Wärme und Gnade ausstrahlen.

Rabbi Nachman wurde also von seinen Kollegen nicht geliebt. Manche wüteten gegen ihn mit einer Heftigkeit, die unter Juden bis dahin unbekannt war. Der *Großvater von Spola* sagte: „Jedem, der Rabbi Nachman quält, verspreche ich einen Platz im Paradies." Man ging so weit, ihn zu ächten, ihn und seine Getreuen. Der Text der Exkommunikation enthält eine Reihe verblüffender Verbote: „Es ist verboten, ihre Kinder zu heiraten, an ihren Mahlzeiten teilzunehmen, mit ihnen Geschäfte abzuschließen; es ist verboten, ihren Gottesdiensten beizuwohnen, das Wort an sie zu richten, ihre Fragen zu beantworten; es ist verboten, sich ihrer zu erbarmen oder für sie auch nur einen Funken Mitgefühl zu empfinden ..."

Bemerken wir zunächst, daß man derartige Proklamationen nicht allzu ernst nehmen darf; in den internen, in jenen Kreisen damals relativ häufigen Streitigkeiten machten alle Richtungen übermäßigen Gebrauch von solchen Bannflüchen; niemand befolgte sie aufs Wort. Mit einer Ausnahme: Während die meisten Dispute sich zwischen den Schülern abspielten und die Meister sich davon fernhielten, waren in die Kämpfe, die Rabbi Nachman mit seinen Gegnern ausfocht, auch die Rabbis verwickelt. Am Anfang beschränkte man sich auf geistige Waffen. Der *Großvater von Spola:* „Er ist drei Menschenalter zu früh gekommen." Darauf soll Rabbi Nachman stolz erwidert haben: „Nein, ich bin drei Menschenalter zu spät gekommen." Genährt von den Gerüchten und Verleumdungen, die sich von Hof zu Hof verbreiteten, arteten die ideologischen Streitereien schließlich in persönliche Zwistigkeiten aus. Da Rabbi Nachman und seine Schüler in der Minderheit waren, mußten sie viele Schikanen erdulden, die gelegentlich das Ausmaß einer regelrechten Verfolgungskampagne annahmen.

Rabbi Nachman erklärte sich damit zufrieden. Je mehr man ihn angriff, desto glücklicher behauptete er zu sein. Er sagte: „Meine Gegner glauben, mir zu schaden; tatsächlich aber helfen sie mir enorm; ich verdanke ihnen meinen Ruhm."

Ein anderes Mal: „Ich brauche es, daß man Streit mit mir sucht. So steige ich jeden Augenblick von Stufe zu Stufe; ich ändere jede Sekunde mein Wesen. Wüßte ich, daß ich jetzt dort bin, wo ich vor einer Stunde war, würde ich nicht leben wollen in dieser Welt."

Übrigens blieb er nicht passiv, er schlug zurück. Und zwar elegant. Nie ließ er sich dazu herab, seine Gegner beim Namen zu nennen. Statt diesem oder jenem einzeln zu antworten, rechnete er mit allen auf einmal ab; er schor alle seine Gegner über einen Kamm, nannte sie die „Prominenten" oder die „Berühmtheiten". Mit einigen scharfen Sätzen, die wie Peitschenhiebe knallten, wies er sie in die Schranken. „Diese Leute, die sich nicht zu benehmen wissen, wollen Menschenführer sein!" Oder: „Da Satan überlastet ist und sich nicht mit der ganzen Welt befassen kann, ruft er die Prominenten zu Hilfe." Oder: „Die Gefahr der Berühmtheit? Das ist sie: Berühmtheit verleitet zu Begehrlichkeit, zum Stehlen und Töten." Und: „Ach, diese Leute, die nur berühmt werden, indem sie mit Größeren streiten!" Oder: „Außerstande, seinen Auftrag zu erfüllen, der darin besteht, die Menschheit zu töten, ruft der Todesengel die Ärzte zu Hilfe – die den Körper vernichten – und die *Berühmtheiten,* die den Geist zerstören." Vor seiner Tochter spottete er über einen berühmten Zaddik, der neun Jahre lang mit Inbrunst gebetet hatte, weil er glaubte, daß die Chassidim im Vorzimmer ihm zuhörten; er vermeinte, ihr Gemurmel zu vernehmen. Nach neun Jahren öffnete er die Tür: Es war eine Katze, die auf dem Fußboden kratzte.

Rabbi Nachman anerkannte nur einen wahren Rabbi: sich selbst.

Hochmut? Ja. Egozentrik? Ja. Befremdliche Züge bei einem Rabbi? Nochmals ja.

Gewöhnlich sind es die Chassidim, die die Verdienste und die Größe ihres Meisters besingen. In Brazlaw übertrifft der Rabbi – in dieser und in noch manch anderer Hinsicht – seine Bewunderer.

Zu diesen sagte er: „Jeder von euch ist eine menschenleere, trostlose Wüste; deshalb meidet euch die Schechina ... und deshalb wandere ich Tag und Nacht: Ich durchquere die Wüste, um sie bewohnbar zu machen."

Ein anderes Mal: „Würde ich meine Weisheit offenbaren,

dann könnten die Menschen davon leben, ohne zu esssen und zu trinken." Und: „Die Straßen schmachten danach, von Menschen bevölkert zu werden, die sich zum Zaddik begeben; unterbricht jemand seine Wanderung, trauern die Straßen." Zu seinen Getreuen sagte er: „Drei Dinge sind es, die ich für euch getan habe. Erstens habe ich eure Eitelkeit gebrochen, die ihr sogar in eure Gebete hineinlegt. Zweitens: Dank meinem Einfluß werden eure Sünden zu läßlichen Sünden. Drittens: Von nun an wißt ihr, wie man Betrüger entlarvt, denn ihr habt schon vom guten Wein gekostet." Bei einer anderen Gelegenheit: „Mein Werk wird vom Messias kommentiert werden."

Seine Kollegen schäumten angesichts solcher Eitelkeit. Nur er zählte, nur er verdiente es, gehört und bewundert zu werden. Wenn er in Schwung war, ließ er nicht einmal den Baal-Schem ungeschoren. „Ich habe seine Geheimschriften nicht nötig; und wenn mein Großvater mich sehen will, weiß er, wo er mich findet." Er glaubte sich den großen Eingeweihten gleich, ja sogar überlegen. „In der Welt der ewigen Wahrheit", sagte er, „werden alle mich brauchen; und alle werden hören wollen, was ich über den Augenblick, der gerade vorübergeht, zu sagen habe."

Wie verträgt sich ein solcher Hochmut mit der Vorstellung von einem Meister, dessen Tugend in erster Linie Demut sein sollte?

Rabbi Nachman würde antworten, daß der Zaddik dem Schöpfer gleicht und nicht dessen Schöpfung; er übersteigt unseren Verstand. Wir sind unfähig, ihn zu begreifen, und nicht berechtigt, über ihn zu urteilen. Seine Normen, seine Kriterien sind nicht die unseren. Unsere Auffassung von Hochmut oder Reue entspricht nicht der seinen. Für uns kann Demut nur unbewußt sein; nicht so für den Zaddik. „Demütig ist nur der, der sich demütig nennt und es bleibt", sagte Rabbi Nachman. Und weiter: „Die mich bewundern und preisen, kennen mich nicht besser als jene, die mich verabscheuen und beschimpfen." Und: „Zwei falsche Meinungen gehen um die Welt: erstens, daß ein Gerechter nicht irren kann; zweitens, daß er kein Gerechter mehr ist, wenn er sich geirrt hat." Der Zaddik hat nicht nur das Recht, Fehler zu begehen, sondern er darf sich dieser Fehler sogar rühmen; er darf nicht nur eitel scheinen, sondern es sogar sein. „Im Grunde", bemerkte er eines Tages mit ernster, blasierter Miene, „habe ich alle Attribute, alle Eigenschaften des Messias. Nur daß er kommen wird, nicht ich."

Lassen wir es genug sein: Rabbi Nachman hatte Humor. Des Rätsels Lösung? Seine Fähigkeit, zu lachen. Um die Bedeutung dieser Fähigkeit zu ermessen, sollten wir ein Ereignis näher betrachten, das ein Markstein in seinem Leben war: seine Reise ins Heilige Land.

Die bewegte Fahrt eines Pilgers, eines Erleuchteten, würdig des Erzählers und seiner Erzählungen. Reich an Unvorhergesehenem, an phantastischen Wechselfällen. Ein Abenteuer folgt dem anderen, sie überschneiden, überstürzen sich. Man könnte von einer Reise ins Unendliche, auf den Abgrund zu, sprechen; es wird einem dabei schwindlig.

Der Ägypten-Feldzug ist in vollem Schwung, Bonaparte will Jerusalem haben. Wieder einmal steht der Krieg vor den Toren des Heiligen Landes. Diesen Zeitpunkt wählt Rabbi Nachman, um sich, von einem unbekannten Schüler begleitet, dorthin zu begeben. Vergeblich versucht man ihm abzureden, ihn zurückzuhalten; die Kraft, die ihn hinzieht, ist unwiderstehlich. Die Verbindungen nach Palästina sind unsicher, und es gibt nur wenige? Na wenn schon. Er hält es nicht mehr aus, seine Ungeduld wird unbezähmbar. Doch dann später hat er, kaum daß er den Fuß auf den heiligen Boden setzt, schon wieder genug davon; er möchte umkehren, so schnell wie möglich nach Hause …

Von Rabbi Nathan aufgezeichnet, zählt dieses gelebte Epos zu den seltsamsten und schönsten Geschichten Rabbi Nachmans.

Auf der Hinfahrt wie auf der Rückreise prasselt alles nur erdenkliche Mißgeschick auf ihn hernieder, alle Hindernisse dieser Welt türmen sich vor ihm auf. Er zieht die Gefahr förmlich an, das Unheil verfolgt ihn. Keine Prüfung bleibt ihm erspart. Kaum fährt er übers Meer, ist die See auch schon entfesselt; kaum rastet er in einer Stadt, bricht dort die Pest aus. Er fürchtet alles, und alles stößt ihm zu. Im Heiligen

Land verbringt ein junger Türke Stunden damit, ihn stumm anzustarren, bevor er ihn zum Duell fordert. An einem anderen Ort verdächtigt man ihn, für Napoleon zu spionieren. Er entkommt der Epidemie, die in Tiberias wütet, kaum aber ist er in Akko, wird die Stadt belagert. Er klettert die Mauern einer Festung empor – und erwacht an Bord eines Kriegsschiffs, wo man versucht, ihn zum Waffendienst zu pressen. Das Meer ist ihm feindlich gesinnt, desgleichen das Land. Überall gehetzt, verfolgt, zieht er von Stadt zu Stadt, von Gefängnis zu Gefängnis, von einer Prüfung zur anderen; er taucht im ungünstigsten Moment auf und zieht die Aufmerksamkeit der Unbarmherzigsten auf sich; es gelingt ihm sogar, Seeräubern in die Hände zu fallen. Rabbi Nathan sagt: „... unser Meister und sein Gefährte erlebten viele böse Abenteuer in jeder Stadt und in jedem Dorf, aber der Heilige, gesegnet sei Er, half ihnen und bewahrte sie vor Pest und Schwert, vor Hunger und Durst und Gefangenschaft, und sie kehrten heim in Frieden."

Aber blicken wir noch einen Augenblick zurück. Als Rabbi Nachman das erste Mal nach Stambul kam, auf der Hinreise, soll er sich – wenn man seinem Biographen glauben darf – äußerst unziemlich benommen haben: „Wie ein Landstreicher spazierte er umher, barfuß, ohne Gürtel und Hut; jedes seiner Kleidungsstücke hatte er verkehrt angezogen, das Futter nach außen, und erlaubte sich alle möglichen Kindereien. Er trieb sich auf dem Markt herum wie ein Gassenjunge, der läuft und schreit und gestikuliert inmitten der Händler und allerlei Possen aufführt; er brach Streit vom Zaun, nur zum Vergnügen, wie es Buben tun, die Krieg spielen und einander mit der Taktik eines richtigen Krieges bekämpfen."

Eine andere Episode: Rabbi Seev, ein ehrwürdiger Zaddik, der sich in Stambul aufhielt, hatte Rabbi Nachman mit Achtung und Ehrerbietung empfangen, während dieser sich offen und boshaft über ihn lustig machte. „Während Rabbi Seev am Schabbat auf der Bema betete, wie die heiligen Männer es zu tun pflegen, nahm Rabbi Nachman seelenruhig seine Mahlzeit ein. Auch tat er, als ob er schliefe, während Rabbi Seev, von seinem Gefolge umgeben, sich unter Gesang zu Tisch begab."

Rabbi Nachman weigerte sich, den Leuten, die ihn mit Fragen überschütteten, zu verraten, wer er war und woher er kam. Einmal nannte er sich Kohen, dann wieder Levi oder Israel, als wollte er es sich absichtlich mit jedem verderben, jedermanns Zorn erregen. Überdies geriet er wegen jeder Kleinigkeit in Wut, machte sich über jeden, der ihm nahekam, lustig. Man schlug, beleidigte, demütigte ihn. Man zweifelte schließlich an seinem Verstand und erfüllte damit seinen heimlichen Wunsch.

O ja, er legte es darauf an, daß die Leute ihn schief ansahen. Deshalb wechselte er ja täglich seine Identität und auch seine Verkleidung: Er wollte *ein anderer* sein. Komödiant, Betrüger, Clown – alles lieber als ein Rabbi. Und alles lieber als ein Zaddik. Darum benahm er sich wie ein Schwachsinniger, wie ein entlaufener Irrer; er wollte, daß die Leute in ihm einen von Gott und den Menschen verlassenen Vagabunden sahen, einen armen Teufel, der von nirgendwo kam und nirgendwo hinging.

Warum dieses Spiel? Zu welchem Zweck? Welches Wissen auf welchem Gebiet wollte er sich damit erwerben? Diese Gesten, diese Masken, was sollten sie bezwecken? Warum gab sich der Rabbi als Narr aus, auf offener Straße in Stambul?

In Brazlaw fand man dafür folgende Erklärung: Es war nur eine List. Um den Todesengel hinters Licht zu führen. Und auch, um Satan zu täuschen, der eifrig versuchte, Rabbi Nachmans Pläne zu durchkreuzen, wie er es mit dem Bescht getan hatte. Indem er sich verkleidete, den sorglosen, unwissenden Hanswurst spielte, vermochte Rabbi Nachman die Wachsamkeit des Feindes einzuschläfern und seinen Weg zu verfolgen.

Ich für mein Teil ziehe es vor, auf Rabbi Nachman nicht die chassidischen Normen anzuwenden, die diese Hypothese voraussetzt, und neige zu einer Erklärung, die auf seinem Sinn für Homor basiert. Das Lachen nimmt tatsächlich einen erstaunlich wichtigen Platz in seinem Werk ein. Da und dort stößt man auf einen Menschen, der lacht, immer nur lacht; auf eine lachende Landschaft, auf ein Wesen, das die Zeit und alles, was sie berührt, laut auflachen hört und nichts anderes vernimmt.

Dieses Lachen entstammt einem klaren und verzweifelten Verstand, es ist ein herzzerreißendes, freudloses Lachen, ein Lachen des Protests gegen die Absurdität des Daseins, der Revolte gegen eine Welt, in der der Mensch – was immer er auch tun mag – bestohlen wird, in der er im voraus verdammt ist; es ist ein Lachen des Mitgefühls mit dem Menschen, der dem Zwiespalt seines Schicksals und seines Glaubens nicht entgehen kann. Sich Gott blind unterwerfen, ohne nach dem Sinn der Unterwerfung zu fragen, hieße Gott herabsetzen; ihn verstehen wollen, hieße seine Absichten und seine Anschauung auf unser Niveau herabziehen. Das Dilemma ist total, schwarz, ohne Ausweg. Wie soll der Mensch sich also ernst nehmen? Die Revolte ist keine Lösung, die Unterwerfung ebensowenig. Bleibt das Lachen, das metaphysische, befreiende, rächende Lachen. „Die Hölle existiert", sagt Rabbi Nachman, „und sie ist hier auf Erden; nur wagt es niemand, dies zuzugeben." Und auch: „Gott, ich habe Mitleid mit Dir, ja, ich beklage Dich; es war schlecht, die Welt zu erfinden, den Menschen zu erschaffen; sie machen Dir nur Sorgen." Und: „Wenn der Messias kommt, wird sich nichts ändern, außer, daß die Dummen sich ihrer Dummheit schämen werden."

Rabbi Nachman, fast ein Genie, konnte lachen, wollte lachen. Zuerst über sich selbst, dann über alles andere. Er spielte mit den Kindern auf der Straße, um den Rabbi in sich zu verspotten; er spielte Krieg, um den Krieg lächerlich zu machen. Er spielte den Narren, um sich über die Vernunft und den äußeren Schein zu mokieren, er spielte den Nomaden ohne Gepäck, um den grotesken Aspekt des Besitzes zu unterstreichen. Er gebärdete sich wie ein Hanswurst, um die letzten Spuren der Eitelkeit zu tilgen, die er noch in sich trug; und das konnte er nur dort, wo man ihn nicht kannte. Deshalb wählte er zu Hause auch das andere Extrem; er entschärfte seinen Hochmut, indem er ihn überspitzte, indem er seine eigene Bedeutung in allen Bereichen, in allen Sphären übertrieb, sich eine unwahrscheinliche Größe zuschrieb und sich damit freiwillig zur Karikatur machte. Er tat dies, um darüber zu lachen, und gewiß auch, um seine Gegner zu provozieren, die sein Hochmut in Wut brachte. Die Gegner dienten ihm als Vorwand, als Deckmantel. Er hatte es auf Höheres abgesehen. Sein Hochmut, die falscheste und gelungenste seiner Masken, erlaubte es ihm, lauter zu lachen.

In einer seiner Erzählungen kommt folgende Episode vor: Es war einmal ein Land, das alle Länder dieser Erde umfaßte; und in diesem Land gab es eine Stadt, die alle Städte des Landes in sich barg; und in dieser Stadt war eine Straße, die alle Straßen in sich vereinigte; und in dieser Straße stand ein Haus, das alle Häuser der Straße beherbergte; und in diesem Haus war ein Zimmer, und in diesem Zimmer war ein Mensch, und dieser Mensch war die Verkörperung aller Menschen aller Länder, und er lachte und lachte, und niemand hat je so gelacht.

Wer ist es? Der Schöpfer, der über seine Schöpfung lacht? Der Mensch, der Ihm sein Lachen als Echo oder vielleicht als Herausforderung zurückschickt? Wird man es jemals wissen?

Rabbi Nathan, der Rabbi Nachman auf dem Sterbebett beschreibt, entdeckt „eine Art Lächeln auf seinem Antlitz". Rabbi Nachman murmelte: „Jetzt kommt ein riesiger, schrecklicher Berg auf uns zu. Und ich weiß nicht, ob wir ihm entgegengehen oder ob er sich zu uns herbewegt." Als er seine Getreuen schluchzen hörte, sprach er zu ihnen: „Meine Flamme wird leuchten bis ans Ende der Zeiten; weint nicht, ich werde euch nicht verlassen." Seine Chassidim faßten diesen Trost als Verheißung auf und nahmen ihn wörtlich. Darum beschlossen sie, daß niemand sein Nachfolger werden sollte. Für sie ist Rabbi Nachman lebendig geblieben. Wenn sie von ihm sprechen, verwenden sie das Präsens. Und deshalb nennt man sie die *toten Chassidim* oder *Chassidim des Toten.*

In meiner Heimatstadt gab es keine *toten Chassidim.* Später, in Jerusalem, lernte ich welche kennen; ihr *Stibel,* ihr Bethaus, ist dort ein Anziehungspunkt für alle, die Geschichten und Gesänge lieben, für alle, die das Heimweh lieben.

Wenn Sie dort hinkommen, wird man Ihnen den Sessel Rabbi Nachmans zeigen. Dieser Sessel war von russischen Chassidim mitgenommen worden, als sie die Sowjetunion verließen, und so passierte er, in seine Bestandteile zerlegt, etliche Grenzen, bis er in Jerusalem eintraf. Kein Stück fehlte. Kein Chassid dieser seltsamen Brüderschaft ist unterwegs umgekommen. Der alte Wächter von Rabbi Nachmans Grab, ein zum Judentum und zum Brazlawer Chassidismus bekehrter Russe, genoß den gleichen wundersamen Schutz: er entging tausend Gefahren und kam heil und gesund in Israel an.

Viele Schüler Rabbi Nachmans reisen aus Anlaß seines Todestages bis nach Uman in der Ukraine, um sich dort am Grab des Meisters zu sammeln und die Psalmen zu rezitieren.

Aber zum ersten Mal traf ich einen Chassid von Brazlaw *dort unten,* im Reich der Nacht. Jedem, der es hören wollte, wiederholte er einen Ausspruch seines Rabbis, den einzigen, der sich überlebt hatte: „Bei der Liebe des Himmels, Juden, verzweifelt nicht!" Er betete und erzählte Geschichten. Ich habe seinen Namen vergessen, nicht aber seine Stimme. Ich höre ihn noch: „Weißt du, wann Rabbi Nachman wirklich allein war? Wenn er nicht allein war. Er selbst hat es gesagt. Inmitten einer Menge konnte er stumm schreien, und diesen seinen Schrei hörte man von einem Ende der Welt bis zum anderen ... Genauso geht es uns hier. Wir sind nie allein. Und dennoch waren wir nie so allein, nie so stumm. Aber unser Schrei wird nicht gehört." Gerne zitierte er auch noch ein anderes Wort Rabbi Nachmans: „Zwei lebende Menschen, die durch Zeit und Raum voneinander getrennt sind, können sich dennoch verständigen. Der eine stellt eine Frage; und der andere, fern von ihm und zu einem späteren Zeitpunkt, fragt ebenfalls etwas, ohne zu ahnen, daß seine Frage eine Antwort auf die erste Frage ist." Eines Abends wurde der Chassid von jemandem gefragt: „Was würde dein Rabbi Nachman den Tausenden Männer, Frauen und Kindern sagen, die hier leben und sterben, an demselben Ort, in derselben Nacht? Wer könnte auf ihre Fragen antworten?" Der Mund des Chassids verzerrt sich, dann flüsterte er seufzend, kaum hörbar: „Wer sagt Ihnen, daß wir die Frage sind? Und wenn unser Tod die Antwort wäre?"

Zum Schluß noch eine Erzählung Rabbi Nachmans, die, wie alle, die er uns hinterlassen hat, von brennender, aber zeitloser Aktualität ist:

Es war einmal ein König, der wußte, daß die Ernte verflucht sein würde. Wer immer davon äße, würde verrückt werden. Also ließ er eine riesige Kornkammer bauen, in der er alles speicherte, was von der letzten Ernte übrig war. Den Schlüssel vertraute er seinem besten Freund an und sagte: „Wenn meine Untertanen und ihr König vom Wahnsinn geschlagen werden, wirst du allein das Recht haben, die Kornkammer zu betreten und dich wie vorher zu nähren; und du wirst dem Fluch entgehen. Dafür aber mußt du nun durch die Welt wandern, von Land zu Land, von Stadt zu Stadt, von einer Straße zur anderen, und Geschichten erzählen, unsere Geschichten, und du wirst schreien, mit all deinen Kräften schreien: ‚Liebe Leute, vergeßt nicht, es geht um euer Leben, um euer Überleben, vergeßt es nicht, vergeßt es nicht!'"

Und der Freund mußte gehorchen, er hatte keine andere Wahl. Er ging in die Legende der flammenden Schatten ein. Diese Legende enthält alle anderen Erzählungen; sie befindet sich in der Macht eines Wesens, das über alle anderen herrscht; und dieses Wesen lachte, lachte und weinte, lachte und sang, lachte und träumte, lachte, um nicht zu vergessen, daß es allein und daß der König sein Freund war, sein wahnsinnig gewordener Freund – aber der König, lachte auch er? Das ist die Frage, die alle anderen Fragen miteinschließt, die die Geschichte durchzieht, in der sie gestellt wird, immer die gleiche Geschichte, die Geschichte vom König und seinem Freund, die durch den Wahnsinn getrennt und im Lachen, im Feuer und in der Nacht vereint waren.

Die Schule von Pžyscha

Irgendwo in Krakau – damals, als es in Krakau noch Juden gab, und als diese Juden keine Angst hatten, in der Nacht zu träumen – lebte einmal ein Mann namens Eisik, Sohn des Jekel.

Fromm und arm, und naiv obendrein, hilflos im Leben, war er andauernd verängstigt: Die Miete mußte bezahlt werden, und der Fleischer, und der Lehrer; und Töchter waren da, die mußte man kleiden und verheiraten, und die Zeit drängte, drängte.

Eisik, armer Eisik, was sollte er tun? Was konnte er anderes tun als sich ängstigen? Er betete. Tag für Tag, zu jeder Gebetsstunde und sogar zwischendurch, in der Synagoge und auf der Straße und zu Hause flehte er den Ewigen an, sich Seines verschuldeten und gepeinigten Dieners zu erinnern, der nicht mehr aus noch ein wußte. Vergeblich. Gott schien nicht zu hören. Das hielt unseren Eisik nicht ab, weiterhin seine Bitten an Ihn zu richten; er war deswegen nicht weniger fromm, und auch nicht weniger arm.

Dann, eines Nachts, hatte er einen seltsamen Traum: Er sah sich in ein fernes Königreich versetzt, in die Hauptstadt, unter eine Brücke, in den Schatten einer großen Burg, und eine Stimme sprach zu ihm: „Das ist Prag, hier ist die Moldau, hier die Königsburg; schau genau, schau unter der Brücke, da, wo du stehst, ist ein Schatz, er wartet auf dich, er gehört dir; deine Probleme sind gelöst."

Am Morgen machte Eisik sich über sich selbst lustig: Träume sind ja sehr schön und kosten auch nichts; aber Träume sind Schäume. Er dachte nicht mehr daran. Doch am Abend, kaum, daß er die Augen geschlossen hatte, träumte er wieder das gleiche: die Hauptstadt, die Burg, die Brücke. Und dieselbe Stimme fragte ihn: „Willst du reich sein, oder ziehst du die Unsicherheit vor?"

„Was für eine Geschichte", dachte Eisik, „was für eine Idee, nach Prag zu gehen!" Er hatte keinerlei Lust dazu; er kannte auch niemanden dort. Und dann, es ist weit, und es ist teuer. Und er hatte kein Geld; wenn er welches hätte, wüßte er schon etwas damit anzufangen! Die Miete, der Fleischer, der Lehrer. Vor die Wahl gestellt zwischen Träumen und Beten, wählte Eisik das Beten. Es gibt ja sogar ein Gebet, um Träume zu bannen.

Wohlgemerkt, die Geschichte ist hier noch nicht zu Ende. Am folgenden Abend hörte Eisik zum dritten Mal die Stimme: „Nun? Du bist noch immer nicht abgereist?"

Mehr verärgert als verwirrt – und damit endlich Schluß sei mit dieser Dummheit – beschloß er, abzureisen, oder zumindest so zu tun. Zu Fuß machte er sich auf den Weg. Nach einigen Wochen kam er in Prag an, steif vor Müdigkeit, Hunger und Schlafmangel. Er erkannte den Fluß, die Brücke, die Burg; er stieß einen leisen Schrei aus: „Ich träume, es fängt schon wieder an!" Nein, er träumte nicht. „Trotzdem merkwürdig", sagte er zu sich. Eine bestimmte Stelle unter der Brücke schien ihm besonders vertraut. „Ob ich es versuche? Was hab' ich zu verlieren? Man müßte nachgraben, schauen." Aber, Achtung, nicht so schnell. Die Brücke war bewacht, er durfte nicht den Verdacht der Soldaten erregen. Unentschlossen schlich Eisik um die Stelle herum, was damit endete, daß er ertappt und festgenommen wurde. Man führte ihn vor den Hauptmann der Wache und beschuldigte ihn der Spionage; und zu seiner Verteidigung fiel ihm nichts Besseres ein, als alles zu gestehen: die Träume, die Sorgen, die lange Wanderung von Krakau hierher, die Erinnerung und die Stimme dieser Erinnerung. Eisik war überzeugt, daß der Offizier ihm nicht glauben, ihn als Lügner behandeln und erschießen lassen würde. Wie groß war seine Überraschung, als der böse Hauptmann in Lachen ausbrach und so sehr lachte, daß ihm die Tränen kamen! „Nein, also deswegen bist du von so weit hergekommen? Aber ihr Juden seid ja noch viel dümmer, als ich geglaubt habe! Also, wenn ich, so wie du mich da vor dir siehst, ebenso blöd wäre wie du, wenn auch ich der Stimme gefolgt wäre, weißt du, wo ich dann in diesem

Augenblick wäre? In Krakau! Ja, du hörst richtig. Stell dir vor, seit Wochen und Wochen höre ich in der Nacht diese Stimme, die mir sagt: ‚Ein Schatz wartet auf dich bei einem Juden namens Eisik, Sohn des Jekel, in Krakau!' Ja, unter dem Herd! Aber die Hälfte aller Juden dort heißt Eisik, und die andere Jekel. Und alle haben einen Herd. Kannst du dir vorstellen, wie ich von Haus zu Haus gehe, alle Herde niederreiße, auf der Suche nach einem Schatz, den es nicht gibt?"

Natürlich wurde Eisik nicht bestraft. Natürlich beeilte er sich, nach Hause zu kommen; er schob den Herd weg und fand, natürlich, den versprochenen Schatz; er bezahlte seine Schulden, verheiratete seine Töchter und ließ aus Dankbarkeit eine Synagoge errichten, die seinen Namen trägt: Eisik, Sohn des Jekel, ein armer und frommer Jude, der fromm blieb, auch als er nicht mehr arm war.

Diese Geschichte hat – mindestens – zwei Verfasser: Rabbi Nachman von Brazlaw und Rabbi Bunam von Pžyscha. Jener ersetzte Prag durch Wien und sagte: „Der Schatz ist zu Hause, aber wenn du ihn finden willst, mußt du nach Wien gehen." Rabbi Bunam erzählte die Fabel gerne, wenn er einen neuen Schüler aufnahm: „Denke an Eisik, den Sohn des Jekel; den Schatz, der dir gehört, kannst du nur in dir selbst finden, nirgendwo sonst, nicht einmal beim Zaddik."

Wäre der Schüler schlau gewesen, hätte er dem Meister eine peinliche Frage stellen können: Gehörte Eisiks Schatz wirklich Eisik, ihm allein? Gehörte er nicht auch mit dem gleichen Recht dem Hauptmann? Aber darauf hätte Rabbi Bunam antworten können, daß die Geschichte die Bedeutung des Traumes illustriert, nicht die des Schatzes, sowie die Tatsache, daß zwei Menschen den gleichen Traum haben können und daß der Traum des einen für den anderen Wirklichkeit sein kann.

Im Munde Rabbi Bunams und in der Tradition von Pžyscha hatte die Geschichte jedenfalls eine bestimmtere, unmittelbar auf die Gegenwart bezogene Bedeutung: Der Mensch, der nach Vollkommenheit strebt, kann ohne Zaddik auskommen; wir können das Wissen vom Absoluten innerhalb unseres Seins gewinnen, nicht außerhalb; wer weit weg geht, gleich, wohin, um bei irgendwem die Wahrheit zu suchen, täte besser daran, zu Hause zu bleiben. Das ist die Botschaft von Pžyscha ...

(Pžyscha: ein kleiner Ort in Polen, wo der Chassidismus des Baal-Schem – in Kontemplation und Inbrunst geboren – in Zorn und Furcht wiederauferstand.)

Wir stehen am Beginn des neunzehnten Jahrhunderts. Mitten in den napoleonischen Kriegen; der Wirbelsturm von Blut und Feuer kehrt in Europa das Unterste zuoberst. Grenzen, gegenseitige Beziehungen, Doktrinen: alles ändert sich von einem Tag auf den anderen. Die Erde erzittert. Die Völker entdecken neue mörderische und befreiende Leidenschaften. Die Geschichte marschiert, die Funken sprühen, das Blut fließt. Die Priester wechseln ihren Habitus, die Könige ihren Thron. Patriotismus, Romantik, Rationalismus: neue Schlagworte tauchen auf, finden Gehör und bringen die Menschen dazu, ihre sichtbaren und unsichtbaren Ketten zu sprengen, den Tod der Götter zu verkünden.

In der chassidischen Bewegung spiegeln sich diese Ereignisse in einem neuen Messianismus wider. Man spricht von Gog und Magog, von ihrem gigantischen, apokalyptischen Krieg. Man ist überzeugt, daß die Generäle auf dem Schlachtfeld nur den Willen der Zaddikim erfüllen, die leider auf beiden Seiten der Front stehen ... Wenn sie nur eine Einigung erzielten und ihre Kräfte für denselben König, für dieselbe Armee einsetzten! Dann wäre das Ende des Krieges da und die Erlösung nahe. Um diesen Prozeß zu beschleunigen – wir haben davon schon berichtet –, taten drei Meister (der Seher von Lublin, der Maggid von Koschnitz und Rabbi Mendel von Riminow) sich zusammen und entwarfen einen Aktionsplan, der allerdings scheiterte. Und die drei Verschwörer starben, bevor das Jahr um war.

Eine ungerechte Strafe. In Polen sehnen sich die Juden mehr als je zuvor nach der Erlösung. Die Lage verschlechtert sich von Tag zu Tag. Von den Polen, fanatischen Antisemiten, verfolgt, fühlen sich die Juden nun auch von den liberalen Österreichern bedroht. Der junge Talmudschüler hat die Wahl zwischen Militärdienst bei den einen oder Emanzipation – also weltlicher Erziehung, freien Sitten, kurz, Atheismus – bei den anderen. Dazu kommen noch die verschiedenen wirtschaftlichen Maßnahmen, die den Juden überall das Leben sauer machen, besonders in den entlegenen Dörfern, wo sie wie Geächtete leben, der Gnade des Pfarrers oder der Grundbesitzer ausgeliefert. Man belegt sie mit Steuern, verlangt von ihnen Lösegeld, erläßt spezielle Gesetze, um sie in einem Zustand fortwährender Demütigung zu halten. Sie verbluten in den Pogromen und an falschen messianischen Hoffnungen, sie können nicht mehr weiter, sie sind am Rande der Verzweiflung. Und ohne den Chassidismus hätten sie aufgegeben und wären untergegangen.

Erinnern wir uns: Was war der Chassidismus ursprünglich? Ein Mann, ein paar Männer, die es verstanden, im einzelnen Menschen den Sinn für das Heilige und das Vertrauen in seine Zugehörigkeit zur Gemeinde zu wecken.

Dem vereinsamten, ausgelaugten, am Rande der Gesellschaft dahinlebenden Juden sagte der Rabbi: „Deine Erfahrung ist nicht nutzlos, sie ist in ein Ganzes eingefügt, das ihr Rechnung trägt; wisse, daß man die Ewigkeit in jedem Augenblick findet; jeder Tisch kann zum Altar werden und jeder Mensch zum Hohepriester, wisse, daß mehr als ein Weg zu Gott führt, aber der sicherste führt über die Freude, nicht über die Tränen; wisse, daß Gott nicht Schmerz und Traurigkeit liebt, und noch weniger das Leid, das du dir freiwillig zufügst; Gott ist nicht so kompliziert, er ist weder eifersüchtig auf dein Glück, noch auf das Gute, das du deinem Nächsten tust – im Gegenteil: Der Weg zu Gott führt über den Menschen. Das schlafende Kind, die Mutter, die es liebkost, der Greis, der dem Rauschen der Bäume lauscht – jeder ist Gott nahe, in jedem ist Gott."

Eine mächtige, unwiderstehliche Botschaft in diesem Augenblick der jüdischen Geschichte. Indem der Chassidismus den Akzent auf die Brüderlichkeit legte, auf den Elan und die Stimme des Herzens mehr als auf Askese, Gelehrsamkeit und die strenge Befolgung der Gebote, führte er unzählige Menschen, die unter ihrer Last zusammenzubrechen drohten, in den Schoß der Familie zurück.

Darum verbreitete sich die Welle des Chassidismus in weniger als fünfzig Jahren über ganz Mitteleuropa. Die Gefährten des Bescht, die Schüler des großen Maggid hatten Erfolge, die ihre kühnsten Hoffnungen übertrafen: Der Funke, der zwischen den Dörfern Kosow und Kitew aufgeflogen war, wurde zur Flamme und erleuchtete den Nachthimmel, vertrieb die Fratzen der Nacht hinter den Horizont. Es gibt keine Gemeinde, die nicht davon berührt wurde. Die Bewegung besaß nun Zentren in der Ukraine, in Weißrußland und in Polen. Sie war stolz auf Philosophen wie Schnëur-Salman von Ljady, auf Anwälte wie Levi-Jizchak von Berditschew, auf ihre Prediger, Geschichtenerzähler, Helden und Heilige. Die Gegner versuchten den fulminanten Fortschritt des Chassidismus einzudämmen, zu hemmen. Vergeblich. Der Chassidismus triumphiert, weil er – man kann es nicht oft genug wiederholen – der Apostel eines neuen, eines lächelnden Judentums ist und weil er die Menschen mit der Idee des Glücks aussöhnt, weil er einen flammenden Aufruf zur Freude, zum Traum verkündet.

Der Chassidismus triumphierte auch, weil er Rabbis hervorbrachte, die ihn verkörperten. Der Rabbi ist Vertrauter, Lehrer, Führer und mehr als alles andere Vater. Der Rabbi wettert nicht drauflos; er drückt sich mit Sanftmut aus. Hirte einer unglücklichen Herde, verteidigt er seine Schäfchen gegen die Ungerechtigkeiten der Menschen und des Himmels. Mit seiner Hilfe können die Ausgestoßenen wieder aufatmen, Luft schöpfen; sie fühlen sich nicht mehr verlassen vom Gott Israels und vom Volk Israel.

Das Ergebnis: Es war plötzlich so bequem, ein Chassid, so leicht, ein Jude zu sein. Man wußte, wo man hingehen, was man tun und sagen sollte, um welchen Segen man bitten und wie man ihn erhalten konnte. Der Rabbi kannte alle Antworten. Da er die Leiden seiner Anhänger, des ganzen jüdischen Volkes auf sich nahm, erleichterte er dieses Leid. Wirkte er wahrhaftig Wunder? Ja oder nein, ja und nein, es ist unwichtig. Das Wunder bestand darin, daß der Jude plötzlich die Lust und die Kraft zum Singen hatte, während der Himmel sich mit blutroten Wolken bedeckte, die Gefahr sich immer deutlicher zeigte, immer rascher heranzog. Dank dem Rabbi konnte der Chassid ausharren, vertrauensvoll, von einem Tag zum anderen. Mitten im Exil errichtete er seinen Tempel und sein Königreich und lebte darin. O ja, der Baal-Schem hatte die Schlacht gewonnen. Der unterdrückte, isolierte, ausgestoßene Jude hatte sich innerlich befreit; er würde Jude bleiben. Auch der Maggid von Meseritsch hatte sein Spiel gewonnen: Der Vorläufer hatte den Weg gebahnt, die anderen brauchten ihm nur zu folgen. Jeder Rabbi besaß nun seine Schüler, jeder Zaddik seine Getreuen.

Blendender noch als anderswo war der Triumph in Polen, wo sich in den Reihen der Gegner kein Riese vom Rang eines Gaon von Wilna befand; die Feinde des Chassidismus waren dort ohne Gewicht, verglichen mit den ersten Meistern. Sie versuchten da und dort – in Krakau, in Brody, in Lemberg – eine Kampagne gegen die „neue Sekte" zu organisieren. Manche Fanatiker gingen sogar soweit, sie zu exkommunizieren. Ohne Erfolg. Das Volk zuckte die Achseln und folgte dem Ruf, dem Gesang des Chassidismus.

Das war gut, aber nicht in jeder Hinsicht. Die Siege waren zu schnell errungen worden. Wenn der Widerstand fehlt, läuft jede neue Bewegung Gefahr, innerlich geschwächt zu werden. Geistig, sozial und manchmal sogar moralisch geschwächt.

In Litauen kämpften die Missionare und Jünger um jede Position, um jeden Anhänger. Der Chassidismus konnte sich dazu nur beglückwünschen. Opposition feuert an, bereichert; sie stählt Denken und Geist. Man mißt sich nicht so leicht mit einem Abraham Katznelbogen, noch weniger mit einem Gaon von Wilna. Gezwungen, die Angriffe und Anschuldigungen der hervorragendsten Rabbiner abzuwehren, Beleidigungen über sich ergehen zu lassen, die sie nicht einfach abtun konnten, mußten die chassidischen Führer ständig in Alarmbereitschaft sein, mußten jedes Nachlassen der Spannung, jede Tendenz zur Vulgarisierung bekämpfen. So blieben sie auf der Höhe.

Auch in Weißrußland und bis zu einem gewissen Grad in der Ukraine gelang es dem Chassidismus (oft aus den gleichen Gründen) eine bemerkenswerte geistige Elite zu schaffen.

In Polen dagegen wurde der herrschende Chassidismus rasch sehr populär, im guten und im schlechten Sinn des Wortes. Er war zu einer respektablen und respektierten Institution geworden, die ihre Gesetze und Bräuche, ihre Feste und Tabus hatte. Hier waren es die *Mitnagdim,* die schikaniert wurden, weil sie in der Minderheit waren; die Chassidim hatten es besser und konnten sich, was das rein Jüdische anging, sicher fühlen.

Auch ist nicht die Widrigkeit der Umstände, sondern der allzu leichte Erfolg das Haupthindernis. Der Chassidismus wechselt sein Ziel, wenn nicht sein Wesen. Die Rolle des Rabbi ist nicht mehr dieselbe. Aus dem Lehrer, dem älteren Freund wird der Wunderrabbi, der Effekte, zu billige Effekte erzielt. Im Gegensatz zum Baal-Schem, der den Menschen Gott und dessen Schöpfung näherbrachte, will der neue Zaddik Mittler zwischen dem einzelnen und seinem Schicksal sein. Resultat: Das Studium wird vernachlässigt, man sucht den äußeren Glanz, das Überflüssige, man verläßt sich auf den Zaddik: Er soll Wunder wirken, das ist ja sein Beruf. Resultat: Die Bewegung verliert an Qualität, was sie an Quantität gewinnt; der Inhalt wird durch die Form ersetzt, die Reinheit durch den Ruhm.

Das traf besonders auf die kleinen Gemeinden zu, die sich um zweitrangige Zaddikim scharten; für die großen Gemeinden galt dies weniger. Immerhin erhob sich in Riminow Rabbi Mendel gegen die Hochflut der Wunderrabbis: „Stellt tausend Anbeter rund um ein Stück Holz, sagt ihnen, sie sollen um ein Wunder flehen, und das Holz wird sie wirken, die Wunder!"

Eine andere Gefahr: Manche Meister begannen, Dynastien zu gründen, eine Praxis, die dem frühen Chassidismus fremd war. Der Baal-Schem hatte gesagt, jeder Mensch sei ein potentieller Baal-Schem; geistige Vorzüge seien nicht erblich. Der Maggid von Mesritsch wurde sein Nachfolger, nicht sein Sohn Rabbi Zwi-Hersch. Ebenso verhielt es sich beim Maggid: Seine Schüler waren seine Nachfolger; das gleiche trifft auf Rabbi Elimelech von Lisensk zu. Der Sitz des Rabbis Pinchas von Korez blieb unbesetzt. Und als Rabbi Mendel von Riminow starb, wurde sein Freund und Diener zum Nachfolger berufen. Nun aber hatte die Tradition sich gewandelt: Der Sohn des Sehers von Lublin zum Beispiel wurde als Erbprinz angesehen. Anderswo erging man sich in Streitigkeiten um Einfluß und Prestige.

Was war aus der Bewegung geworden, die ein Menschenalter zuvor in den Karpaten begonnen und von ihren Anhängern verlangt hatte, auf Prunk und Rangabzeichen zu verzichten? Früher war der Chassidismus ein Versprechen gewesen, ein Engagement, ein Gelübde der Wahrhaftigkeit, das jeder Fromme täglich erneuerte; alles war einfach, alles war Gnade gewesen. Und jetzt? Auf der einen Seite stand der Zaddik, auf der anderen seine Bewunderer, voneinander verschieden und daher auf immer, also schon seit ewigen Zeiten getrennt. War das die Botschaft, das Lied des Baal-Schem, sonst nichts? War der Chassidismus, nachdem er die starren Institutionen mit seinem frischen Atem aufgelöst hatte, seinerseits zur Institution geworden? Eine Institution mit Führern und Geführten, mit Herren und Knechten? Mit einem gewichtigen Rabbi und einem unwichtigen Chassid? War das wirklich der Chassidismus, so wie der Baal-Schem ihn vorgezeichnet und vorgelebt hatte?

Drei Rebellen. Jaakob-Jizchak, genannt *der Jude*, Simcha-Bunam und Menachem-Mendel; die Schule von Pžyscha.

Alle drei hatten sich beim Seher von Lublin aufgehalten. Der jüngste, Menachem-Mendel, trennte sich als erster von ihm; der älteste, Jaakob-Jizchak, als letzter und widerwillig.

Sohn eines Rabbiners, hatte Jaakob-Jizchak eine normale, vom Lernen erfüllte Kindheit verlebt. Schon als Jüngling zeichnete er sich durch seine Gelehrsamkeit vor seinen Altersgenossen aus. Und auch durch seine Zurückhaltung, seine Schüchternheit, seine Neigung zur Melancholie. Man verheiratete ihn jung mit einer Bäckerstochter, die ihn nicht glücklich machte (einmal erzählte er die Geschichte vom Mißgeschick eines Engels, von dem es hieß, er sei zu streng mit den Menschen; er wurde dazu verurteilt, auf die Erde hinabzusteigen und zu heiraten). War das der Grund, warum er nie lachte? Der Gedanke an den Tod verfolgte ihn, vor allem in seiner Jugend; manche sagen, er wollte sterben. Durch einen glücklichen Zufall traf er Rabbi Mosche-Leib von Sasow und Rabbi Abraham Jeschua-Heschel von Apt. Sie wurden seine Freunde und gewannen ihn für die Bewegung. Kurz darauf begab er sich auf ihren Rat hin nach Lublin, wo er der Lieblingsschüler des Sehers wurde, der ihn Jahre hindurch bevorzugt behandelte. Sein Wissen, sein Gedächtnis und seine analytischen Fähigkeiten waren legendär. Wer immer in Lublin sich mit den Brocken, die der Seher der Menge hinwarf, nicht zufriedengab, kam zu Jaakob-Jizchak, um zu lernen. Später befahl ihm der Seher, seinen eigenen Tisch, seinen eigenen Hof zu führen. Aber der Schüler war zu erfolgreich, besonders bei der geistigen Elite. Wegen der Intrigen und Verleumdungen, die sein Erfolg in der Umgebung des Sehers erregt hatte, verließ er Lublin und ließ sich in Pžyscha nieder, entschlossen, aber mit heftigen Gewissensbissen.

Erinnern wir uns: Was der Rabbi von Pžyscha dem Seher antat, hatte der Seher seinem Meister Rabbi Elimelech von Lisensk angetan. Die beiden Lehrer und die beiden Schüler hatten viele gemeinsame Züge; auch ihre Beziehungen hatten sich ähnlich entwickelt. Tatsächlich, es handelt sich hier um eine Wiederholung, um eine Wiederkehr. Der Seher hatte Rabbi Elimelech, als dessen geistiger Erbe er sich ansah, nichts vorgeworfen; der Rabbi von Pžyscha war dem Seher von Lublin niemals böse und bezeichnete sich bis an sein Ende als dessen Schüler. Jaakob-Jizchak von Pžyscha gab nie zu, daß es zwischen dem Seher und ihm zu einem Bruch gekommen war. Dennoch, wir werden es sehen, handelte es sich durchaus um einen Bruch: Der Weg des Schülers trennte sich von dem des Lehrers, ja, er führte am Ende in die entgegengesetzte Richtung.

Ihre Beinamen sind bezeichnend. Der Seher – also Visionär, Prophet – wollte als Ausnahmefall, als Höherstehender gelten, während sein Schüler, der die Anonymität vorzog, sogar seinen Namen und seine Identität ablegte.

Warum nannte man ihn *den Juden!* Die Texte von Pžyscha bieten mehrere Erklärungen dafür an. Weil er den gleichen Namen trug wie der Seher, verzichtete er auf den seinen. Oder: Er hatte einen so hohen Begriff vom jüdischen Menschen, daß er sein ganzes Leben danach strebte sich diesem Ideal würdig zu erweisen. Oder auch: Weil er nicht als der Urheber all seiner Neuerungen angesehen werden wollte, sagte er, er habe sie von einem Juden – was er ja schließlich war. Und dann die folgende Erklärung: Als er, nach dem Beispiel des Baal-Schem, die Jahrmärkte durchstreifte, soll er den Propheten Elias, als Bauer verkleidet, getroffen haben; er starrte ihn so lange, so intensiv an, daß der Bauer zornig schrie: „Jude, da du es weißt, wozu soll ich noch reden?" So habe er seinen Beinamen bekommen und ihn beibehalten, um dem Propheten nicht zu widersprechen.

Aber eine andere, plausiblere Hypothese fügt der Wahl dieses Beinamens noch ein Element des Protests hinzu: Es gab schon zu viele Zaddikim, zu viele Meister. Da er sich dagegen auflehnte, nannte er sich schlicht und einfach *der Jude.* Er wollte ein Mensch sein wie jeder andere. Alle seine Aussprüche, alle seine Geschichten verraten eine fundamentale Feindseligkeit gegen die Exzesse der gekrönten Elite. Wie vor ihm für den Baal-Schem, war für ihn der Mensch der Mittelpunkt der Schöpfung und nicht ihr mit Titeln ausstaffiertes Oberhaupt; wie der Baal-Schem mißtraute er der Macht.

Der Jude fühlte sich als Schüler des Bescht. Er ließ sich in Pžyscha nieder, um nach Miedžybož zurückzukehren. Wie der Gründer der Bewegung hatte er seine Laufbahn als Hauslehrer begonnen; gleich ihm kleidete er sich wie ein Bauer; wie er irrte er jahrelang umher, auf der Suche nach Erfahrungen und Begegnungen. War der Baal-Schem der *Meister des Namens,* so wurde er zum *Meister des Beinamens.*

Sein Abgang von Lublin rief ein Zetergeschrei hervor. Seine Feinde verbreiteten das Gerücht, es habe einen persönlichen Streit gegeben. Das war falsch. *Der Jude* besuchte den Seher regelmäßig in Lublin. Er bemühte sich, einen

Bruch zu vermeiden. Da er einen Lehrer brauchte, hielt er zu dem seinen. Zuletzt sagte ihm der Seher selbst, er solle nicht mehr kommen. Das hinderte den *Juden* nicht, ihm die Treue zu halten, ihm, seiner Person, nicht seinem Weg.

Der ideologische Bruch war ein Alarmsignal: Achtung! Wer in der Bequemlichkeit schwimmt, läuft Gefahr, in der Illusion zu ertrinken! *Teschuwa* wurde das Losungswort, das Schlüsselwort mit den zwei Bedeutungen: Reue und Rückkehr. Rückkehr zu Gott, zu den Quellen. Es war Zeit, Begriffe und Werte zu überdenken, Bilanz zu ziehen, wieder von vorn zu beginnen.

Es war der erste Konflikt, die erste Revolution *innerhalb* der chassidischen Bewegung. Nie zuvor hatten es die jungen Puristen gewagt, die errungenen Siege in Frage zu stellen, die Alten, die Eltern und überhaupt die ganze Bewegung anzuzweifeln. Die neuen Rebellen, von ihren drei Meistern geführt, handelten aus purem Idealismus; auch wurde keinerlei offizielle Sanktion gegen sie ergriffen.

Eine an sich überraschende Tatsache, da *der Jude* und seine beiden Nachfolger vom Chassidismus ihrer Zeit eine nicht gerade schmeichelhafte Meinung hatten. Vom Seher sagte *der Jude,* er sei *trotz* seiner Kräfte ein großer Meister. „Wunder? Es ist nicht schwierig, Wunder zu wirken; weniger schwierig, als ein Jude zu sein." Ein anderes Mal: „Ich glaube, daß ich den Messias kommen lassen könnte; aber diese vorgeblichen Zaddikim verhindern es, da sie nicht demütig sind." Bei seinem Freund Rabbi Bunam beklagte er sich: „Ich bin traurig. Ich denke an die Geschichte unseres Volkes, das macht mich traurig. Sie ist nicht frei von dunklen Stellen, unsere Geschichte. Aber Gott hat uns stets Oberhäupter gegeben, Führer, die uns aus dem Dunkel herausführten. Wir hatten Moses, Josua, die Richter, die Könige, die Propheten, dann die Tannaim, die Amoraim, die Gaonim und die Kabbalisten. Zuletzt hatten wir den Bescht und den Maggid. Und sie haben uns geholfen. Jetzt wird mir bewußt, daß die Jahre vergehen und das Licht schwächer wird; die Dunkelheit breitet sich aus über uns, sie wird immer dichter. Was wird mit unserem Volk geschehen?"

Und sein Schüler, Menachem-Mendel von Kozk, tat es

ihm gleich. „Jeden Tag entfernen wir uns mehr vom Lichte Sinais, ohne uns jedoch dem Licht des Messias zu nähern!"

„Wenn der Messias kommt", sagte der Jude von Pžyscha, „werden ihm ganz selbstverständlich alle Zaddikim und ihre Bewunderer entgegenlaufen, um ihn willkommen zu heißen; er aber wird sie zurückweisen mit den Worten: ‚Nehmt eure Führer, entfernt sie von meinem Angesicht!' Dann werden die Chassidim zurückkommen, allein."

Charakteristisch ist auch seine Lobrede auf einen Schmied: „Alles, was ich weiß, alles, was ich habe, verdanke ich ihm. Er war mein Nachbar, als ich, jungverheiratet, noch bei meinem Schwiegervater wohnte. Er stand vor mir auf und weckte mich, wenn er auf seinem Amboß hämmerte. Eines Morgens sagte ich mir: Wenn er so früh aufsteht, um Geld zu verdienen, kann ich es da nicht ebenso halten, um meine Seele zu bereichern? Am nächsten Morgen war ich vor ihm auf den Beinen. Der Schmied nahm mir das übel und sagte sich: Wenn dieser Grünschnabel, der nichts hat und nichts braucht, seinen Schlaf opfert für seine Dummheiten, wie kann ich, der ich vier Mäuler zu stopfen habe, in meinem Bett faulenzen? Am nächsten Tag stand er also noch früher auf. Eine Rivalität, die sich wohltuend auf mich auswirkte: Jeden Tag studierte ich ein wenig länger, und dank ihr, dank dem Schmied, habe ich erworben, was ich besitze."

Dagegen gab er auf die Frage „Was habt Ihr in Lublin gelernt?" die abstruse Antwort: „Ohne Schwierigkeiten einzuschlafen."

Man sieht: In Pžyscha zog man die Schmiede, die ihr Handwerk ausübten, den Zaddikim, die das ihre verrichteten, vor; das heißt, den Zaddikim, die mehr taten, als ihnen zukam.

Aber *der Jude* selbst? Warum nahm er den Titel, die Stellung eines Rabbi an? Unter Zwang? Möglich. Das geschah häufig zu jener Zeit. Die Chassidim krönten einen der Ihren auch gegen dessen Willen; und der Auserkorene beugte sich der Mehrheit. Das war der Fall bei Rabbi Bunam, bei Rabbi Menachem-Mendel, und lange vorher beim großen

Maggid von Mesritsch. *Der Jude* konnte nicht ablehnen. Um so weniger, als es, wie schon erwähnt, der Seher selbst so wollte. Der wahre Grund indessen war subtiler: *Der Jude* nahm an, weil er überzeugt war, daß er kein Rabbi sein würde wie alle anderen. Und tatsächlich, er hatte recht.

Er lehnte Ehren und Privilegien ab, wies Schmeichler und allzu servile Bewunderer zurück. Er strebte nicht danach, dem Himmel seinen Willen aufzuzwingen. Im Gegensatz zu seinen Kollegen unterhielt er sich mit seinen Besuchern nicht über Alltagsprobleme, um sie an ihrer Stelle zu lösen. Sein oberstes Ziel war es, das Klima innerhalb der Bewegung zu verbessern, indem er die Geistigkeit des Chassidismus wiederherzustellen suchte. Die Sorgen und Ärgernisse des einzelnen beschäftigten ihn nicht; er überließ es Gott, sich damit zu befassen. Seine Aufgabe bestand darin, die Bewegung zu retten, die absackte, absank. Zu sehr pries man den Wert der Begeisterung, des Gebets, der Treue; man vergaß das Studium und das Wissen. Man ließ sich von der äußeren Form des Chassidismus blenden, also war es notwendig, ihn wieder zu verinnerlichen. Die Lehrer und ihre Schüler waren allzu zufrieden miteinander und mit sich selbst; man mußte sie wachrütteln, indem man ihre Konventionen entmystifizierte.

Sein treuer Schüler und Gefährte, Rabbi Perez, begleitete ihn in den Wald. Er hörte das Zwitschern der Vögel und sagte: „Ich würde gerne verstehen, was sie sagen." – „Und was du selbst sagst, das verstehst du schon?" erwiderte *der Jude.*

Ein anderes Mal: „Man redet und redet vom Paradies; man tut dies und das, um sich darin einen Platz zu sichern; ich überlasse den meinen demjenigen, der mir zu trinken gibt!"

An einem Schabbat, nach Beendigung der dritten Mahlzeit, wandte er sich mit gequälter Miene an die Anwesenden und sagte resigniert: „Morgen werdet ihr wieder zu Hause sein, bei der Arbeit, und ihr arbeitet hart, ich weiß es. Wenn ich euch fragte, warum ihr so viel Energie, Talent und Sorgfalt für eure Arbeit aufwendet, würde mir jeder von euch antworten: ‚Oh, ich tue das nicht für mich, sondern für mein Kind, ich möchte, daß es zu einem guten Juden heranwächst, der die Menschen liebt und Gott fürchtet!' Ja, das würdet ihr sagen. Das sagen die Menschen seit Tausenden Jahren, in allen Sprachen. Sie rackern sich zu Tode, aber stets zum Wohl des Sohnes, der sich dann für seinen Sohn aufopfert, und der denkt wieder nur an das Kind, das er hat oder haben wird. Was mich betrifft, ich warte ..." Er unterbrach sich, um leiser und trauriger fortzufahren: „Ich warte auf das wahre Kind."

Meinte er den Messias? Vielleicht. Es kann aber auch sein, daß er an einen Vater dachte, der endlich völlig wahrheitsgemäß zugeben würde, für sich selber zu arbeiten. Denn *der Jude* haßte nichts so sehr wie Unaufrichtigkeit, wie geheuchelte Aufrichtigkeit.

Um seine Schüler zu entwaffnen, sie aus ihrer Routine zu werfen, liebte er es, sie zu schockieren. Einem Schüler, der das Schweigen gewählt hatte, um die Sprache zu reinigen, befahl er, sein Vorhaben durch das Wort zu verwirklichen. Als einmal ein *Emanzipierter* kam, um mit ihm über theologische Fragen zu diskutieren, setzte *der Jude* ihm wortlos seinen Hut auf den Kopf, und der Besucher fand nichts mehr zu debattieren.

Er mochte Diskussionen nicht. Um zu siegen, muß man kämpfen. Und er kämpfte nur mit sich selbst. Er sagte: „Der Gerechte verliert in der Nacht, was er am Tage gesammelt hat; am nächsten Tag muß er, um das Verlorene wieder einzubringen, ebenso hart arbeiten wie am Vortag." Nichts wird einem geschenkt, aber alles kann man haben, dachte man in Pžyscha. Anstatt das Heilige auf das Niveau des Profanen herabzusetzen, sollte man lieber versuchen, das Profane auf die Höhe des Heiligen emporzuheben. Anstatt den Messias zu den Menschen zu holen, sollte man die Menschen zum Messias führen. Das sei nicht leicht? Um so besser. Hauptsache, man weiß es. Hauptsache, man weiß, daß das Ziel noch nicht erreicht ist. Wer glaubt, die absolute Wahrheit auszusprechen, wenn er die Wahrheit sagt, der täuscht sich. Zu denken, man könne die Menschen belügen, ohne Gott anzulügen, ist ebenfalls eine Täuschung.

„Das Siegel Gottes ist Wahrheit", sagte *der Jude,* „denn er hat jede Möglichkeit einer Fälschung ausgeschlossen; gefälschte Wahrheit ist keine Wahrheit." Zerstückelte, aufgeteilte Wahrheit ist keine Wahrheit. In Pžyscha galt nichts für so niedrig wie Heuchelei. „Ich kann jeden auf den rechten Weg zurückführen, nur den Lügner nicht", sagte später Rabbi Bunam. „Und wer sich selbst belügt, ist der Schlimmste von allen, und der Dümmste obendrein."

Wegen ihrer militanten Haltung konnte die Schule von Pžyscha nicht damit rechnen, bei den traditionellen Kreisen der Bewegung Anklang zu finden. Diese fühlten sich bedroht und gingen zu einer Reihe von Gegenangriffen über. Sie bemühten sich jedoch, die Auseinandersetzung auf Personelles zu beschränken, sie nicht auf die Ideen auszudehnen. In Pžyscha war man gegen die Heuchelei? „Der Seher ist es, den sie der Heuchelei beschuldigen." In Pžyscha strebt man nach Wissen? „*Sie* stellen unsere Meister als Ignoranten hin."

In der chassidischen Welt wurde Pžyscha zum Gegenstand von Klatsch und Skandalen. Man sagte alles mögliche, um *den Juden* und seine Mitstreiter zu diskreditieren. Man ging sogar soweit, eine Versammlung berühmter Persönlichkeiten einzuberufen, darunter Naftali-Hersch von Ropschitz, um der neuen Schule den Prozeß zu machen. Man beschuldigte *den Juden,* es dem Seher gegenüber an Respekt fehlen zu lassen, seinen Thron usurpieren zu wollen, gefährliche Ideen und Reformen in der Bewegung einzuführen, die Gebetszeiten zu ändern (in Pžyscha betete man nicht zu fixen Stunden), die Jungen gegen ihre Väter und gegen die Lehrer, denen sie folgten, aufzuhetzen.

Vergebens flehte *der Jude* die großen Persönlichkeiten des Chassidismus an – den Maggid von Koschnitz, Mendel von Riminow –, ihren Einfluß geltend zu machen und Frieden zu stiften zwischen Pžyscha und Lublin; der Konflikt schwelte auf beiden Seiten weiter.

Dazu kam, daß auch die Fanatiker in Pžyscha sich möglichen Konzessionen und Kompromissen widersetzten. Sie priesen die *asut dikduscha,* die Tugend der heiligen Anmaßung, und machten Gebrauch davon. Familienstreitigkeiten sind stets die bittersten, diese Regel bestätigte sich auch hier. Beide Seiten spielten sich als treue Verteidiger der Vision des Baal-Schem auf und beschuldigten einander der Abweichung, der Ketzerei, ja sogar des Verrats. In Pžyscha behauptete man, die Gegenseite habe dem Chassidismus abgeschworen. In Lublin behauptete man das gleiche von Pžyscha.

Aber solange *der Jude* lebte, verbot er seinen Schülern, den Streit zu weit zu treiben. Er ermahnte sie, ihren Eifer zu zähmen, ihre Angriffe zu mäßigen. Dem Seher treu bis zum Ende, wollte er nicht, daß dieser leide oder daß sein Bild befleckt werde. Verleumdet, angeschwärzt, beschimpft von den Intriganten des Lubliner Hofes, blieb *der Jude* dem Seher gegenüber loyal. Hätte er lange genug gelebt, dann hätte er den endgültigen Bruch vielleicht verhindern können. Doch er starb jung, in der Blüte seiner Jahre. Was hat zu diesem vorzeitigen Tod beigetragen? Der Schmerz darüber, daß der geliebte Meister sich von ihm losgesagt hatte? Die Enttäuschung? Die Todessehnsucht, die sich schon in seinen Kindertagen manifestiert hatte? Er, der so robust war, über erstaunliche Körperkraft verfügte – er knackte fünf Nüsse mit einer Hand –, wurde ganz plötzlich krank. Man weiß weder, an welcher Krankheit er litt, noch wie er starb. Seine letzten Tage, seine letzten Stunden sind von Geheimnis umgeben. Man weiß nur, daß er mit achtundvierzig Jahren gestorben ist, im Jahre 1818. Genau hundert Jahre später endete der Erste Weltkrieg. Sein zweiter Nachfolger, Menachem-Mendel von Kozk, sollte sich 1839 von der Welt zurückziehen, hundert Jahre bevor der zweite Weltenbrand ausbrach.

Zwischen den beiden kam Rabbi Bunam, der auf seine Art ebenso faszinierend war wie die beiden anderen. Faszinierend insofern, als er seinem Vorgänger nicht ähnelte, ebensowenig wie sein Nachfolger ihm. Er strahlte Ruhe aus, während die beiden anderen Stürme entfesselten. Er war sanft und weise, sie waren Extremisten. Und dann sah er gar nicht wie ein Rabbi aus. Er kleidete sich anders, wie die *Deutschen*, das heißt, nach der Mode der großen Städte; er legte Wert auf elegante Kleidung, sicheres Auftreten und gute Manieren. Obwohl er ein berühmter Talmudgelehrter war, verdiente er seinen Lebensunterhalt zunächst als Apotheker. *Der Kaufmann von Danzig* oder *der Apotheker von Pžyscha* in der chassidischen Literatur, das ist er. Beinamen, die er selbst erfunden hat; er behielt sie bis an sein Lebensende.

Er war ein großer Reisender, voll Wißbegier und mit einer Vorliebe für das Pittoreske und Außergewöhnliche. Er besuchte die großen Städte aus geschäftlichen Gründen, aber nicht nur deshalb. Glaubt man der Legende, dann verkehrte Rabbi Bunam in Danzig und auch in Berlin in recht seltsamen Kreisen und mit noch seltsameren Persönlichkeiten. Er spielte Schach, spielte Karten, er diskutierte mit Emanzipierten und Atheisten – oder mit solchen, die sich dafür ausgaben; er spielte auch Gitarre: Er liebte die Atmosphäre der Schenken; manchmal ging er ins Theater, ins Kabarett und sogar in anrüchige Etablissements, selbstverständlich, um die sündigen Seelen auf den Pfad der Tugend zurückzuführen.

Als die Schüler des *Juden* nach dessen Tod einen Nachfolger suchten, wandten sie sich nicht an einen der Söhne des Verstorbenen, sondern an den *Kaufmann von Danzig.* Warum gerade an ihn? War er besser geeignet als die anderen? Vielleicht deshalb, weil er ein treuer Gefährte und Freund des *Juden* gewesen war? Weil er ihm von Lublin an gefolgt war? Oder weil man in Pžyscha bereits den Weg für Menachem-Mendel bereitete? Rabbi Bunam wäre dann also nur eine Brücke zwischen zwei Vulkanen gewesen? Oder vielleicht bot er der Schule von Pžyscha noch eine weitere Gelegenheit, den organisierten, traditionellen Chassidismus herauszufordern? Seht, unser Rabbi ist nicht aus einem illustren Stamm hervorgegangen, er ist nur ein Apotheker, der nicht einmal wie ein Rabbi aussieht?

Höchstwahrscheinlich ist an allen diesen Hypothesen etwas Wahres. Dennoch aber bleibt die Tatsache, daß die Wahl für Rabbi Bunam überraschend kam; er hatte sie ebensowenig erwartet wie gewünscht. Selbst nach seiner Ernennung weigerte er sich lange Zeit, seine Chassidim „in

Audienz" zu empfangen und sich wie ein Rabbi zu benehmen. Aber heute scheint es, daß er der einzig mögliche Kandidat und gewiß der am besten geeignete war. Er war vielleicht weniger inspiriert als sein Lehrer und als sein Schüler, aber als Quelle der Inspiration kam er ihnen gleich. Und das ist ja die Kraft und das Geheimnis des wahren Rabbis: daß er zu inspirieren vermag.

Ein Schüler in Pžyscha erklärte die Größe Rabbi Bunams durch folgenden Vergleich: „Erinnert ihr euch an das Schicksal des Elisa? Elisa war ein ungebildeter Hirte, der nur mit seinem Herdenvieh sprach, nicht mit den Menschen. Dann begegnete er dem Propheten Elias; mit einemmal war er nicht mehr derselbe: seine Seele stand in Flammen. Rabbi Bunam? Wollt ihr wissen, wer Rabbi Bunam ist? Das ist ganz einfach. Mag eure Seele hart wie Stein, mag sie kalt wie Eis sein – es spielt keine Rolle; wenn ihr mit Rabbi Bunam in Berührung kommt, wird sie Feuer fangen."

Und es strömten auch unzählige junge Chassidim nach Pžyscha. Wie später in Kozk, verlieren junge Ehemänner ihre Frauen, Söhne ihre Eltern; von der Botschaft eines erneuerten Chassidismus angezogen, kamen sie, mittellos, dürstend nach Feuer und Wahrheit und Revolte. Pžyscha wurde zum Mekka der geistigen und idealistischen Elite, wie Kozk einige Jahre später; Pžyscha symbolisierte den Zweifel, den Mut, das Experiment von vorn zu beginnen, ohne die alten Mängel und Belastungen. In Pžyscha wurde der Chassidismus wieder jung und kühn und von einem Enthusiasmus beseelt, der alle Hindernisse umwarf, alle Tabus hinwegfegte.

Zunächst reagierten die konservativen Führer der Bewegung entschlossen, die Flut einzudämmen, in der Öffentlichkeit. Die große Hochzeit von Ostila bot ihnen eine Gelegenheit dazu. In Anwesenheit von etwa zweihundert Zaddikim mit dem ehrwürdigen Rabbi von Apt an der Spitze, machten sie der Schule von Pžyscha den Prozeß. Man hat seither viel geschrieben über diese Hochzeit und das Wortgefecht, das noch wichtiger war als die Hochzeit selbst. Ankläger und Verteidiger übertrafen einander an Beredsamkeit, an Bildung, an vergleichender chassidischer

Ideologie. Nachdem der Rabbi von Apt das Für und Wider angehört hatte, lehnte er es ab, Pžyscha zu verurteilen. Ein weiser Entschluß: Der Chassidismus reihte sich damit unter die wenigen Bewegungen ein, in deren Innerem Abweichung und Widerspruch erlaubt sind. Die Schule von Pžyscha gehört zum Chassidismus, obwohl sie sich gegen dessen traditionelle Form gestellt hat.

Worin besteht die Philosophie dieser Schule? Das Wesen des Menschen – grandios, lächerlich, tragisch – ist zutiefst widersprüchlich. Die ganze Welt ist nur für die Menschen geschaffen worden; und dennoch ist der Mensch weniger wert als Staub. Er ist dem Tode geweiht und lebt zugleich im Unsterblichen, verkörpert seine eigene Unsterblichkeit. Der Mensch ist verwundbar und schwach – zu schwach, um die Wahrheit zu erkennen –, aber er ist auch allmächtig, denn er trägt die Wahrheit in sich und rechtfertigt sie, indem er sie sucht.

Gewiß, es gibt da Nuancen. *Der Jude* meint den Menschen, wenn er vom jüdischen Menschen spricht; Rabbi Bunam meint den jüdischen Menschen, wenn er vom Menschen spricht. Der eine wie der andere, und mehr noch ihr Nachfolger in Kozk, versuchen uns zu überzeugen, daß es dem Menschen gegeben sei, seine Kraft aus der Verzweiflung zu schöpfen, die diese Kraft leugnet; da der Mensch allein ist, hilft er seinem Nächsten und zerreißt damit seine eigene Einsamkeit.

Es gibt auch Unterschiede in der Kommunikation. *Der Jude* drückte sich in Maximen aus, Rabbi Bunam in Gleichnissen und Rabbi Menachem-Mendel durch Schweigen.

Und dann war da noch ein Unterschied: *Der Jude* starb jung. Rabbi Menachem-Mendel starb allein, schrecklich allein, Rabbi Bunam starb blind; als er seine Frau schluchzen hörte, sagte er zu ihr: „Warum weinst du? Hast du vielleicht Angst? Ich nicht. Mein ganzes Leben lang habe ich nichts anderes getan, als sterben zu lernen."

Rabbi Bunam war ein begabter Erzähler. Jede seiner Geschichten ist eine Mischung aus Humor, Melancholie und Weisheit.

Eine heitere Geschichte: „Eines Tages hatte ich Lust, eine

Geschichte zu erzählen, oder vielmehr: Eines Tages war da eine Geschichte, die erzählt werden wollte. Aber ich hatte Angst, denn eine innere Stimme sagte mir, daß ich Gefahr lief, meine glühendsten Anhänger zu verlieren; sie würden aufhören, mich Rabbi zu nennen. Und was meine Feinde betraf, so würden sie wissen, warum sie mich haßten. Indessen, ich konnte die Geschichte, die erzählt werden sollte, nicht unterdrücken. Und zu meinem großen Erstaunen begannen sogar meine Feinde, mich zu bewundern."

Ein Bild: „Manchmal scheint es mir, als sei jeder Mensch ein einsamer Baum in der Wüste; und Gott hat nur ihn auf der ganzen Welt; ebenso wie er nur Gott auf dieser Welt hat."

Eine Parabel: Ein Prinz kaufte einmal ein edles Roß und sperrte es, um es vor Dieben zu schützen, in einen steinernen Stall. Er versperrte die Tür mit einem Schlüssel und stellte einen bewaffneten Posten davor. Als er eines Nachts nicht schlafen konnte, ging er hinaus. Er kam auch am Stall vorbei. Der Wächter schien nicht aus noch ein zu wissen. „He", rief er ihn an. „Was ist los mit dir?" – „Mich quält eine Frage: Wenn man einen Nagel in die Wand schlägt, wohin kommt denn der Mörtel?" – „Eine wichtige Frage", sagte der Prinz. „Du tust gut, darüber nachzudenken." Und er kehrte um und legte sich zu Bett. Eine Stunde später, als er immer noch nicht einschlafen konnte, ging er neuerlich in den Hof hinunter und fand dort wieder den Wachtposten, den Kopf in die Hände gestützt. „Und was beschäftigt dich jetzt so sehr?" – „Nun ja, folgendes. Wenn man ein *Beigel* ißt" (ein rundes Gebäck mit einem Loch in der Mitte), „was geschieht dann mit dem Loch?" – „Eine bedeutsame Frage. Gut, daß du dich damit befaßt." Und er ging in sein Schlafgemach zurück. Bald kam er zum dritten Mal in den Hof, und zum dritten Mal schien der Wächter ratlos zu sein. „Noch eine Frage?" fragte der Prinz. – „Tja, Herr, diese. Ich sage mir, es stimmt etwas nicht mit mir oder mit der Welt. Ich sage mir: Der Stall ist da, die Mauern sind da, die Tür ist da, und ich bin da – aber wo ist das Roß?"

Ein Ausspruch: „Wenn Gott mir die Möglichkeit gäbe, mit Abraham zu tauschen, würde ich ablehnen. Gott braucht jemanden wie Abraham, nicht einen blinden Greis wie Bunam."

Gewöhnlich erläuterte Rabbi Bunam seine Parabeln, wobei er andeutete, daß ihr wahrer und tiefer Sinn sich der Auslegung entziehe. Das Geheimnis des Geheimnisses läßt sich nicht enthüllen, sagte er.

Eine Geschichte: Es war einmal ein Prinz, der klüger war als die anderen. Als er eines Tages auf der Straße über einen Betrunkenen stolperte, beschloß er, ihm eine Lektion zu erteilen, die er nicht vergessen würde. Er ließ ihn ins Schloß tragen und zu Bett bringen. Auf einem Stuhl legte man ein Bischofsgewand für ihn bereit. Sonst nichts. Als der Trunkenbold am folgenden Morgen erwachte, wußte er weder, wo, noch wer er war. Die Diener halfen ihm beim Anlegen der Bischofskleider und sprachen zu ihm mit der Ehrfurcht, die einem Kirchenfürsten gebührt – alles war großartig, abgesehen davon, daß der Mann sich nicht erinnern konnte, jemals in seinem Leben Bischof gewesen zu sein. Immerhin, nach einer Stunde kamen ihm Zweifel: „Ich glaube, daß ich ein betrunkener Bauer bin, als Bischof verkleidet; wenn aber nun das Gegenteil wahr wäre? Was, wenn ich ein Bischof bin, der sich für einen betrunkenen Bauern hält?" Er beschloß, abzuwarten und die Dinge an sich herankommen zu lassen. Im Augenblick hatte er nichts zu verlieren. Erst als ihm die Diener ein Gebetbuch mit goldenem Einband brachten, bekam er es mit der Angst zu tun. „Jetzt werde ich die Wahrheit erfahren! Wenn ich lesen kann, bin ich der Bischof; kann ich es nicht, bin ich der Säufer." Er war nicht imstande, zu lesen. Von Panik erfaßt, wollte er den Schwindel schon eingestehen, ermahnte sich jedoch; er hatte eine Idee: „Möglich, daß ich trotz allem der Bischof bin. Die Tatsache, daß ich nicht lesen kann, beweist noch nichts; wer garantiert mir, daß die anderen Bischöfe es können?"

Die Moral der Geschichte? Man soll nicht nach den Kleidern urteilen. Das ist eines der zentralen Themen in der verzauberten Welt von Pžyscha. Ein anderes Thema, das häufig wiederkehrt: das Motiv der versäumten Gelegenheit, des verfehlten Eifers. Der Mensch könnte, will aber nicht.

Oder er will erst dann, wenn es zu spät ist. Und so – und das ist der schlimmste aller Flüche – vergißt er, daß er kann.

Noch eine Geschichte, die traurigste von allen: Ein König verbannte seinen Sohn strafweise in die Ferne. Da der Prinz Hunger und Kälte litt, verlor er sogar die Kraft, auf die Verzeihung des Königs zu hoffen. Jahre verstrichen. Da schickte der König eines Tages einen Boten mit der Anweisung, dem Verbannten alle Wünsche zu erfüllen. Der Abgesandte teilte dies dem Prinzen mit, und der antwortete: „Gebt mir ein Stück Brot und einen warmen Mantel." Er hatte vergessen, daß er ein Prinz war und in den Palast seines Vaters zurückkehren konnte.

In Pžyscha, wo man grenzenlose Anforderungen an sich selbst stellte, immunisierte man den Menschen gegen das Vergessen.

Das *Vergessen* ist die Wurzel des Exils; die Erinnerung bedeutet Erlösung – das hatte bereits der Baal-Schem gesagt. Aber in Pžyscha interessierte man sich nur am Rand für die endgültige Erlösung. An das Kommen des Messias dachte man, versuchte aber nicht, es vor der Zeit herbeizuführen. Man arbeitete mehr an sich selbst als an Gott: Ziel des Menschen ist es nicht, den Messias zum Kommen zu bewegen, sondern ihm entgegenzugehen, die Erde und das Herz des Menschen für ihn bewohnbar zu machen. Das Warten wird lang sein, was tut's? In Pžyscha gab es genug zu tun; man hatte es nicht eilig. Im übrigen fürchtete man sich ein wenig vor dem messianischen Zeitalter. Rabbi Bunam beschrieb es folgendermaßen: „In jener Zeit wird der Sommer ohne Hitze, der Winter ohne Frost sein, die Weisen werden ihre Weisheit vergessen und die Chassidim ihre Begeisterung."

Sein Nachfolger ging noch weiter, Rabbi Menachem-Mendel von Kozk begriff, daß alle diese Zeichen, alle diese Übel auftreten konnten, ohne deshalb die baldige Erlösung anzukündigen. Daher seine bange Frage: Gibt es also wirklich kein Band zwischen der Schöpfung und dem Schöpfer, zwischen den Augen und dem, was sie erblicken, zwischen der Angst vor der Flucht und der Angst vor dem Wiedersehen? Sollte der Mensch tatsächlich unfähig sein, von seinem Schmerz zu sprechen, selbst zu Ihm, der Ihm diesen Schmerz sendet?

Und hier die Zusammenfassung dessen, was Pžyscha für den Erzähler von heute darstellt: Tore, die sich in die Vergangenheit öffnen und ein beklemmendes Licht auf die Gegenwart werfen, auf die ewige Gegenwart, diesen Schatz, der uns dazu bringt, von Krakau nach Prag zu laufen, und von dort nach Rižin und Sziget; doch der Schatz ist nirgends zu finden, denn ein anderer in uns – ein Chassid von Pžyscha? ein Kind in Wischnitz? – hat ihn gefunden und wieder verloren, aber nicht vergessen, noch nicht.

Rabbi Menachem-Mendel von Kozk

Irgendwo in Mitteleuropa, zwischen Warschau und Lublin, war einmal eine kleine Ortschaft, deren Namen – Kozk – träumen und schaudern machte.

1839. Es ist Winter, und es schneit. Die niedrigen Häuschen und Hütten versinken tiefer und tiefer in der stummen Nacht. Die Wolken hängen tief, die Straße ist verlassen, das Dorf gleicht, von außen gesehen, einem Geisterdorf.

Ein Freitagabend. In einem Gebäude aus roh behauenem Holz bereiten sich die leidenschaftlichsten, anspruchsvollsten Anhänger der chassidischen Bewegung darauf vor, das erste Schabbatmahl zu feiern.

Im Lehrhaus, um den rechteckigen, mit dem traditionellen weißen Tischtuch bedeckten Tisch sitzend, fühlen die Chassidim die beißende Kälte nicht. Alle blicken wie gebannt auf einen düsteren Mann mit gespannten Zügen: den Rabbi. Sie warten, wie es Brauch ist, daß er Wein und Brot segne, aber er, dessen Gedanken anderswo weilen, scheint es nicht eilig zu haben. Wo ist er? Was tut er? Was beschäftigt ihn an diesem heiteren Abend, der frei ist von bösen Vorzeichen? Sein Atem geht schwer, wie bei einem Kranken; seine Augen, die in die Kerzen starren, widerspiegeln eine uralte, doch unbekannte Angst. Die Gäste schweigen bedrückt; der Rabbi macht ihnen Angst. Sie spüren eine Bedrohung: Wer weiß, welche Mauern der Meister gleich niederreißen wird, um wer weiß welche Stürme hereinzulassen. Diese vollkommene Stille ist beklemmend. Niemand wagt sich zu bewegen, Luft zu holen. Man blickt nicht einmal den Nachbarn fragend an. Man wartet, daß die Zeit sich erfülle, daß der Gedanke sich offenbare. Dann wirft der Rabbi – er ist etwa fünfzig, sieht aber älter aus; ein wildes, schreckliches Antlitz – den Kopf zurück und ...

Hier endet der Bericht. Etwas geschah, und man weiß

nicht, was. Hundertfünfzig Jahre nach dem Ereignis ist das Geheimnis immer noch nicht gelüftet. Die Zeugen, statt ihre Aussage für die Geschichte oder wenigstens für die Chronik zu machen, scheinen ein Gelübde abgelegt zu haben, über alles zu schweigen, was mit dem Zwischenfall zusammenhängt; niemand hat je darüber gesprochen. Man könnte es eine Verschwörung des Schweigens nennen, zur Wahrung eines Geheimnisses, dessen Sinn niemand verstand.

Wir wissen nur, daß es ein Geheimnis gab. Etwas Ungewöhnliches ereignete sich an jenem Abend in Kozk: ein unverständlicher, unaussprechlicher Zwischenfall. Heute noch reden die Chassidim nur mit gedämpfter Stimme darüber, da und dort, unter vertrauten Freunden. Manche erzählen davon wie von einer Sonnenfinsternis, andere wie von einer unheimlichen Krankheit. Wieder andere deuten an, daß der Rabbi an jenem Abend aus einem nur ihm bekannten Grund beschlossen hätte, Himmel und Erde zu überraschen, indem er sich weigerte, ihnen als Bindeglied und als Rechtfertigung zu dienen.

Von den mehr oder weniger phantastischen Versionen, die in chassidischen Kreisen zirkulieren, wollen wir einige anführen, und sei es nur, um den Schauplatz, die Umgebung und vor allem die Hauptperson ins Licht zu rücken.

Nach einer endlosen Stille, sagt ein polnisch-jüdischer Romancier, habe der Rabbi die Schabbatgebote gebrochen und die Hand ausgestreckt, um die Kerzen zu löschen.

Zweites Bild: Nachdem er aus seiner Meditation aufgeschreckt sei, habe der Rabbi plötzlich zu schreien begonnen wider die skandalöse Anhäufung von Unglück, die der jüdischen Geschichte innezuwohnen scheine. Er habe ausgerufen: „Soll ich daraus schließen, daß es sich um *Let din welet Dajan,* um eine Geschichte *ohne Richter und ohne Gerechtigkeit* handelt?"

Die dritte Version ist noch realistischer: Als der Rabbi erfuhr, daß neue Pogrome die jüdischen Gemeinden Polens und Rußlands verheerten, habe er in einem Wutanfall mit der Faust auf den Tisch geschlagen und gebrüllt: „Ich verlange Gerechtigkeit, und ich verlange, daß der Oberste

Richter sich seinen eigenen Gesetzen unterwirft!" Da man an diesem Schabbat die Bibelstelle über Esau las, der sein Erstgeburtsrecht an Jakob verkaufte, setzte der Rabbi fort: „Es steht geschrieben im Talmud, daß Esau später drei Tränen vergoß, so sehr bereute er den Handel; für diese drei Tränen zahlen wir, in unserer langen Verbannung, mit unserem Blut, das ohne Unterlaß fließt. Nun, und bis wann werden wir dafür zahlen müssen? Wird denn das nie aufhören?" Als er bemerkte, wie erschrocken die Anwesenden dreinsahen, verstärkte sich seine Wut noch: „Warum starrt ihr mich so an? Habt ihr Angst? Vor wem? Eure Furcht stößt mich ab, widert mich an! Ihr seid nichts als Lügner, Schmeichler, Feiglinge, verschwindet, laßt mich, hört ihr, ich will allein sein!"

Welcher der drei Berichte – es gibt noch andere – entspricht der Wahrheit? Man weiß es nicht. Man weiß nur, daß alle gleich enden: Der Rabbi verlor das Bewußtsein und mußte in seine Wohnung getragen werden; er blieb zwanzig Jahre dort eingeschlossen. Bis zu seinem Tod. Wochen, Monate verflossen, ohne daß er Besuche empfing, ohne daß er sich darum kümmerte, was draußen geschah. Durch zwei Löcher, die man in seine Tür gebohrt hatte, verfolgte er den Gottesdienst. Manchmal, wenn er zur Thora aufgerufen wurde, tauchte er auf, in seinen Gebetsschal gehüllt, struppig, mit Ringen unter den Augen, Angst und Schrecken verbreitend. Er aß nicht, er schlief nicht; er verbot den Ärzten, ihn anzurühren, den Freunden, ihn zu trösten. Er lehrte nicht mehr, nahm an nichts mehr teil. Er wollte weder geben noch empfangen. Seine Schüler waren ihm gleichgültig, trotzdem strömten sie von allen Seiten herbei, angezogen von der wüsten Maske, die er ihnen zeigte. Nachts beobachtete man ihn manchmal, wie er sich über den Tisch beugte und ins Leere starrte, ein Schatten unter den kranken, zitternden Schatten, die die gelbe Flamme einer flackernden Kerze warf.

Der Rabbi: Menachem-Mendel von Kozk. Oder einfacher: Mendel von Kozk. Der Meister wider Willen, der zornige Heilige, der göttliche Rebell. Von allen Führerpersönlichkeiten, großen und kleinen, berühmten und weniger berühmten, die der Chassidismus seit dem Erscheinen des Baal-Schem bis zur Massenvernichtung hervorgebracht hat, ist er unleugbar der verwirrendste, mysteriöseste, tragischste.

Wie bei den anderen, gibt es auch bei ihm den Konflikt zwischen Person und Legende. Aber in seinem Fall ist es die Persönlichkeit, die verblüfft, fasziniert. Bei ihm bleibt die Phantasie hinter der Realität zurück. Wenn es im Chassidismus einen Meister gibt, der das zweifellos retuschierte Bild, das man von ihm entworfen hat, übertrifft, dann ist er es.

Die Geschichten, die man über ihn verbreitet – sie sind zahlreich –, werden ihm kaum gerecht, zeichnen seine Persönlichkeit nur undeutlich nach, halten ihn fest, ohne ihn zu erfassen. Er ist in jedem Fragment enthalten, aber er ist mehr als die Summe der Fragmente. Er ist die Flamme, die die Funken anzieht; eine freie und mächtige Flamme, die auflodert und die Welt mit sich reißt. Je mehr man von Rabbi Mendel spricht, desto undurchdringlicher wird das Geheimnis. Zu seinen Lebzeiten wagte man es nicht, ihm ins Gesicht zu blicken; und selbst heute ist er da, in Gestalt seiner Legende, um uns zu richten, als wäre er unser Zeitgenosse.

Wir kennen kein Bild von ihm, keines seiner nachgelassenen Besitztümer – so als hätte er nie existiert. Was wir von ihm kennen – seine Gewohnheiten, seine maßlosen Projekte, seine plötzlichen Zornausbrüche, seine Appelle und sein Schweigen –, haben uns die wenigen Gefährten und Schüler überliefert, deren Gegenwart er duldete. Es scheint, daß er seine Gedanken notierte, diese Aufzeichnungen aber wieder vernichtete. Er verbrannte in der Nacht, was er am Tag geschrieben hatte.

Er soll die gleiche Absicht gehabt haben wie seine unmittelbaren Vorgänger: alles zu sagen, was zu sagen ist und was man nicht sagen kann, über den Menschen, sein Schicksal und seinen Aufenthalt hienieden ... auf einer einzigen Seite. Diese Seite – aus der allein ein Werk mit dem Titel

Buch vom Menschen bestehen sollte – schrieb Menachem-Mendel jeden Tag und zerriß sie allabendlich bei Anbruch der Nacht wieder.

(„Wißt Ihr, warum ich nichts veröffentliche?" fragte er einen Besucher. „Ich werde es Euch sagen. Wer würde meine Sachen schon lesen? Weder die Gelehrten noch die Gebildeten; sie wissen mehr als ich. Wer meine Werke lesen will, muß sich mir unterlegen fühlen. Wer? Ein armer Dorfbewohner, der die ganze Woche über hart arbeitet. Wann hätte er Zeit, mein Buch zu öffnen? Am Schabbat: Wann, zu welcher Stunde? Nicht am Freitagabend: zu müde. Samstag morgens? Da ist Gottesdienst. Er kommt zu Mittag heim, nimmt seine Mahlzeit ein, singt die üblichen Lieder und streckt sich auf dem Sofa aus; nun ist sein Geist frei, endlich kann er einen Blick in ein Buch werfen. Er nimmt meines, öffnet es. Aber er hat zuviel gegessen, er fühlt sich ein wenig schwer; der Schlaf überwältigt ihn. Er schläft ein, und mein Werk entgleitet seinen Händen. Und für ihn – und dafür – soll ich ein Buch schreiben?")

Auf seinem Totenbett war er auch noch besessen von der Furcht, seine Schriften könnten ihn überleben. Er fragte seinen alten Freund Rabbi Jizchak-Meir von Ger: „Hast du überall nachgeschaut? In allen Verstecken? Bist du sicher, daß alles verbrannt, alles Asche ist?"

Bleibt nur die mündliche Lehre. Und die Legende.

Eine Legende der Furcht und des Zitterns, ohne die Freude, die sonst für den Chassidismus kennzeichnend ist: Wenn man Rabbi Menachem-Mendel zuhört, fühlt man sich versengt, verletzt von einem schwarzen, lebhaften Feuer, das von einer Nacht ohne Morgendämmerung gehütet und verzehrt wird.

Im Gegensatz zu anderen chassidischen Geschichten regen die Erzählungen von Kozk und über Kozk selten zum Lächeln an. Sie sind nicht unterhaltsam, nicht beruhigend, sondern verwirren denjenigen, der sie erzählt, ebenso wie den Zuhörer. Beide empfinden dabei das gleiche Unbehagen, beinahe Gewissensbisse, am Leben zu sein, sich in einer Welt der Lüge und der Schwäche eingeengt zu fühlen – oder sich nicht so zu fühlen. „Es steht geschrieben", sagte

Menachem-Mendel, „daß Gott sein Werk bewunderte und es gut fand. Ich nicht. Ich bin verwöhnter als Er, anspruchsvoller. Die Welt, wie sie ist, liebe ich nicht, brauche ich nicht, außer um mich hineinzuschneuzen." Und einem Schüler, der sich über die Unvollkommenheit und Mängel der Schöpfung beklagte, erwiderte er: „Könntest du es besser machen? Also worauf wartest du noch? An die Arbeit!" Aber er selbst dachte eher, daß es nicht der Mühe wert sei: „Die Welt", bemerkte er, „ist nicht einmal einen Seufzer wert." Daß der einzelne sich selbst anders sehen könnte als fremd – fremd in seiner Zeit, in seinem Milieu, im Hinblick auf seine Zukunft –, vermochte er nicht zu begreifen. Er sagte: „Ich gehöre nicht hierher, ich lebe nicht in der Gegenwart."

Die Erzählungen und Aussprüche des Rabbis von Kozk erkennt man sofort; unmöglich, sich da zu irren. Sie tragen seine Handschrift, seine Narben. Während die Worte anderer Meister oft untereinander austauschbar zu sein scheinen, sind seine Geschichten geradezu exklusiv. Sie zeugen von seiner Welt, einer besonderen Welt, in der man stumme Gewalt ahnt, dunkle, brutale Kräfte, die Besessenheit und die Einsamkeit eines Menschen, der mit dem im Kampf liegt, das ihn verneint und fasziniert, erhebt und hinwegrafft wie der Tod, der Glaube und das Absolute. Es ist eine Welt, in der der Mensch, an seiner Kraft verzweifelnd, sich offenen Auges, bewußt in die Verzweiflung stürzt, um dort eine Möglichkeit des Sieges zu suchen, so ungewiß, so schwer zu erkennen sie auch sein mag.

Mendel von Kozk wünscht sich den Menschen dürstend nach der Wahrheit, nach dem Absoluten, auch wenn er beides nie erreichen wird; wenngleich die Wahrheit blind ist und den tötet, der sie sucht, wenngleich das Absolute sich an dem rächt, der sich darin spiegelt. Der Glaube? Der Glaube ist nicht alles. Für Mendel von Kozk bedeutet das Gebot „Du sollst nicht stehlen": „Du sollst nicht dich selbst bestehlen, du sollst nicht der Betrogene sein, der von dir selber Betrogene."

(Er bemerkt einen jungen Studenten, in Nachdenken vertieft, und sagt zu ihm: „Erinnerst du dich an den Rat des Talmuds: ‚Wer einem Gottlosen begegnet, braucht ihn nur ins Bethaus mitzunehmen?' Wie! Hast du wirklich gedacht, daß alles erledigt ist, wenn du ihn dorthin bringst? Ganz und gar nicht. Jeder Ort hat seinen Gottlosen. Der Jahrmarkt hat seinen Verführer, das Bethaus den seinen. Man wird ihn nicht so leicht los.")

Der Glaube ist also kein absoluter Zufluchtsort. Die Wahrheit, die Welt der Wahrheit kann auch ihren Verführer, ihren schmutzigen Versucher haben. Wo aber liegt die Lösung? In der Ablehnung von Konzessionen. Es ist vielleicht dem Menschen nicht gegeben, die Wahrheit zu finden, aber es ist ihm gegeben, Lüge, Heuchelei und Betrug abzulehnen. Er ist berechtigt, dem Dieb zu entreißen, was dieser heimlich fortträgt. Alle Sünden der Welt wiegen weniger schwer in den Augen Mendels von Kozk als die Selbstgefälligkeit des Geprellten. Der Mensch erniedrigt sich nicht durch seine Mißerfolge, sondern durch die Ausreden, die er dafür gebraucht. Lieber untergehen, als die Wahrheit verstümmeln; das ist Kozk. Es ist der unbarmherzige Trotz eines Menschen, der sich im Spiegel betrachtet. Der nicht glaubt, Gott ein großes Geschenk zu machen, wenn er eine gute Tat vollbringt. Der das Gesetz um seiner selbst willen befolgt, nicht, um zu gefallen, nicht einmal, um Gott zu gefallen. Resultat: Während man anderswo lernte, Gott in der Öffentlichkeit zu dienen und insgeheim zu verraten, verhielt es sich in Kozk – wenn man so sagen darf – genau umgekehrt. Man behauptete, daß es leichter sei, irgendeinen Chassid bei einer Sünde zu ertappen als einen Chassid von Kozk bei einer guten Tat.

(Ein Schüler klagte Rabbi Menachem-Mendel sein Leid: „Ich komme aus Rižin. Dort ist alles klar, alles einfach. Ich betete, und ich wußte, daß ich betete. Ich lernte, und ich wußte, daß ich lernte. Hier in Kozk geht alles durcheinander, verwirrt mich alles. Ich leide darunter, Rabbi. Es ist entsetzlich. Ich bin ratlos. Helft mir, daß ich wie früher beten und lernen kann. Nehmt diesen Kummer von mir." Der Rabbi betrachtet sein weinendes Gegenüber: „Und wer sagt dir, daß Gott sich für deine Studien und für deine Gebete interessiert? Was ist, wenn Er deine Tränen und dein Leid vorzieht?")

Demnach kann der Mensch nur zwischen zwei Extremen wählen: zwischen dem Weg zu den Sternen und der Flucht in den Tod; zwischen der schrecklichen Wahrheit und der zerstörerischen Illusion; zwischen dem Lohn in der Ewigkeit und dem unwiderruflichen Fluch. Es gibt nur das eine oder das andere, und nichts dazwischen: „Die Mitte der Straße ist für die Pferde da." Der Weg des Menschen zu Gott ist nicht die Königsstraße, sondern der Pfad der Einsamkeit; er führt sehr hoch oben oder sehr tief unten dahin: „Mit einem Bein stehe ich im siebenten Himmel, mit dem anderen in der Tiefe des Abgrunds." Der Kompromiß ist für die Schwachen da; nur Feiglinge brauchen Konzessionen. „Was ich von euch verlange?" fragte Rabbi Mendel seine Schüler, bevor er sich zurückzog. „Seid stark!" Wenn das heißt, daß man dem Schicksal trotzen muß, dann muß man ihm eben trotzen. Wenn man, um die Wahrheit zu ergründen, dem Himmel Widerstand leisten muß, dann soll es auch darauf nicht ankommen.

An einem Simchat-Thora-Abend beobachtete der Rabbi seine Getreuen, die mit den Gesetzesrollen tanzten. „Nicht so tanzt man!" schrie er sie zornig an. Um ihn zu besänftigen, begannen sie von neuem, und mit mehr Ungestüm. „Nein", sagte er gereizt, „so tanzt man nicht." Nach einigen fehlgeschlagenen Versuchen hielten die Chassidim inne und warteten. Da brüllte der Rabbi: „Stellt euch vor, ihr steht auf einer Bergspitze oder auf einer Rasierklinge – und jetzt tanzt, tanzt, sag' ich euch!"

Ist das schwierig? Und dann: Wer sagt, daß Mensch sein bedeutet, sich im Gleichgewicht zu halten? Wer sagt, daß Jude sein heißt, sich abzufinden und sich zu unterwerfen? „Das Herz soll zerspringen", donnerte er, „die Schultern sollen brechen, Himmel und Erde sollen einstürzen, aber der Mensch darf nicht von seinem Weg abweichen!" Die Fallstricke, die Gefahren – sie sind gleichgültig. Im Gegenteil, je mehr es davon gibt, desto verdienstvoller ist die Anstrengung. Es tut nichts, wenn man, von Entdeckung zu Entdekkung schreitend, auf einen unbekannten, unversöhnlichen Gott stößt; man muß vorwärts, nichts anderes zählt. Es ist auch nicht erstaunlich, daß Mendel von Kozk die ungeahnten Fähigkeiten eines Pharao gepriesen hat: Der Pharao verstand es ja, Gott zu trotzen! „Was für ein Kerl!" sagte der Rabbi bewundernd. „Er hat sein Rückgrat von den ersten Schlägen an nicht gekrümmt. Der ist hart geblieben." Darauf kommt es an: Man muß den Trotz verstärken, man muß kämpfen; man muß sich einen Gegner wählen, der größer ist als man selber.

Jakob hatte das getan. Er hatte die ganze Nacht über mit dem Engel gerungen und ihn im Morgengrauen weggeschickt, als Sieger. Das war ein Fehler. Er hätte erraten müssen, daß der Engel wiederkommen würde, in anderer Maske, vielleicht sogar als Jakob verkleidet. Nur war Jakob inzwischen Israel geworden: der Mann, der es eines Nachts gewagt hatte, Gott zu trotzen und sein Geheimnis und seinen Namen mit dem Geheimnis und dem Namen Gottes zu verbinden.

Sein ganzes Leben lang führte Mendel von Kozk diesen Kampf mit dem Engel und der Nacht. Allein, allein gegen die Menschen, allein gegen den Himmel, gegen die Generationen von Toten, gegen die Traditionen der Toten, die auf der Erinnerung jedes Menschen lasten.

Deshalb betont man in allen Berichten über ihn die Fragen, nicht die Antworten, den brennenden Durst, nicht die Mittel, diesen Durst zu stillen, das Suchen, nicht das Finden. Was zählt, ist das Vorwärtsschreiten, und sei es auch ein Marsch der Verzweiflung. Was zählt, ist der Mangel, und wenn er niemals behoben wird, desto besser! Für den Rabbi von Kozk ist der Mensch ein einsamer Kämpfer, der jenseits eines gewissen Punktes nichts und niemanden mehr erwartet. „Der Messias wird kommen und nicht wissen, wen er erlösen soll."

Gewiß, der beispielhafte Zorn von Kozk, in Pžyscha entstanden, widerspricht dem vom Baal-Schem und seinen Gefährten vorgezeichneten Weg. Der Gesang des Baal-Schem verwandelt sich in Kozk in einen Schrei des Schreckens und der Verzweiflung.

Wie *der Jude*, wie Rabbi Bunam, ist Mendel von Kozk kein Rabbi unter anderen, er steht zu den anderen in Opposition. Das Ziel, das er sich setzt, und die Mittel, die er anwendet, machen aus ihm einen Magnaten und aus seiner Schule einen Unruheherd.

Er verabscheut, was anerkannt oder verehrt wird, er greift die Tabus der Bewegung an. Er findet, daß zuviel von Liebe und Vollkommenheit gesprochen wird; allzuoft würden große Worte verwendet. Die reinsten, edelsten Gedanken verlieren an Wert, wenn man sie wiederkäut; sie verlieren ihre Kraft, ihre stillschweigende Bedeutung. Er, Mendel von Kozk, beschließt, den Chassidismus zu erneuern, indem er dessen Ziele neu definiert.

Ehrgeizig, anmaßend, will er bis zum Äußersten gehen; er ist überzeugt, dem Bescht ebenbürtig zu sein („Der Baal Schem-Tow hat niemals gesagt, daß es keinen Größeren geben könne als ihn!"), und begnügt sich nicht damit, dessen Lehre zu verbreiten. Er hat nur Verachtung übrig für jene, die ausgetretene Wege gehen, sich in der Gewohnheit suhlen; die anderen – oder sich selbst – nachzuahmen, ist ebenfalls erniedrigend. Sein Ehrgeiz? Unerforschte Wege zu öffnen, zum Vorläufer, zum Pionier zu werden, die Gewohnheiten umzustoßen, die Konventionen, die Schwindler, die Verweichlichten zu entlarven, den zurückgelegten Weg zu überdenken, das Augenmerk auf die Fehlschläge und Täuschungen zu richten; sonst würde die Bewegung absinken und ihre Substanz verlieren.

Mit Mendel von Kozk wird die Herausforderung wieder zur Tugend. Blinder Glaube macht ihn ebenso wütend wie Mittelmäßigkeit. „In der Hölle", sagte er, „betet man besser als im Paradies." Die Bewunderer, die sich vor den Türen der Zaddikim drängen, verachtet er. „Zehn Gerechte", erklärte er, „hätten Sodom, die sündige Stadt, retten können. Aber zehn Weise sind nicht imstande, einen Haufen Dummköpfe klug zu machen. Schlimmer noch: Tausend Dumme machen aus einem Weisen einen Tölpel mehr." Er läßt sich durch keinen Appell zur Vorsicht bremsen, keine Mahnung zur Disziplin schüchtert ihn ein. Der Druck von außen befeuert ihn nur noch mehr. Je mehr man ihn angreift, desto unverwundbarer gibt er sich. Er jagt Furcht ein, verachtet die Liebe, stürzt vorwärts, setzt alles auf eine Karte und kümmert sich nicht darum, ob man ihn versteht.

Mit ihm aber flammt das Feuer auf im Heiligtum – das gleiche Feuer vielleicht, das in diesem Augenblick auf zwei Kontinenten gleichzeitig ausbricht. Europa, von Kriegen zerrissen, sucht die Zukunft und verwirft die Vergangenheit. Die Nationen verändern ihr Antlitz, ihr Schicksal. Revolution in Frankreich, Revolution in Amerika, Napoleon formt die Welt um, Könige stürzen, andere dehnen ihre Macht aus; die Geschichte brodelt, und die Welt erzittert, ja sie beginnt sogar nachzudenken. Kozk ist also weder ein Zufall noch eine Anomalie. Am anderen Ende Europas, in der Kälte der nordischen Länder, geht ein Philosoph – Søren Kierkegaard – zur gleichen Zeit einen ähnlichen Weg; seine Lehre, von Existenzangst durchdrungen, führt ebenfalls in eine Einsamkeit, die im Wahnsinn gipfelt. Mit diesen beiden Männern gewinnen Angst und Einsamkeit wieder einen festen Platz in der Philosophie und im Chassidismus. Der Rabbi war der tragischere von beiden, und auch der farbigere.

Wer war Menachem-Mendel von Kozk? 1787 in Goraj als Sohn eines Glasers geboren, heiratet er mit vierzehn Jahren und erhält eine Mitgift von tausend Dukaten. Ein Jahr später, unzufrieden mit seinem geordneten Leben, bricht er mit seinem Vater – einem verbissenen Gegner des Chassidismus – und begibt sich nach Lublin zum Seher, den er, als dieser krank wird, verläßt, um sich dem *Juden* von Pžyscha anzuschließen.

(„In meiner Stadt lebte einst ein alter Mann, der Geschichten erzählte; ich hörte ihm gerne zu. Er sprach von dem, was ihm gefiel und was er kannte; und ich behielt davon zurück, was ich brauchte. So bin ich Chassid geworden", schloß Rabbi Mendel.)

Beim Tod des *Juden* bleibt er bei dessen geistigem Erben, Rabbi Bunam, und tritt dessen Nachfolge an. Im Alter von vierzig Jahren schlägt er seinen Wohnsitz erst in Tomaschow und dann in Kozk auf, wo er, beinahe blind, zweiundsiebzigjährig stirbt, des Lebens müde.

Sein Leben steht im Zeichen der Revolte: Revolte gegen den Vater, gegen seinen ersten Meister und am Ende gegen seine eigenen Bewunderer. Je weiter die Jahre fortschreiten, desto kühner wird seine Ablehnung, desto stärker die Intensität, mit der er die ganze Schöpfung angreift, und noch mehr als die Schöpfung – manchmal läßt er es nicht dabei bewenden.

Schon in Lublin, und dann in Pžyscha, unterschied er sich von den anderen Schülern dadurch, daß er gegen den Strom schwamm. Man nennt ihn *Mendel den Finsteren,* so ernst, so verschlossen, so unwirsch ist er! Er nimmt an keinem der gemeinsamen Akte des Hofes teil. Er spricht wenig, will nicht, daß man mit ihm redet. Sein Wissen und sein Ansehen als Talmudgelehrter genügen; man läßt ihn gewähren. Es steht ihm frei, als Einzelgänger zu leben. Man hält ihn für wunderlich, aber die Meinung der anderen ist ihm gleichgültig. Er verkriecht sich in sich selbst, geizt mit Gesten und Blicken. Komplimente verärgern ihn, Höflichkeit erzürnt ihn. Fromme Tränen und lautstarke Klagen erregen seine Verachtung, die er ganz offen zeigt. Der Seher, der seine besten Schüler überwacht, hält es für geraten, ein ernstes Wort mit ihm zu reden. Zunächst lobt er Mendel für seine Arbeit, seinen Ernst, seine Fortschritte auf allen Gebieten, dann rät er ihm, sich doch mehr den anderen anzuschließen. „Gib acht, Mendel. Dein Weg führt in die Melancholie; das ist gefährlich, das ist ungesund." Mendel ist entrüstet. Daß ihm der Seher die Leviten liest, mag ja noch angehen. Aber ihm Komplimente machen und auf die Gefahr hinweisen? Glaubte er, Mendel zu beeindrucken oder zu erschrecken? Mendel braucht keinen Lehrer, der seine Schüler beschützt, anstatt ihnen die Seele zu zerreißen! Er verläßt Lublin, ohne sich vom Seher zu verabschieden.

In Pžyscha, wo er sich einen neuen Meister sucht, trifft er auch Bekannte aus Lublin: Rabbi Bunam, Rabbi Chanoch, Rabbi Hersch, Rabbi Jizchak-Meir, den künftigen Rabbi von Ger. Hier die Geschichte, wie dieser ihn ins Herz schloß. Es war während des Neujahrsfestes, beim Mincha-Gebet. Alle Anwesenden beteten mit Inbrunst. Nur Mendel, abseits in einem Winkel, blieb regungslos und weigerte sich, die Lippen zu bewegen. Jizchak-Meir wurde auf ihn aufmerksam. Und er wurde Mendels Freund fürs Leben.

Mendel, ein fanatischer Nonkonformist, hatte seine eigene Art, zu beten. Seine eigene Art, zu schweigen. Als einziger weigerte er sich, die Psalmen für den sterbenden *Juden* zu beten. „Der Schrei, den man nicht ausstößt, ist wirksamer", sagte er später. Und: „Manche Erfahrungen kann man durch die Sprache mitteilen, andere – tiefere – durch das Schweigen; es gibt aber auch welche, die man nicht weitergibt, nicht einmal schweigend." Na und? Wer sagt, daß Erfahrungen dazu da sind, um mit anderen geteilt zu werden? Man muß sie leben, das ist alles. Und wer sagt, die Wahrheit sei dazu geschaffen, enthüllt zu werden? Man muß sie suchen, das ist alles. Nehmen wir an, sie wäre in der Melancholie verborgen, soll man sie dann anderswo suchen?

Hier stoßen wir wieder auf das Schlüsselwort von Kozk: die Wahrheit. Das bestgehütete Geheimnis der Schöpfung; es zählt mehr als das Leben und genausoviel wie der Glaube, vielleicht mehr als der Glaube. In Kozk wird die Wahrheit zur Besessenheit. Sie überwiegt alles, verdrängt alles, sogar das Gebet, sogar die Studien. Und ganz gewiß die Freude, die Ekstase und den Seelenfrieden. Der Mensch wurde geschaffen, nicht um die Freude, sondern um die Wahrheit kennenzulernen. Um sie zu entdecken, muß er alles von neuem beginnen, alles revidieren. Der Mensch, den Gott erwählt hat, muß seinerseits Ihn erwählen. Die glatten Lösungen, die scheinbar unerschütterliche Sicherheit sind nur dazu da, demjenigen ein gutes Gewissen zu verschaffen, der gerne schläft und ein ruhiges Leben liebt; um die Wahrheit nicht suchen zu müssen, gibt man vor, sie gefunden zu haben. Aber, so sagt man in Kozk, selbst die Offenbarung, zur Gewohnheit und Fassade geworden, ist verdächtig. Für ein Körnchen Wahrheit gäbe der Rabbi alle Reichtümer der Erde. Reichtümer? Welche Reichtümer? Das Wort verursacht ihm Übelkeit. Der Anblick von Geld macht ihn krank. Was glänzt, widert ihn an. Ehren? Er spottet nur darüber. Er verabscheut sie bei anderen, und noch mehr bei sich selbst. Daher überrascht es nicht, daß er die Funktionen eines Rabbi als widerwärtig empfindet: Er ist zu sehr Individualist, um zuzugeben, daß ein Mensch – gleichgültig, welchen Titel er trägt – die Probleme seines Nächsten lösen könnte. Du kannst nicht für einen anderen leben, dich nicht für ihn erfüllen; niemand wird an deiner Stelle nach der Wahrheit suchen. Heimlich trägst du den Dieb in dir; du mußt tief graben, um ihn aus dir herauszureißen. Niemand wird für dich graben. Niemand wird an deiner Stelle, in deinem Namen die Wahrheit fordern. Niemand wird dein Vermittler sein; genausowenig kannst du einem anderen als Vermittler dienen. Dein Verhältnis zur Wahrheit ist deine Sache; und kein Rabbi ist imstande, sich da einzumischen. *Mendel der Finstere* lehnte auch die Stellung eines Rabbi ab. Er gefiel sich eher in der Rolle des Anti-Rabbi. Aber das Widerstreben jedes Chassids hat Grenzen. Trotz seiner Proteste muß Mendel sich dem Wunsch seiner Gefährten beugen; nach dem Tod Rabbi Bunams ist er es, den man krönt.

Genauer: Sein Freund Jizchak-Meir tritt ihm den Thron ab. Die Chassidim selbst hätten Jizchak-Meir vorgezogen, der ihnen näher stand, zugänglicher war. *Mendel den Finsteren* respektieren und schätzen sie, aber er bringt sie aus der Fassung. Sie verstehen ihn nicht, ebensowenig wie das Unbehagen, das sie in seiner Gegenwart empfinden.

Eine ganze Nacht lang hatten die beiden Freunde in einem Wirtshaus diskutiert; jeder versuchte, den anderen zu bewegen, die Seelsorge zu übernehmen, das Fortbestehen von Pžyscha zu gewährleisten. Nichts von ihrem Gespräch ist bekannt geworden. Die Chronik verzeichnet keines ihrer Argumente. Man kennt nur das Resultat.

Zum Nachfolger Rabbi Bunams ernannt, ließ der junge Menachem-Mendel sich für zwei Jahre in Tomaschow nieder. Es waren zweifellos die schönsten Jahre seines Lebens: Alles erschien ihm noch möglich.

Überschäumend von Elan, Energie, ungezügelter Phantasie verwandelte er seinen Hof in ein Laboratorium neuer Ideen, in ein Versuchszentrum für einen erneuerten Chassidismus. Man sagte: Der Funke von Pžyscha wurde in Tomaschow zum Feuer. Schönredner, Wunderrabbis fand man anderswo. In Tomaschow herrschte ein anderes, höheres Bedürfnis vor: der Durst nach Wissen, nach Wahrheit. Der Rabbi befaßte sich nicht mit dem Wunderbaren, versprach weder Paradies noch Vergebung der Sünden; seine Getreuen verfielen in seiner Gegenwart nicht in Glückseligkeit. Seite an Seite suchten sie einen Weg; der Chassidismus wurde wieder zum Abenteuer.

Junge Leute aus allen Teilen des Landes strömten herbei. Tomaschow wurde zur Hauptstadt der Jugend. Manchmal gab es dort recht ungewöhnliche Szenen: Verlassene Mütter und Ehefrauen belagerten das Haus des Rabbi und flehten ihn an, ihnen den Sohn oder den Mann zurückzugeben. Nichts zu machen. Jedes Lebewesen, sagte der Rabbi, verdankt sein Leben drei Urhebern: Vater, Mutter und Gott. Und der Anteil Gottes am Menschen hat Vorrang. Im übrigen hätten die Schüler ihn auch nicht verlassen, wenn er nachgegeben hätte. Man verläßt nicht einen Menschen, der einen an etwas Einzigartigem teilnehmen läßt, an einer Befreiung der Welt im Rahmen des Ichs.

Im Kampf der Generationen hatte der Rabbi die Oberhand. Der Kampf entbrannte hinter ihm, um ihn. Die Tränen der Eltern waren nutzlos, vergeblich; die Söhne blieben in Tomaschow, beim Rabbi, der ihnen wie ein älterer Bruder, fast wie ein Kollege, seine Ideen einflößte und sie mit seinem Durst nach Erneuerung ansteckte. Man tanzte, man sang, man lernte gemeinsam, man teilte Freuden und Entdeckungen, Niederlagen und Sehnsüchte; man lebte in einer Art Kibbuz. Gemeinsame Kasse, gemeinsame Küche; die Gleichheit reichte bis ins Lehrhaus; niemand hatte Sonderrechte oder Privilegien. Oft ging der Rabbi mit seinen Schülern in Feld und Wald spazieren, und hier, in direktem Kontakt mit der schönen, wilden Natur, unterrichtete er sie von seinen Plänen und Wünschen. Und hier offenbarte er ihnen, wie einst der Baal-Schem, seine Träume.

Schwindelerregende, romantische Träume vielleicht, aber sicherlich ergreifende, packende und irreale Phantasien, die sich um eine fixe Idee bewegten: Gelänge es ihm, eine geistige Elite heranzuziehen, würde er die Welt verändern. In Tomaschow nahmen diese Ideen Gestalt an. Man gebe ihm ein Dutzend kühner, starker und reiner Männer – frei von jeglicher Lüge –, und sie würden das Schicksal bezwingen. „Wenn ich einige Gefährten hätte (dreihundert?), bereit, mit mir auf das Dach der Welt zu klettern, mit Kohlblättern als Hüten, mit Stroh gegürtet, und zu schreien, daß Gott Gott ist, dann wäre der Sieg errungen!"

Ein ergreifendes Bild, voll Poesie, das Rabbi Mendels einzigartige Auffassung von seinem Verhältnis zum Absoluten und zu seinen Verbündeten anzeigt. Von diesen forderte er totale Loyalität. *Emuna* bedeutete in seiner Sprache nicht Glaube, sondern Treue. Wer ihm folgte, mußte alle seine irdischen Sorgen und Bande vergessen. Man kann nicht Sinnenlust begehren und sich zugleich an den Himmel krallen; man kann nicht gleichzeitig das Wichtige und das Unwichtige, das Wesentliche und das Überflüssige lieben; das Absolute verträgt keine Teilung, keinen Rivalen.

Tomaschow trat die Nachfolge von Pžyscha, Mesritsch und Miedžybož an. Wer dort hinkam, blieb. Aufs höchste, bis zur Grenze seiner Fähigkeiten angeregt, fühlte sich der Chassid als Privilegierter. „Wisse", schrieb Rabbi Jizchak-Meir an Rabbi Chanoch von Alexander. „Wie es auf dem Sinai Blitz und Donner gab, so ist es jetzt in Tomaschow." Und Rabbi Mendel bemerkte ohne falsche Bescheidenheit vor den Seinen: „Ich werde euch sagen, wer ich bin. Es hat den großen Maggid von Mesritsch gegeben, Rabbi Schmelke von Nikolsburg, Elimelech von Lisensk, den Seher von Lublin, den heiligen *Juden* von Pžyscha und Rabbi Bunam; ich bin der siebente. Die Summe, die Substanz. Ich bin der Schabbat."

Aber das Vorspiel von Tomaschow endete abrupt: Der ortsansässige Rabbiner beobachtete mit Mißtrauen die fieberhafte Betriebsamkeit des chassidischen Kreises, der sich seiner Autorität entzog. die Beziehungen verschlechterten sich. Rabbi Mendel entschied, daß es besser sei, nach Kozk zu übersiedeln, ein kleines Städtchen – Bevölkerung: 1652 Juden, 1270 Christen –, das innerhalb kurzer Zeit berühmt werden sollte.

Warum Kozk? Weil der Rabbi dort auf einen ergebenen Bewunderer in der Person des Rabbiners zählen konnte, das vereinfachte die Dinge. Die Legende liefert allerdings eine pittoreskere Erklärung: Der Rabbi und seine Getreuen irrten von Dorf zu Dorf und fanden nirgends einen gastlichen Ort, um sich niederzulassen. In Kozk wurden sie mit Steinwürfen empfangen. „Das ist ein prächtiges Vorzeichen", sagte der Rabbi. „Hier sind die Leute wenigstens nicht gleichgültig."

Während der folgenden zehn Jahre arbeitete der Rabbi an sich und an seinen Schülern, als seien sie metaphysisches Rohmaterial, und entwickelte seinen Begriff vom Menschen, der in die Welt geworfen sei zwischen Gott und den Tod.

Er sagte: „Gott schickt seine Seelen auf die Erde und holt sie dann wieder zurück, indem er sie über Leitern klettern läßt. Daher ihre Sorge, sich eine Leiter zu verschaffen. So ist die Welt. Eine Unmenge von Seelen, die nach Leitern suchen. Manche geben es auf; sie schwingen sich zum Himmel empor und fallen; was tut's? Sie fangen von vorn wieder an."

Solche Stürze entmutigten ihn überhaupt nicht. Der Abgrund schien ihn anzuziehen, zu faszinieren. Der Gedanke, er könnte am Ende der Reise eine Lösung finden, eine Gewißheit entdecken, verstärkte nur sein Bangen.

Zu seinem Freund Jizchak-Meir sagte er: „Als Gott die Schlange verfluchte, verdammte er sie dazu, am Boden zu kriechen und Staub zu fressen. Welch seltsamer Fluch! Die Schlange würde niemals Hunger haben – ist das ein Fluch? Ja, es ist einer, und ein schrecklicher dazu! An nichts Mangel zu leiden, ist der schlimmste aller Flüche!"

Ein Bedürfnis, das man befriedigen, einen Durst, den man stillen kann, wollte er nicht. Ein Himmel, dessen Absichten er verstand, konnte ihm nicht gefallen. Dem Rabbi Jaakob von Radzimin, der ihm erklärte, daß es das Ziel des Menschen sei, an der Vervollkommnung der Seele zu arbeiten, antwortete er mit Verachtung: „Aber nein, das wäre gar nicht der Mühe wert; Aufgabe des Menschen ist es, den

Himmel höher zu setzen – so hoch, daß er ihn nicht erreichen kann. Lieber einen fernen Himmel anschauen, der sich in der Unendlichkeit verliert, als ihn im Kot zu unseren Füßen sehen."

Aber das ist schnell gesagt. „Es ist leichter, Israel aus der Verbannung herauszureißen, als das Exil aus Israel." Und zwar deshalb, weil die Menschen sowohl im Augenblick als auch in der Ewigkeit leben wollen. Da Gott Gott ist, soll er von seinem Thron herabsteigen, die Hütten und die verzweifelten Herzen besuchen. Da sind die Kinder, die ernährt und gekleidet, die Frau, die erhalten, die Gläubiger, die besänftigt werden müssen; man weiß nicht, wo einem der Kopf steht. Vor Verehrern, die in ihm einen Rabbi wie die anderen sehen – dazu da, ihnen beim Tragen ihrer Bürde zu helfen –, schrie er: „Was wollen die von mir? Warum quälen sie mich? Wie soll ich ihnen begreiflich machen, daß es nicht meine Aufgabe ist, ihre Mägen zu füllen und ihnen einen ruhigen Schlaf zu sichern?"

Ein Mann begann zu jammern: „Ich bin Witwer und arm, ich habe sieben hungrige Kinder zu Hause." Der Rabbi schüttelte den Kopf. „Was willst du, daß ich tue? Dich trösten? Das werde ich nicht tun. Das ist zuviel für mich. Bitte Gott. Er soll dich trösten."

„Betet für mich", sagte ein Chassid zu ihm. „Es geht mir schlecht, ich brauche Hilfe, tretet bitte für mich ein." Der Rabbi blickte ihn hart an und sagte: „Bist du zu krank, um deine Gebete selbst zu sprechen?" – „Ich weiß nicht, wie ich's machen soll." – „Wie? Du weißt es nicht? Das ist dein wahres Problem!" Und er entließ ihn.

Eines Nachts trat er, eine Kerze in der Hand, zu seinem Vertrauten Hersch Tomaschower und weckte ihn: „Schau her, hier, in meinem Herzen tut es weh, so weh; und die da draußen haben nichts anderes im Kopf, als mich mit ihren Nichtigkeiten zu quälen."

Zwischen dem Meister und seinen Schülern herrscht nicht mehr die gleiche Vertrautheit, die gleiche brüderliche Freundschaft wie in Tomaschow. Enttäuscht, verbittert, deprimiert, zieht sich der Rabbi täglich mehr zurück. Der

Rabbi, der anders ist als die andern, hat freilich unter seinen Schülern Chassidim wie alle anderen. Er mag sie nicht und zeigt es ihnen auch. Er wird ungeduldig, intolerant, unbarmherziger als zuvor. Diese Leute, die sich so sehr auf ihren Körper konzentrieren, erregen seinen Zorn; er glaubt, daß sie es absichtlich tun. Ihre ängstliche Unterwürfigkeit macht ihn böse. Alles erscheint ihm kleinlich, lächerlich. „Wer an Wunder glaubt, ist ein Trottel, wer nicht daran glaubt, ein Gottloser", sagt er. Unmöglich, es ihm recht zu machen. Rabbi Mendel verkündet eine Sache und zugleich deren Gegenteil. Er begnügt sich aber nicht mit dem Paradoxen; er treibt alles bis zum Äußersten. Er verlangt Bildung, zögert aber nicht, sie als lächerlich abzutun; er unterstreicht die Bedeutung der Vorbereitungen für den Gottesdienst, diesen selbst aber verrichtet er beinahe zerstreut; die äußeren Zeichen der Fröhlichkeit stoßen ihn ab, aber er schätzt auch den nicht, der Gott durch Tränen zu „kaufen" hofft; er trachtet, den Menschen seinem Allzumenschlichen zu entreißen, erklärt jedoch zugleich, daß die Heiligkeit selbst menschlich sein müsse. Wer zu Gott in vertraulichem Ton spricht, verärgert ihn ebensosehr wie derjenige, der Ihn als einen Fremden behandelt. Gewiß, je seltsamer Rabbi Mendel von Kozk erscheint, desto stärker wächst sein Prestige, und das mißfällt ihm. Anderswo, an den anderen chassidischen Höfen, kritisiert, verleumdet man ihn; er freut sich darüber. Die Lobeshymnen seiner Bewunderer stören ihn viel mehr. Er erstickt, er will sich befreien, seine Ketten sprengen, aber seine Getreuen hindern ihn daran, davon ist er überzeugt; sie sind es, die ihn davon abhalten. Er gäbe alles darum, sie loszuwerden; weggehen sollen sie, sich gegen ihn wenden. Nichts zu machen. Im Gegenteil, ihre Zahl wächst. Man spürt, daß dieser lebendige, nervöse, widerspruchsvolle Knoten mit unsichtbaren Kräften in Kontakt steht. Man bewundert ihn, man folgt ihm. Gern würde man ihn in den Himmel heben. Glücklicherweise ist er auf der Hut. Er läßt seinem Zorn freien Lauf: „Früher, in meiner Jugend, als ich noch in mich selbst hineinsehen konnte, wagten es all diese Leute nicht, mir so nahezukommen." Je mehr er schreit, desto mehr Menschen drängen sich vor seiner Tür. Er gewinnt sie für sich durch die Angst, die er ihnen einjagt.

In Kozk lebt man in Furcht und Schrecken. Und auch in Armut. (Brief des Rabbis an seinen Freund Rabbi Jizchak-Meir: „Wenn du nichts von uns hörst, dann deswegen, weil wir kein Geld für Briefmarken haben.")

In Kozk wird nicht gesprochen; man brüllt oder man schweigt. Man verbringt seine Zeit damit, die Begierden zu bekämpfen, zunichte zu machen; man tut das Gegenteil von dem, was man tun möchte. Man ißt, wenn man satt ist, trinkt nicht, wenn man Durst hat. Man betet früher oder später, als es sonst üblich ist. Der Rabbi sagt: „Wenn einer Lust hat, zu schreien, und nicht schreit, dann schreit er wirklich!" Der kranke Rabbi David wird von Rabbi Mendel, seinem Vater, ausgefragt. Hast du gedacht, daß du sterben wirst? Ja, er hat daran gedacht. Was hast du da gefühlt? Das Bedürfnis, das *Sch'ma Jisrael* zu sprechen, um den Glauben an Gott zu verkünden. Und hast du es getan? Nein, der Sohn hat es sich versagt. Sehr gut, ruft der Rabbi von Kozk, du bist ein richtiger Chassid!

Das Schweigen in Kozk ist so gewichtig, so dicht, daß es die Stille der Nacht zerreißt. Man träumt nicht mehr, man phantasiert. Man geht nicht, man läuft, läuft auf einem gespannten Seil, und es ist der Rabbi, der die beiden Enden des Seils hält. Aller Blicke, aller Gedanken gewärtig, lähmt er seine Umgebung. Man läuft ihm nach, zugleich aber flieht man ihn. Manchmal weckt er einen Getreuen auf und sagt zu ihm: „Geh weg, ich bin der Meister hier." Und der andere bricht in Schluchzen aus. Es genügt, daß er jemanden durchdringend anblickt, und dieser wird ohnmächtig. „Warum nennst du Gott deinen Vater, wenn du dich an Ihn wendest?" schleuderte er einem jungen Mann entgegen. „Wer hat dir gesagt, daß Er dein Vater ist? Er? Wenn du willst, daß Er es sei, mußt du Ihn dazu zwingen." Ein anderes Mal hält er einen Schüler an: „Weißt du, wo Gott wohnt?" Und da der Angesprochene vor Verblüffung stumm bleibt, fährt er fort: „Ich werde es dir sagen: Er wohnt dort, wo man Ihn einläßt." Mit seinen Fragen, seinen plötzlichen Zornausbrüchen verbreitet er Schrecken. Sobald er auftaucht, fühlt man sich schuldig. Schuldig der Schwäche, der Feigheit. „Gesichter, Gesichter, alle habt ihr Gesichter!" schrie er eines Nachts. „Aber gibt es eines, ein einziges, das sich vergleichen ließe mit dem Antlitz Gottes, der gar keines hat?" Nach dem Ebenbild Gottes geschaffen, ist der Mensch verpflichtet, nur Ihm ähnlich zu sein. Ganz so zu sein wie Er. Rabbi Mendel sagte: „Ich ziehe ein ganzes Götzenbild einem Juden vor, der nur ein halber Jude ist." Und dann auch das folgende treffende, harte Wort: „Wenn ich ich bin, und du du bist, *weil* ich ich bin und du du bist, dann bin ich ich und du bist du; aber wenn ich ich bin, weil du du bist, dann bin ich nicht ich und du bist nicht du." Kann man sein ohne das Sein, ohne sich dem Sein entgegenzustellen?

Man wiederholt Rabbi Mendels Aussprüche, schreibt ihnen besondere Kräfte zu. Man schwankt zwischen dem Wunsch, zu verstehen, und der Angst, ein Verbot zu brechen. Bald sollte der Rabbi sogar seine nächsten Freunde verwirren. Unerwartet lobt er heute jemanden, den er am Vortag öffentlich beschimpft hat. Seine Frau ist krank; wochenlang weicht er nicht von ihrem Lager. Sein Sohn heiratet: Lang muß man ihm zureden, bis er, der Vater, an der Feier teilnimmt.

Mehr noch: Er, der die irdischen Dinge, die aktuellen Ereignisse verachtet, interessiert sich für Politik. Er bietet der nationalen polnischen Revolution seine Unterstützung gegen die russische Fremdherrschaft an. Er unterzeichnet Proklamationen und Aufrufe; man bedient sich seines Namens, um Geldmittel aufzutreiben. Die Polen werden geschlagen, vernichtet, und der Rabbi, von den Russen bedroht, wechselt seinen Namen: Aus Halperin wird Morgenstern.

Eine Änderung, die sich in keiner Weise auf sein Schicksal auswirkt. Der Rabbi bleibt der Rebell, der er war. Er vergräbt sich in der Finsternis, die seine Welt erfüllt. Manche seiner großen Schüler, darunter Rabbi Mordechai-Jossef von Ischbitz, beginnen aufzumucken: „Er geht zu weit. Wir brauchen ein menschliches Wesen, das uns den Weg zeigt, keinen Seraph." Der Rabbi spürt, wie die Opposition murrt, aber geruht nicht, sich darüber zu ärgern. Dann folgt der anfangs erwähnte, geheimnisvolle Zwischenfall. Der Bruch ist vollzogen. „Zerbrochen sind die Gesetzestafeln!" rief Rabbi Mordechai-Jossef aus, der Anführer der Dissidenten. Und wie einst sein Meister, geht er fort und zieht viele Schüler mit sich. In seinem Stolz verletzt, macht der Rabbi keinen Hehl aus seiner Enttäuschung. Er, der gehofft hatte, eine Elite heranzubilden, wurde von den Besten im Stich gelassen; und aus welchen Gründen! Weil er sich nicht genug um ihr tägliches Brot kümmerte! Diese Enttäuschung schmeckt besonders bitter.

Beim Rabbi bleiben ein paar Getreue, alles Männer von Format: Rabbi Jizchak-Meir, Rabbi Jechiel-Meir von Gostinin, der Gaon von Sochatschow und Rabbi Jizchak von Worki. Aber Mendel von Kozk ist untröstlich. Vielleicht liebt er, gegen seinen Willen, gerade jene besonders, die weggegangen sind; sie ähneln ihm; sie haben es gewagt, ihm zu trotzen.

Im übrigen kehren einige von den Abtrünnigen zurück; er jagt sie davon. „Warum seid ihr zurückgekommen? Um mich zu besuchen? Warum seht ihr mich so an? Ich bin kein Schornsteinfeger!"

Verschlossen, mürrisch, mit struppigem Bart, wilden Gesten und wüsten Worten, sehnt sich der Rabbi nur nach Stille und Einsamkeit. „Ich will niemand sehen", sagt er zu seinem treuen Hersch Tomaschower. „Sag ihnen, sie sollen mich in Ruhe lassen, nimm, wenn notwendig, einen Stock." Ein anderes Mal: „Wie ein verwundeter, seiner Jungen beraubter Bär werde ich mich auf diese Bettler stürzen."

Aus dieser Zeit hat die Chronik einen Angstschrei, eine Geschichte und eine Parabel aufbewahrt. Der gleiche Schauder zieht sich durch alle drei.

Ein Gleichnis:

„Der Midrasch erzählt die Geschichte von dem Reisenden, der sich im Wald verirrt. Er erblickt ein brennendes Schloß. Das Schloß ist leer, denkt der Reisende. Plötzlich hört er jemanden schreien: ‚Hilfe, Hilfe! Ich bin's, der Besitzer dieses Schlosses!' Und der Rabbi wiederholt: „Das Schloß brennt, der Wald steht in Flammen, und der Besitzer schreit um Hilfe, was bedeutet das? Daß das Schloß nicht verlassen ist; und das wiederum bedeutet, daß es einen Besitzer hat!"

Und der Rabbi begann zu zittern; und alle, die bei ihm waren, zitterten ebenfalls.

Eine Opfergabe:

Rabbi Jizchak von Worki, einer der ganz wenigen Vertrauten, die der Rabbi von Kozk in seiner Abgeschiedenheit empfing, begrüßte ihn an diesem Tag wie immer: „Schalom, Rabbi." – „Sag das nicht! Hörst du? Nenn mich nicht Rabbi, ich bin etwas anderes. Willst du wissen, wer ich bin? Ein Bock, ja, ein heiliger Bock! Du glaubst mir nicht? Nun gut, dann höre die Geschichte vom heiligen Bock, sie ist die Geschichte eines Opfers.

Es war einmal ein Jude, der verlor seine Tabaksdose. Er suchte sie überall, denn sie war ihm teuer; und außerdem war er zu arm, um sich eine neue zu kaufen. Da er sie nicht fand, begann er zu weinen. Während er umherging und suchte, weinte und weinte er. So kam er, ohne es zu merken, in den Wald. Dort traf er das seltsamste und freigebigste Wesen der Welt: einen Bock. Einen heiligen Bock, der auf den Wegen der Zeit und des Universums wandelte und auf die Mitternacht wartete. Denn um Mitternacht berührte er mit seinen ungeheuren Hörnern den Himmel, weckte die Sterne und ermunterte sie, den Ruhm des Ewigen zu singen. ‚Warum bist du traurig?' fragte der Bock. Der Jude antwortete ihm wahrheitsgemäß: ‚Ich habe meine Tabaksdose verloren.' – ‚Das ist alles?' fragte der Bock erstaunt. ‚Nichts einfacher als das; es ist dumm, deshalb zu weinen. Ich werde dir helfen. Hast du ein Messer bei dir? Ja? Nimm es zur Hand. Und jetzt schneide ein Stück aus meinem Horn; daraus mach dir eine Tabaksdose." Der Jude ließ sich nicht lange bitten. Als er ins Dorf zurückkam, staunten die Leute; sein Tabak duftete wie das Paradies. Man quälte ihn mit Fragen, und er mußte gestehen, daß er nicht den Tabak, sondern die Tabaksdose gewechselt hatte; alles mußte er erzählen. Da nahmen alle Dorfbewohner ihre Messer und stürzten in den Wald, wo sie den liebenswürdigsten und heiligsten Bock der Welt fanden; sie begannen, ihm die Hörner zu stutzen, die im Nu kleiner wurden und bald völlig verschwunden waren. Am gleichen Abend, um Mitternacht, konnte der heilige Bock nicht mehr den Himmel berühren, um die Sterne zu wecken und zum Singen zu bringen; nur noch von ferne konnte er sie ansehen, mit Sehnsucht und ein wenig schlechtem Gewissen ... Ich verbiete dir, mich Rabbi zu nennen, hörst du?"

Ein Besuch:

Eines Nachts trat der Rabbi zu einem Wächter namens Feiwel, der schlief: „*Er* war da, hast du Ihn gehört?" Von Schrecken gepackt, wagte Feiwel nicht, dem Meister zu widersprechen, und stammelte: „Ja, ich habe Ihn gehört." Er wußte nicht, um wen es sich handelte, aber er konnte ein Zittern nicht unterdrücken. Und der Rabbi fuhr träumerisch fort. „Er ist gekommen, Er sagte, was Er zu sagen hatte; Er ist wieder gegangen. Das Geräusch Seiner Schritte klingt mir noch in den Ohren, aber Seine Stimme dringt nicht mehr zu mir."

„Manche seiner Aussprüche habe ich erst vierzig Jahre später begriffen", sagte der Gaon Abraham von Sochatschow. Vierzig Jahre? Dreimal vierzig!

Rabbi Mendel von Kozk, ein Fremder für seine Generation, scheint der unseren anzugehören, man könnte ihn einen Zeitgenossen nennen. Sein Zorn ist unser Zorn, unsere Revolten spiegeln die seinen wider.

Dennoch bleibt seine Persönlichkeit in Dunkel gehüllt, ungeklärt. Man kommt nicht dagegen an. Das Phänomen Kozk ist nicht zu definieren; mit etwas Glück kann man immerhin davon erzählen. Denn Kozk ist ein Versuch in der chassidischen Bewegung, ein Experiment, das von Mensch zu Mensch weitergegeben wird, mit geschlossenen Lippen, Aug in Auge. Eine ständige Frage, unvereinbar mit der Zeit und dem Leben, ist Kozk weder eine Philosophie noch ein Gesellschaftssystem. Kozk ist eine Straße, die durstig macht, eine Straße, deren Anfang sich mit dem Ende vereint; eine Straße, auf der das Schweigen das Wort durchdringt, um es zu durchbohren, wie der Blick den durchbohrt, auf den er gerichtet wird. Kozk bedeutet Befreiung von der Verzweiflung durch die Verzweiflung; Kozk ist ein zum Heiligtum gewordenes Gefängnis, dessen Mauern in Flammen stehen.

Kommen wir zu unserem Ausgangspunkt zurück, zu diesem schicksalhaften, alles umstürzenden Schabbat, an dem der Rabbi, zum Äußersten getrieben, sich entschloß, gegen die Ungeheuerlichkeit der jüdischen Geschichte zu protestieren.

Warum entfernte er sich von den Menschen? Was wollte er sagen, und wem, in Einsamkeit und Schweigen? Vor welchem Feind verbarg er sich? Und welchen gedachte er in die Enge zu treiben?

Da und dort wird gemunkelt, seine Isolierung sei ihm von einem gewissen Augenblick an aufgezwungen worden. Eine Zwangsmaßnahme also? Möglich. Es mußten sowohl der Rabbi als auch seine Chassidim geschützt werden; Mendel von Kozk löste Panik aus. Wer kann ermessen, welche Wirkung der Anblick des Meisters im Krisenzustand auf die Schüler hatte? Es war besser, ihre Kontakte einzuschränken.

Indessen meinen die meisten Forscher, der Rabbi von Kozk hätte sein Einsiedlerdasein selbst gewählt, zumindest am Anfang. Er floh die Massen, aus Angst, von ihnen aufgesogen zu werden, in ihnen aufzugehen. Und dann hütete er streng und eifersüchtig sein Geheimnis. Er sagte es im übrigen selbst: „Jedes Geheimnis verliert an Wert, wenn es offenbar wird." Um das Gesetz zu empfangen, mußte Moses allein auf den Berg Sinai steigen.

Hat Mendel von Kozk Gott gelästert? Darauf kommt es nicht an. Tatsache ist, daß illustre Persönlichkeiten des religiösen Lebens – der Rabbi von Ger, der Gaon von Sochatschow, der Rabbi von Worki – ihm bis zuletzt verbunden blieben. Wahrscheinlich waren sie der Meinung, daß er anders zu Gott sprechen konnte als sie, um ihren gemeinsamen Glauben zu stärken.

Sein Bruch mit der Gesellschaft entspricht vielleicht einer Enttäuschung auf anderer Ebene. Sollte er die Veränderung bemerkt haben, die mit ihm selbst vorgegangen war?

Vorher hatte er gefürchtet, die Wahrheit niemals zu entdekken, nun fürchtete er, sie bereits entdeckt zu haben. Also kein Ausweg: Ob der Mensch sich dahin oder dorthin wendet, er stößt immer wieder auf die Angst. Das Band zwischen Gott und dem Menschen, zwischen Mensch und Mensch? Die Angst. Gott will eher gefürchtet als geliebt werden. Mendel von Kozk protestiert: Wenn das Leben so ist, dann will ich es nicht; ich werde mich wie ein Fremder darin bewegen. Wenn das der Mensch ist, wozu ihn dann retten?

Eine andere Hypothese: Vielleicht hat Rabbi Mendel die Zukunft vorausgeahnt und erraten, daß hundert Jahre nach seinem Rückzug von der Welt, achtzig Jahre nach seinem Tod ein anderes Feuer aus einem anderen Brandherd den Erdteil erfassen und vor allem unter den von Gott und den Völkern der Erde verlassenen jüdischen Männern und Frauen wüten würde? Wollte er von da an das Feuer mit dem Feuer bekämpfen? Versuchte er, uns darauf vorzubereiten, indem er uns auftrug, stark, unerschütterlich und unbeugsam zu sein, fähig, dem Bösen in jeder Form und allen Versuchungen zu widerstehen – die Tröstungen des Glaubens miteingeschlossen? Imstande zu sein, selbst Gott und der Hoffnung auf Gott zu trotzen?

Wie auch immer, seit dem Rabbi von Kozk wissen wir, daß man sich an Gott berauschen, daß man ihm den Verstand und obendrein noch die Seele opfern kann. Daß man durch Gott und in Gott wahnsinnig werden kann.

Rabbi Mendels letzte Worte vor dem Tod: „Endlich werde ich ihn von Angesicht zu Angesicht sehen."

Man weiß nicht – und man wird es nie wissen –, ob diese Worte eine alte Furcht oder eine neue Herausforderung verrieten. Schließlich hielt Mendel von Kozk nur mit einem einzigen Wesen Zwiesprache. Und die Geschichte von Kozk ist die Geschichte dieses Dialogs – eine Geschichte, die brennt wie das Schloß, wie der Wald. Aber dank Kozk vernehmen wir die Stimme, und wir wissen, daß das Schloß nicht leer, die Geschichte nicht tot ist; jemand ist da, und er ruft uns.

Begriffserklärung

BAAL-SCHEM *(Meister des Namens):* Ein Titel, der seit dem Mittelalter demjenigen verliehen wurde, der den wahren Namen der Lebewesen und der Dinge kennt, ihr Geheimnis weiß und auf sie und durch sie wirken kann. Nennt er diese Kräfte, ruft er sie beim Namen, dann beherrscht er sie; sein Wissen ist Macht. Übt er diese Macht nur zur Erreichung unmittelbarer oder profaner Ziele aus, ist er bloß ein Thaumaturg. Wenn er die Namen an *den Namen* heranführt, die Lebewesen und Dinge mit Gott vereinigt, dann ist er ein *Meister des guten Namens, Baal Schem-Tow.*

BET MIDRASCH *(Haus der heiligen Lehre):* Um die Meditation und die Diskussion über das Heilige Wort nicht unterbrechen zu müssen, blieben Lehrer und Schüler der rabbinischen Akademien zum Gebet lieber im Bet Midrasch, statt ins Bet *Knesset* (Haus der Versammlung = Synagoge) zu gehen. Oft handelt es sich um ein und dasselbe Haus, oder die beiden Gebäude sind zumindest benachbart. Der Gottesdienst wird mit dem Studium fortgesetzt, das Studium geht ins Gebet über. „Zur Stunde des Gebetes und des Lernens" ist ein häufiger Ausdruck in den chassidischen Texten.

CHASSID: Ein Begeisterter, dessen Antriebskräfte Liebe und Zärtlichkeit sind. *Chessed,* Gnade, ist eines der Attribute Gottes, die Ergänzung zu *Din,* der strengen Gerechtigkeit. Der Gnade Gottes entspricht die Begeisterung, die Frömmigkeit des Menschen, seine Liebe zu Gott und den Lebewesen.

In den Psalmen bedeutet *Chassid* (pl. *Chassidim*) häufig der „Getreue", der „Gläubige". Im Talmud (Pirke Awot V, 13–16) ist „derjenige ein Chassid, der sagt: Was mir gehört, gehört dir, und was dir gehört, gehört dir; der sich nicht rasch erzürnt und schnell beruhigt; der gerne gibt und es gerne hat, daß die anderen geben" – oder auch derjenige, der „mindestens eine Stunde, bevor er betet, sein Herz Gott zuwendet" (Ber. 30 b); und sogar die „*Chassidim* unter den Heiden haben Anteil an der kommenden Welt" (Toss. Sanh. 13; Mischne Thora, Melachim, 11).

Im zweiten Jahrhundert vor Christus kämpfte eine jüdische Sekte, die *Chassidim* („Asidäer", s. 1 Makk 2, 42; 7, 12–14; 2 Makk 14, 6), zusammen mit den Makkabäern gegen Antiochus Epiphanes; da sie aber jeden Kompromiß in religiösen Dingen ablehnten und sich politisch nicht engagieren wollten, trennten sie sich nach dem Sieg von der Hasmonäer-Dynastie (der Talmud nennt sie die „Chassidim von einst" – Ber. V, 1; Sukk. V, 4).

Im dreizehnten Jahrhundert gelangte im Rheinland eine bedeutende Schule zur Hochblüte; man nannte sie die *Chassidim* von Aschkenas, die „heiligen Männer von Deutschland"; sie schufen eine richtiggehende philosophische Bewegung, die sich weit verbreitete. Ihr Hauptwerk, der *Sefer Chassidim,* das „Buch der Frommen", ist in der jüdischen Tradition der Mystik verwurzelt, betont die Majestät Gottes, aber auch das Mysterium der Einheit. Es entwickelt eine Geschichtsphilosophie und eine Theorie der zwischenmenschlichen Beziehungen; die Bedeutung der inneren Frömmigkeit wird hierbei hervorgehoben, ebenso der Wert des Gebetes und einer Ethik, deren wichtigste Pfeiler Verzicht auf weltliche Dinge, innere Heiterkeit und absolute Nächstenliebe sind; daraus erwachsen Gottesliebe und Gottesfurcht und werden zur „Freude, die das Herz verbrennt".

DAJAN: Richter am Rabbinatsgericht, Schiedsrichter.

DIN: Urteil, gesetzlicher Beschluß. *Midat hadin:* göttliche Strenge.

FRANK, Jakob (1726–1791): Letzter bedeutender *falscher Messias.* Aus einer Gruppe von Schülern des Schabbatai Zwi hervorgegangen, predigte er die „Wiedergewinnung" des Christentums und ließ sich schließlich unter großem Gepränge in der Kathedrale von Warschau taufen, mit August III. als Paten. Anschließend verbrachte er dreizehn Jahre wegen Ketzerei im Gefängnis. Danach zog er sich mit seiner für ihre Schönheit berühmten Tochter Eva ins Rheinland zurück und lehrte und praktizierte dort die „Wiedergewinnung" aller Formen der Sexualität durch die Wollust.

GAON VON WILNA (1720–1797): Rabbi Elias ben Salomon Salman, die bedeutendste Persönlichkeit unter den osteuropäischen Rabbinern. Er verfügte über ein geradezu enzyklopädisches Wissen und war bekannt für seine außerordentliche sittliche Größe. Unbestrittener Meister der Halacha, besaß er auch umfassende Kenntnisse der Kabbala. Er stand der chassidischen Bewegung ablehnend gegenüber, kämpfte gegen deren Ausbreitung in Litauen.

HAGGADA: Gleichnisse, Kommentare, Legenden, Sprüche, Homilien und Apologien, die sich meist aus einem biblischen Text ergeben oder dessen Schwierigkeiten glossieren. Sie stellen einen der abschließenden Anhänge des Talmud und des Midrasch dar. Während die *Halacha* normativ Lebensregeln aufstellt, regt die weniger strenge, weniger bindende Haggada – boshaft oder poetisch, dem jeweiligen Anlaß entsprechend – zu Meditationen oder zum Gebet an und vermittelt die Grundlagen einer Ethik und des Glaubens.

HALACHA (Vorgehen, Regel): Die Gesamtheit der Vorschriften des Talmud und des rabbinischen Schrifttums, die den Kultus, das gesellschaftliche und das Wirtschaftsleben ebenso wie die Stellung des einzelnen regeln. Wie die Texte der *Haggada,* mit der sie sich überschneidet, gründet sich die Halacha auf die Bibelexegese. Sie bildet die Grundlage eines umfangreichen Rechtssystems, welches das gesamte Leben des gläubigen Juden bestimmt.

HILLEL und SCHAMMAI: Vorsitzender und Stellvertretender Vorsitzender des Sanhedrin im ersten Jahrhundert vor Christus. Sie sind das letzte und zugleich berühmteste Rabbinerpaar; ihre Meinungen widersprechen zwar einander, ergänzen einander aber auch. Die Schule Schammais, die sich mehr mit den obersten Prinzipien und Zielen befaßt, erscheint strenger als das *Haus Hillels,* das sich mit Pädagogik beschäftigt und mehr *Sanftmut* fordert.

JOCHANAN BEN SAKKAI: genannt *Rabban,* „unser Meister". Eine der Schlüsselfiguren bei der Entstehung des Talmud. Um seine Studien fortsetzen zu können, floh er aus dem von Vespasian eroberten Jerusalem und gründete die Schule von Jabne, die zur Nachfolgerin des Sanhedrin wurde und den Fortbestand der Tradition garantierte. Da der Tempel zerstört war, sammelte Jochanan ben Sakkai alles Wissen über jede Einzelheit des Opferrituals, im Hinblick auf die Wiedererrichtung des Heiligtums durch den Messias. Gleichzeitig bestätigte er aber die eminente Bedeutung des Studiums der heiligen Handlungen und der rituellen Gebräuche, die sich im Judentum bis heute erhalten haben.

KABBALA *(Überlieferung):* Darunter versteht man im allgemeinen die „mystische" Tradition des Judentums.

KAWWANA *(Absicht):* Konzentration des Geistes auf das Gebet oder die religiöse Handlung. Auf diese Art wird die *Dwekut* oder Zugehörigkeit zum göttlichen Wollen vorbereitet. Der Talmud ermahnt, daß man seine Gedanken Gott zuwenden müsse, beim Beten (Ber. 31 a) ebenso wie bei der Erfüllung eines Gebotes (Er. 95 b). Die Mystiker des Mittelalters, dann die Chassidim, bestanden auf dieser Art der Erbauung und verfaßten die *Kawwanot* (Gebete Gedichte der Absicht) zur Vorbereitung des rituellen Gottesdienstes.

LAMED-WAWNIK: „Die Welt", heißt es im Talmud (Sanh. 97 b), „darf nicht weniger als sechsunddreißig Gerechte zählen, denen die Betrachtung der Göttlichen Gegenwart gewährt ist." Durch sie besteht die Welt (Sukk. 45 b). Diese *Lamed-Wawnikim* („Sechsunddreißiger") fesseln die Phantasie des Volkes. Man stellt sie sich als Leute niedriger Herkunft vor, deren Lebensweg unauffällig ist, die unerkannt leben und ihre Verdienste und Kräfte nur in Krisenzeiten offenbaren, wenn es darum geht, die Gemeinde, das Volk oder die Welt zu retten.

LURIA, Isaak (1534–1572): genannt der *Ari,* der *Heilige Löwe von Safed.* Er wurde in Jerusalem geboren, lebte in Kairo und starb in Safed, im Bergland von Galiläa. Er war einer der geheimnisvollsten, schwierigsten und populärsten Meister der Kabbala. Seine Lehre, die er nur mündlich weitergab, verbreitete sich dank der Aufzeichnungen seines Schülers Chaim Vital. Seine Gedanken über das *Zimzum* (Gott zieht sich in sich selbst zurück, um auch dem Bösen den ihm zustehenden Platz einzuräumen), über die *Sch'wira* (die „zerbrochenen Gefäße" des Urlichts, dessen Funken es sogar noch in der Hölle gibt), über das *Tikkun* (das „Ausbessern" der Lücken, das Wiedereinsammeln der Funken, die „Wiederherstellung" als Ziel der Geschichte) und über den gefesselten Messias, der auf die Befreiung aller unserer Handlungen wartet, beeinflußten den Chassidismus stark.

MESUSA: „Du sollst diese Worte auf die Pfosten *(mesusoth)* deines Hauses und an deine Tore schreiben" (Dtn 6,9). Daher der Name für die kleine Kapsel, die der Jude am rechten Türpfosten befestigt. Sie enthält den Text des *Sch'ma Jisrael,* Buchstaben für Buchstaben auf einen winzigen Pergamentstreifen geschrieben. Die *Mesusa* ist keineswegs ein Amulett, sondern sichtbares Zeichen, deutlicher Beweis für den Willen, das Heim heilig zu halten.

MIDRASCH (von hebräisch: auslegen, untersuchen, forschen, prüfen): Homiletisches Schrifttum, das, in einer umfangreichen Sammlung von Bibelkommentaren besteht. Der Midrasch zeichnet sich durch einen einfachen, direkten und dichterischen Stil aus.

MIKWE: Ritualbad. Das Untertauchen in der *Mikwe* wäscht die Unreinheit, besonders die der Frauen, weg. Die Chassidim und manche Asketen sahen den Besuch der *Mikwe* als religiöses Gebot an.

MINCHA und MAARIV: Nachmittags- und Abendgebet. Im allgemeinen werden die beiden Gebete bei Sonnenuntergang, eines nach dem anderen, gesprochen.

SCHABBATAI ZWI (1626–1676): Die bekannteste der falschen Messiasgestalten. Er wurde in Smyrna geboren und war bewandert in Talmud und Kabbala; über Saloniki zog er nach Jerusalem, verführte die Massen und machte sich verhaßt. Seine Lehre enthält zahlreiche Elemente der Lehre Lurias. 1665 erklärte er sich zum Messias. Die Neuigkeit verbreitet sich mit Windeseile und erregte in der jüdischen Welt unbeschreibliche Begeisterung und Freude; überall betete man zu ihm als „unserem Meister, dem Gesalbten des Herrn", und verkaufte Hab und Gut, weil man auf die wunderbare Rückkehr ins Heilige Land wartete. 1666 wollte Schabbatai Zwi den Sultan treffen und von ihm die Anerkennung seiner Königsherrschaft über Israel fordern. Er wurde eingekerkert. Neue Prüfung, neuer Beweis. Plötzlich beruft ihn der Sultan zu sich, und Schabbatai Zwi bekehrt sich zum Islam. Er wird nach Albanien verbannt und stirbt dort unter ungeklärten Umständen.

Seine eifrigsten Schüler jedoch sahen in seinem Abfall nur eine Etappe des göttlichen Plans; den Sabbatianismus gab es noch im zwanzigsten Jahrhundert im Orient und ein gutes Jahrhundert lang im Westen, wo er Polemiken und Verdächtigungen, Häresien und Exkommunikationen bewirkte.

SCH'MA JISRAEL („*Höre, Israel,* der Herr ist unser Gott, der Herr ist einer", Dtn 6, 4). Die ersten Worte des bekanntesten Textes des jüdischen Ritus, der drei Stellen aus dem Pentateuch vereinigt: Dtn 6, 4–9; 11, 13–21; Num 15, 37–41. Man spricht ihn beim Morgen- und beim Abendgebet: „Du sollst sie sagen, wenn du dich niederlegst und wenn du aufstehst, und wenn du auf den Wegen gehst." Das Sch'ma ist für den jüdischen Menschen das Bekenntnis zur Einzigkeit Gottes und zur Gottesliebe, es ist ein wahres *Glaubensbekenntnis.* Sterbende und Märtyrer nehmen zu ihm Zuflucht.

SCHIMON BAR JOCHAI (zweites Jahrhundert nach Christus): Berühmter Lehrer, dessen Aussprüche häufig in Talmud und Midrasch aufscheinen. Nachdem er die römischen Okkupanten kritisiert hatte, wurde er zum Tode verurteilt; es gelang ihm jedoch, zu flüchten. Mit seinem Sohn verbarg er sich dreizehn Jahre lang in einer Höhle. Viele Legenden wurden um diese obskure Periode gewoben. Während dieser Zeit im Verborgenen soll Schimon bar Jochai tiefer in die Geheimnisse der Kabbala eingedrungen sein und die Grundzüge des Sohar entworfen haben. An seinem Todestag, dem dreiunddreißigsten Tag nach Pessach, besuchen zahlreiche Gläubige sein Grab bei Meron, in der Nähe von Safed.

SOHAR: Das *Buch des Glanzes,* Hauptwerk der Kabbala. Ein esoterischer Kommentar zum Pentateuch. Allgemein gilt Schimon bar Jochai als der Verfasser.

TANJA: Grundlegendes Werk des Chassidismus, auf dem die Schule von Lubawitsch aufbaute. Von Rabbi Schnëur-Salman von Ljady (1747–1813) herausgegeben, besteht es aus zwei Teilen: Der erste beschreibt den Weg derer, die „weder vollkommen gerecht noch unverbesserlich böse sind" und daher durch Lernen, Beten und Meditieren zur Gottesliebe gelangen können; der zweite, auch *Buch der Einheit und des Glaubens* genannt, ist ein Kommentar zum *Sch'ma.*

ZADDIK: Gerechter; Ideal sittlicher, sozialer und religiöser Vollkommenheit; der Mann, der „durch seinen Glauben lebt" (Hab 2, 4). Ihm antwortet Gott, und er kann selbst einen Strengebeschluß (Moed Katan 16 b) rückgängig machen. Im Chassidismus wird der Zaddik rasch zu einer Institution; als geistiges Vorbild ist er der Versuchung der Macht ausgesetzt – einer Versuchung, der er nicht immer widerstehen konnte. Das führte gelegentlich so weit, daß er behauptete, der Vermittler zwischen seinen Schülern und Gott zu sein. Er umgab sich mit einem regelrechten Hofstaat und gründete Dynastien.

Zeittafel

	Politik und Wirtschaft
Israel Baal Schem-Tow 1700–1760	1700–1721. Kampf um die Vorherrschaft im Ostseeraum zwischen Rußland, Schweden, Sachsen, Polen, Norwegen und Dänemark. Polen wird von den Armeen verwüstet.
Der Maggid von Mesritsch 1704–1772	Niederlage Karls XII. von Schweden bei Poltawa durch Peter den Großen.
	1713. Friede von Utrecht.
	1714–1718. Beginn der Türkenkriege.
Elimelech von Lisensk 1717–1786	1718. Gründung von New Orleans.
	1725. Entdeckung der Beringstraße.
	1733–1738. Erbfolgekrieg in Polen.
Levi-Jizchak von Berditschew 1740–1809	1740–1748. Österreichischer Erbfolgekrieg.

Kunst und Wissenschaft

1701. Gründung der Yale-Universität.

1704. Newton: *Optik*.

1705. Gründung der Moskauer Universität.

1714. Leibniz: *Monadologie*.

1719. Daniel Defoe: *Robinson Crusoe*.

1725. Vico: *Die neue Wissenschaft*.

1729. J. S. Bach: *Matthäuspassion*.

1746. Goya geboren.

1748. Klopstock: *Der Messias*.

1749. Huntsman erzeugt erstmals Gußstahl.

Judentum

1700. Von der messianischen Sehnsucht erfüllt, ziehen tausend Menschen ins Heilige Land.

1720. In Lowicz beschließt der polnische Klerus, den Juden zu verbieten, neue Synagogen zu bauen oder die alten zu erneuern.

1727. Die ersten Juden in Amerika naturalisiert.

1730. In New York wird die erste Synagoge gegründet.

1743. Amsel-Meir Rothschild, der Gründer des Hauses, in Frankfurt geboren.

1745. Die Juden aus Böhmen und Prag vertrieben. Die Verbannten dürfen nach einem Jahr wieder zurückkehren.

1750. Antijüdische Gesetze in Deutschland. Beschränkung der Zahl der Eheschließungen, Steuererhöhungen, öffentliche Verhöhnung.

	Politik und Wirtschaft
	1751. Portugal verbietet die Autodafés.
	1756–1763. Siebenjähriger Krieg; Preußen wird Großmacht. – Frankreich verliert Kanada und Indien.
Bunam von Pžyscha 1762–1827	1763. Die Russen besetzen Litauen.
	1767. Die Jesuiten werden aus Spanien und Frankreich verbannt.
	1770/71. Die Russen im Mittelmeer (Schlacht bei Cesme).
Nachman von Brazlaw 1772–1810	1772. Erste Teilung Polens (Preußen, Rußland, Österreich).
	1773. Beginn des amerikanischen Kolonialaufstandes gegen England.
	1775. Die Türkei tritt die Bukowina an Österreich ab.

Kunst und Wissenschaft

1756. Mozart geboren.

1758. Swedenborg: *De coelo et inferno.*

1759. Gründung des Britischen Museums.
– Voltaire: *Candide.*

1762. J.-J. Rousseau: *Gesellschaftsvertrag.*

1767. James Watt erfindet die Dampfmaschine.

1768–1772. Cooks erste Fahrt in die Südsee.

1773. Goethe: *Götz von Berlichingen.*

Judentum

1753. Das englische Parlament lehnt einen Gesetzesantrag ab, der einige bürgerliche Rechte für die Juden vorsah.
– Zweiter großer Prozeß, in dem die polnischen Juden des Ritualmords beschuldigt werden. Mehr als zwanzig Prozesse dieser Art finden zwischen 1700 und 1760 allein in Polen statt.

1759. Das Parlament von Metz schafft die Zivilgerichtsbarkeit der jüdischen Gemeinde über ihre Mitglieder ab.

1761. Der große Maggid von Mesritsch wird Oberhaupt der chassidischen Bewegung.

1764. In Polen wird der *Vierländer-Rat,* das letzte Überbleibsel der jüdischen Autonomie in den Gemeinden, aufgelöst.

1772. Die orthodoxen, traditionalistischen Rabbiner exkommunizieren in Wilna „die neue Sekte", die Chassidim.

1774. Toleranzedikt Maria Theresias für die Nichtkatholiken Ungarns.

1775. Maßnahmen Pius' VI. verurteilen die 7000 Juden Roms zum Elend.

	Politik und Wirtschaft
Der Jude von Pžyscha 1776–1813	1776. Amerikanische Unabhängigkeitserklärung.
	1783. Rußland annektiert die Krim.
Menachem-Mendel von Kozk 1787–1859	1787. Amerikanische Verfassung.
	1789. Französische Deklaration der Menschenrechte.
	1792. Frankreich im Krieg gegen Preußen und Österreich; Sturz der französischen Monarchie.
	1793. Zweite Teilung Polens. – Hinrichtung Ludwigs XVI. von Frankreich.
	1795. Dritte Teilung Polens, Ende des polnischen Staates.
Israel von Rižin 1796–1850	1796. Katharina II. von Rußland gestorben.
	1798. Bündnis Großbritanniens, Österreichs und Rußlands gegen Frankreich.

Kunst und Wissenschaft	*Judentum*
1779. Lessing: *Nathan der Weise.*	
1781. Herschel entdeckt den Uranus. – Kant: *Kritik der reinen Vernunft.*	1782. Josef II. erläßt das Toleranzpatent und öffnet den Juden damit das Tor zur Emanzipation.
1785. Mozart: *Figaros Hochzeit.*	1784. Zählung der elsässischen Juden. Wer sein Heimatrecht nicht nachweisen kann, ist von der Vertreibung bedroht.
1787. Goethe: *Iphigenie auf Tauris.*	
1791. Mozart: *Die Zauberflöte; Requiem.*	1789. Sind alle französischen Juden durch die Menschenrechtsdeklaration geschützt? Diese Frage wird erst zwei Jahre später dank den Bemühungen Mirabeaus und des Abbé Grégoire behandelt.
1797. Hölderlin: *Hyperion.*	1797. Der Gaon von Wilna stirbt. Obwohl er ein erbitterter Gegner des Chassidismus war, erkennen alle seine Größe als Talmudgelehrter und Kabbalist an.
1798. Haydn: *Die Schöpfung.*	
1799. Schiller beendet den *Wallenstein.*	1799. Die erste Jeschiwa im nationalen Maßstab wird in Woloschin geschaffen.
1801. Verlag Herder in Meersburg gegründet.	

1804. Papst Pius VII. salbt in Paris Napoleon I. zum Kaiser.
– Promulgation des Code Civil.

1805. Trafalgar; Austerlitz.

1806. Napoleon in Berlin und Warschau.
– Die Türken werden neuerlich geschlagen: Die Serben nehmen Belgrad, die Russen Baku.
Ende des „Heiligen Römischen Reiches Deutscher Nation". Franz II. legt Reichskrone nieder.

1809. Schaffung des *Großherzogtums Warschau.*

1812. Napoleon in Moskau.

1814. Sturz des französischen Kaiserreichs.

1815. Waterloo.
– Politische Neuordnung Europas durch den Wiener Kongreß; Polen bleibt geteilt.

1816. Beginn der Befreiungskriege in Südamerika.

1821. Aufstand der Griechen gegen die Türken.

Kunst und Wissenschaft

1804. Schiller: *Wilhelm Tell.*
– Beethoven: *Eroica.*
– Kant gestorben.

1806. Hegel: *Phänomenologie des Geistes.*

1808. Goya: *Schrecknisse des Krieges.*

1810. Gründung der Krupp-Werke in Essen.

1814. Stephenson baut die erste Lokomotive.

1818. Karl Marx geboren.

1819. Die *Savannah,* das erste Dampfschiff, überquert den Atlantik.

1823. Beethoven: *9. Symphonie.*

1827. Heine: *Das Buch der Lieder.*

Judentum

1804. Gesetz über das Heimatrecht in Rußland. Die Juden sind ausgenommen.

1807. Napoleon beruft den *Sanhedrin* – eine aus 45 Rabbinern und 26 Laien bestehende Körperschaft – ein, um die Angelegenheiten der jüdischen Gemeinden zu regeln.

1812. Der französische Einmarsch in Rußland begünstigt die Emanzipation der russischen Juden.

1815. Die – endlich geschaffene – polnische Verfassung gesteht den Juden keinerlei staatsbürgerliche Rechte zu.

1819. Gründung der Bewegung *Wissenschaft des Judentums* in Deutschland.

1823. Die Schweiz verweigert Flüchtlingen das Asylrecht.

1824. Tausende Juden werden in Rußland aus ihren Dörfern vertrieben.

1830. Revolution in Paris, Belgien und in den Schweizer Kantonen.
– Die polnische Erhebung wird von den Russen niedergeschlagen.

1840. Friedrich Wilhelm IV. König von Preußen.

1846. Unruhen in Galizien. Annexion der aufständischen *Republik Warschau* durch Österreich.

1849. Frankfurter Paulskirchenversammlung beschließt Reichsverfassug.

Kunst und Wissenschaft	*Judentum*
1830. Eröffnung der Bahnstrecke Liverpool–Manchester.	1830. Deutsche Juden wandern in die USA aus.
1832. Goethe gestorben.	
1835. Büchner: *Dantons Tod.*	1835. Judenverordnung in Rußland.
	1836. Geburt des ersten großen jiddischen Schriftstellers Mendele-Moicher Sforim.
1839. Schleiermacher: *Dialektik.*	
	1840. In Damaskus wird wieder die Anklage des Ritualmordes gegen die Juden erhoben. Sir Moses Montefiore und Crémieux intervenieren.
1841. Gogol: *Die toten Seelen.*	
	1842. Beginn der Elendsepoche der russischen Juden. Ihre Söhne werden zum fünfundzwanzigjährigen Militärdienst gezwungen.
1843. Wagner: *Der fliegende Holländer.*	1843. Gründung der ersten Bne-Brith-Logen in Amerika.
1844. Heine: *Deutschland ein Wintermärchen.*	
	1845. Vertreibung der Juden aus Basel. In Großbritannien erhalten die Juden das passive Wahlrecht.
	1846. Gründung der jüdischen Reformbewegung.
1847. Marx und Engels: *Das kommunistische Manifest.* – Wetzer und Welte: *Kirchenlexikon.*	1847. Der erste Jude zieht ins britische Parlament ein: Baron Lionel de Rothschild

Bücher zum Thema Judentum

M. Brocke, J. J. Petuchowski, W. Strolz (Hrsg.), Das Vaterunser. Gemeinsames im Beten von Juden und Christen. 2. Auflage 1980. 286 Seiten.

B. Just-Dahlmann, Der Kompaß meines Herzens. Begegnung mit Israel. 3. Auflage 1987.

Y. Eliach, Träume vom Überleben. Chassidische Geschichten aus dem 20. Jahrhundert. 2. Auflage. 1987. 208 Seiten.

P. Fiedler, U. Reck, K.-H. Minz (Hrsg.), Lernprozeß Christen Juden. Ein Lesebuch. 1984. 288 Seiten.

E. Petuchowski, Ein Rabbi kommt selten allein. Rabbinergeschichten aus Frankfurt und anderswo. 1983. 128 Seiten.

J. J. Petuchowski, Der Gottesdienst des Herzens. Eine Auswahl aus dem Gebetsschatz des Judentums. 1981. 140 Seiten.

J. J. Petuchowski, Es lehrten unsere Meister. Rabbinische Geschichten aus den Quellen neu erzählt. 5. Auflage 1981. 143 Seiten.

J. J. Petuchowski, Ferner lehrten unsere Meister. Rabbinische Geschichten aus den Quellen neu erzählt. 1980. 125 Seiten.

J. J. Petuchowski, Feiertage des Herrn. Die Welt der jüdischen Feste und Bräuche. 2. Auflage 1987. 142 Seiten.

J. J. Petuchowski, Wie unsere Meister die Schrift erklären. Beispielhafte Bibelauslegung aus dem Judentum. 1982. 144 Seiten.

J. J. Petuchowski, Die Stimme vom Sinai. Ein rabbinisches Lesebuch zu den Zehn Geboten. 1981. 125 Seiten.

E. N. Stern, Wo Engel sich versteckten. Das Leben des Elie Wiesel. 2. Auflage 1986. 188 Seiten.

Verlag Herder Freiburg · Basel · Wien